一般社団法人 金融検定協会 認定

事業再生アドバイザー(TAA) 認定試験模擬問題集 24年度試験版

■ 金融検定協会　編

銀行研修社

はじめに

　融資を実行すれば、必然的に不良債権の発生を伴いますが、従来金融機関では、不良債権問題は回収や償却という破たん処理が最優先にされ、事業再生に向けての関心は高くないのが実際でした。

　しかし、現在では、不良債権問題の解決に向けて、破たん処理と並行して、過剰債務を減らすのはもとより、企業や事業のうち収益を改善できる見込みのあるコア部門を活かして再生させ、廃業を予防し、地域経済を活性化させる取組みが着実に進んでおり、事業再生や中小企業金融の円滑化に向けた金融機関の役割は大きくなっています。

　とくに、金融円滑化法の期限切れ後は、いわゆる出口戦略の中で、経営改善計画書の策定支援やデューデリジェンス等の再生・改善指導が重要になっており、これを後押しするように認定支援機関として金融機関の営業店等が認定を受けているのは周知のとおりです。

　そのため、金融機関の営業店担当者を主な対象として事業再生業務の能力を問う「事業再生アドバイザー（ＴＡＡ）検定試験」は、近年、金融機関行職員の間で脚光を浴びるところとなっています。

　本書は、この「事業再生アドバイザー（ＴＡＡ）検定試験」の受験問題集として刊行されたものです。主にこれまで本試験で実施された出題を厳選して適切な解答・解説を収録し、これに出題教科ごとに要点となる解説をコンパクトにまとめた「基礎解説」を加えましたので、本書を活用することによって、検定試験の実際や傾向を知るとともに、ポイントをおさえた受験学習が可能となります。

　受験者のみなさまが本問題集を十分に活用されることによって、一人でも多くの方が事業再生アドバイザー（ＴＡＡ）検定試験に合格され、その成果を日々の業務に活かされることを願ってやみません。

　2024 年 2 月

一般社団法人　金融検定協会

第１章　事業再生の基礎

第２章　倒産処理手続

第3章　事業再生の可能性判断

※問題右上の回数は、金融検定試験の出題回を指す。第74回は2021年5月開催、
　第75回は2021年11月開催、第77回は2022年5月開催、第78回は2022
　年11月開催、第80回は2023年5月開催、第81回は2023年11月開催。

第1章

事業再生の基礎

〜学習の手引き（第1章）〜

テーマ	80回	81回
1．事業再生の経緯と現状		
（1）事業再生の定義と再生へのプロセス		
（2）早期着手と迅速処理	①	①
（3）伝統的な事業再生と支援制度の変化	①	②
（4）事業再生に関連する法制度と公的施策	①	①
2．事業再生の新しい枠組み		
（1）事業再生のプロセス		
（2）再建計画書の作成	②	①
（3）再建計画書のモニタリング		
（4）環境分析に活用される分析手法		

※丸数字は出題数。

1．事業再生の経緯と現状

・毎回3問程度、出題されている。

・「伝統的な事業再生と支援制度の変化」では、従前のメインバンク主導の事業再生メカニズムは崩壊し、新たなメカニズムが定着しつつある過程や、地域密着型金融の変容などについて、出題されることが多い。

・「事業再生に関連する法制度と公的施設」では、中小企業再生支援協議会などの、事業再生を支援する公的機関の仕組みや機能について理解しておきたい。

2．事業再生の新しい枠組み

・毎回2問程度、出題されている。

・「再建計画書の作成」については、貸出条件緩和債権の基準緩和や中小企業金融円滑化法との絡みで出題されることもある。

・「環境分析に役立つ手法」では、毎回1〜2題程度出題されている。経営戦略やマーケティング等に関する主要な理論について問うものが多いが、意義、活用法など、基本知識レベルの出題が大半である。

第1節
事業再生の経緯と現状

1.　事業再生の定義と再生へのプロセス

> **学習のポイント**
> - ● 　事業再生の定義を確認する
> - ● 　事業再生においては、事業そのものの収益獲得基盤（競争力）がある ことが重要である
> - ● 　事業再生の過程では、事業再構築と財務再構築の実行が必要不可欠で ある
> - ● 　中小企業においては、その特性から事業再生手法の選択肢が少ないこ とから、大企業とは異なる取組みが必要となる

（1）事業再生の定義

　すべての経営不振企業が再生可能であるとの見方は楽観的すぎるものではあ るが、他方で、開示された決算内容を見て、利益が低下ないしは赤字基調だか らといって短絡的に再生はほぼ不可能であると断定することも早計であろう。

　事業再生とは、収益性の低迷や資産価値の毀損等を原因として、独力での事 業の継続に支障をきたしまたは近い将来に支障をきたすおそれのある企業が、 過剰債務や営業キャッシュフローのマイナス等を解消するために、事業再構築 や財務再構築を実行することにより、持続的な事業の存続および成長を可能と するプロセスをいう。

（2）事業再生に至るプロセスのイメージ

①　経営不振原因の分析

　経営不振の背景として、1990年代中盤から2000年代にかけては過剰債務構 造・不良債権問題・過剰供給構造があり、また最近は、リーマンショック等に 象徴されるような金融経済環境の悪化を背景とした景気の長期低迷などがある が、個別の経営不振企業は、収益性の低迷や資産価値の毀損等の度合いが大き くなり、結果的に過剰債務や過剰供給に陥っているといえる。

　そこで、経営不振企業の収益性の低迷や資産価値の毀損等を解消させること

ができるかが重要となる。多くの場合、収益性の低迷が先に現れ、それが資産価値の毀損等につながる。もちろん、資産価値の毀損が、地価の下落や株式市場の低迷といった他律的な要因から生じることも多いことは事実ではあるが、生産設備の稼働率の低下や集客力の悪化による店舗効率の低迷等によって収益獲得能力からみた資産価値が毀損することが大きいことに留意しなければならない。

② 事業再構築と財務再構築

事業再構築と財務再構築は連関性が高い。前述したように、経営不振原因である収益性の低迷と資産価値の毀損が互いに結びついているためである。

まず、事業再構築としては、「選択と集中」が大きな骨格となる。

この「選択と集中」の遂行過程には、重点事業分野でないと判断された事業（ノンコア事業）からの撤退等に加えて、過剰であると判断された製造設備・事業拠点の廃棄等により毀損した資産の削減、および人員の削減や退職金制度の見直し等がある。

したがって、事業再生のプロセスの中では、事業再構築と財務再構築が共に重要な役割を演じるが、財務再構築には、外部のステークホルダーの力を借りる必要のある債務のリスケジュール・債務免除・ＤＤＳ（デット・デット・スワップ）・ＤＥＳ（デット・エクイティ・スワップ）等の手法も含まれる。

以上の諸方策をまとめ、各利害関係者との調整・合意を経たうえで、事業再生の具体的な着手の運びとなる。

③ 事業再生の完了

「私的整理に関するガイドライン」によれば、「事業価値があり（技術・ブランド・商圏・人材などの事業基盤があり、その事業に収益性や将来性があること）、重要な事業部門で営業利益を計上しているなど債権者の支援により再建の可能性があること」が対象となる企業の要件の１つとして掲げられている。これらの要件を兼ね備えた企業に対して、事業および財務の観点からの再構築を行い、その結果、再度自律的な経営を取戻し、かつ持続的な成長が期待できる状況にまで回復させることにより初めて事業再生は完了したといえる。

（3）中小企業の特性と事業再生

中小企業は、単一事業を営んでいることが多いため、大企業と異なり、事業分野における「選択と集中」を大胆に企図することが困難である。

　そこで、中小企業の事業再生にあたっては、大企業には適用が可能な事業再生手法と比べるとその選択肢の幅が狭いこと、企業自身からの再生着手が遅れがちになること、の２点に留意して、金融機関からの支援を伴う「早期着手」が特に重要になると考えられる。

▌2.　早期着手と迅速処理

┌─────────────────────────────────────┐
　学習のポイント
● 　早期着手の重要性と促進に有効な経営管理指標を理解する
● 　早期着手に関するステークホルダーの役割を理解する
● 　迅速処理がなぜ必要かを理解する
└─────────────────────────────────────┘

（1）早期着手による事業再生

　事業再生は、資金繰りに行き詰まり破綻寸前となった企業だけの問題ではない。むしろ、事業運営上、何か問題が認識されたときには、すぐに内外の人材を活用して解決を試みるという、企業にとって当たり前のリスク管理プロセスの延長線上にあり、すべての企業が常に直面している課題とも密接に関連している。

　経営不振企業は、新製品開発の遅れ、保有技術の陳腐化、過剰設備投資、事業投資意思決定の失敗、企業不祥事の発生によるブランドイメージの毀損といった問題に対して、リスク管理プロセスが十分に機能しなかったことにより、結果として、売上減少、利益減少、不良資産増加、資金繰り悪化、過剰債務状態といった会計数値面あるいは財務数値面での症状が表出してしまう。一般に、経営不振企業が会計的・財務的な面で見せる症状は、まず、ア．損益の悪化による赤字決算、イ．不良債権や滞留在庫の発生による資産価値の毀損、ウ．キャッシュフロー獲得能力の低下による債務の過多という段階を経る。

図表　代表的な経営管理指標

	将来予測評価のための指標	過去実績評価のための指標
収益性	IRR、NPV など	EVA™、CFROA、EBITDA、FCF、ROA、ROE、安全余裕率、営業利益率、1株当たり収益など
安全性	投資回収期間など	自己資本比率、インタレストカバレッジレシオなど
成長性	特になし	売上高成長率、キャッシュフロー成長率など

　こうした企業もできる限り早い段階で再生に着手すれば、各ステークホルダーの協力も得やすく、さまざまな再生ツールの選択・活用が可能であるため、再生が成功する確率が高くなる。再生への着手が遅れて法的整理に至った場合には、すでに事業価値が著しく毀損しているケースが多く、また、世間一般にもセンセーショナルな報道がなされることにより、倒産企業というレッテルが貼られるため、債権者や株主はもちろん、経営陣や従業員にとっても望ましくない結果を招くことになるのである。

（2）迅速処理による事業再生

　損益・キャッシュフローの改善のための収益性向上の努力や、資産売却等による有利子負債の圧縮努力を行い、さらには、各種手法を用いた事業再編にもかかわらず、なお、再生が果たせない場合、企業はいよいよ窮境状態となる。この段階では事業価値の劣化が激しく、有利子負債が企業価値を超える実質債務超過の状態に陥っており、この過剰債務の削減を行うため、財務リストラを含めた抜本的な再生計画の策定と実行が必要となる。

　この再生計画では利害関係者の権利変更が織り込まれるため、計画の妥当性や債権放棄額の衡平性、債権放棄に応じる利害関係者の経済的合理性が求められ、調整に長時間を要する。しかし、処理が遅れれば遅れるほど債務超過額が増加し、利害関係者の損失は全体として拡大してしまう。

　再生のためのツールとしては法的整理と私的整理の2つがあり、いかに事業価値を毀損せずに迅速に再生を果たすかが最大の課題となる。

3.　伝統的な事業再生と支援制度の変化

> **学習のポイント**
>
> ● メインバンク主導の事業再生メカニズムは崩壊し、新たなメカニズムが定着しつつある
> ● 中小・地域金融機関による事業再生支援への期待と障害を明らかにする
> ● キャッシュフロー融資慣行が事業再生に必要な背景を理解する
> ● 地域密着型金融などの遂行によって事業再生にどのような影響があるのか理解する
> ● 再生市場の主要プレーヤーを担う、地域再生ファンドに対する役割と期待について理解する

（1）日本の伝統的な事業再生

①　メインバンク（債権者）主導の事業再生メカニズムの特徴

　メインバンク主導の事業再生メカニズムが有効に機能していたのは、1970年代までとされている。当時は、安定的な株主構造が存在していたことや法的再生制度が十分に整備されていなかったことが背景にあり、メインバンク側にも処理コストを賄うことができる十分な収益力および体力があったため、メインバンクから経営者を派遣し金融支援を講じながら事業再生を図ることが行われていた。また、債務者である企業側も銀行の強力な経営介入を回避するために、早い段階からの自力再生を図るインセンティブがあったといわれる。

②　メインバンク主導事業再生メカニズムの崩壊

　続く80年代は、メインバンク主導の再生メカニズムが破綻する段階に至る踊り場の時期であったといえよう。上場企業の倒産件数も80年代は70年代の約半分に減少していたように、経済成長と不動産価格の高騰が企業の破綻自体を抑制していたと同時に、破綻が生じた場合であっても、その処理に要するコストは結果的にメインバンクを含めた銀行側で吸収可能な水準にとどまっていた。したがって、1980年代は事実上メインバンク主導の事業再生メカニズムが不在であっても、そこから生じうる問題が顕在化しないだけの右肩上がりの経済であった。

　これに対して、90年代以降2000年代中頃までの経済状態は1980年代と極めて対照的である。それは、中国や東南アジアをはじめとするアジア諸国の高

い経済成長と相俟って日本経済の地位の低下であり、経済成長の失速・低迷と不動産や株式価格の下落をはじめとする資産デフレの状態である。いくつかの企業では、思い切った低価格攻勢やユニークなセールスプロモーション等で需要の喚起を促し、業績が躍進することもあったが、ブームが一巡してしまうと、持続力がストップしてしまい、根本的な消費不況の壁を乗り越えられなかった。金融機関も多額の不良債権処理のために疲弊し、数多い経営不振企業に対して思い切った金融支援を積極的に打ち出す余力がなくなっていた。また、金融支援協議においてメインバンクと準メインバンク間で支援負担按分の合意が得られないまま、事業再生の機会が遅れるという弊害も生じた。

　このように、90年代から2000年代中盤までは、底の見えにくい破綻処理コストを債務者企業、金融機関が吸収しきれない環境となり、効率的な事業再生メカニズムが不在であることが浮き彫りになった時代といえる。

（2）再生支援の金融制度の変化

①　キャッシュフロー融資慣行

　キャッシュフローに着目した企業経営と融資慣行を確立することは、絶えず事業の状態をモニタリングする融資の契約を結ぶことで債権者である金融機関が早めはやめの段階で企業の経営に関与することを可能とする。この結果、企業に起こっている諸々の問題を先送りすることなく事業再生への「早期着手」が可能となり、「迅速再生」を図ることが可能となる。わが国の間接金融システムでは、長い間、企業や経営者の有する不動産等の資産価値を担保とする融資慣行が定着していたが、それとは軸を異にするものである。

　金融機関が不良債権処理と同時にリスクに応じた収益の獲得および手数料収入を軸とする新たなビジネスモデルによる収益構造の改善を目指すうえで、キャッシュフロー重視の融資体制が定着すれば、金融機関にとって、融資先企業の業績や財務状態について随時モニタリングをし、従来以上に融資先企業に対する経営改善への取組みを促すインセンティブとなりうる。

②　地域密着型金融の推進

　地域金融機関にコンサルティング機能の発揮が要請されたのは、不良債権処理が未だ途半ばであった、2003年3月の「リレーションシップバンキングの機能強化に向けて」の報告の公表であった。当時の当局は、コンサルティングをベースに中小企業に対して柔軟かつ寛大な対応ができるよう目論んだ。とこ

ろが地域金融機関では、中小企業に対する経営相談・助言・指導ができるか否かという問題もさることながら、自己査定における金融検査マニュアルの厳格運用による不良債権処理が停滞した状況にあったため、金融庁は地域金融機関に対して常に、中小企業へのコンサルティング機能発揮を求めながら、不良債権処理を迫るという、相反する金融政策の推進を維持し続けた。これは、05年の「地域密着型金融の推進」、さらに07年の「中小・地域金融機関の総合的な監督指針」（以下、「中小・地域監督指針」）にも組み入れられた。

③　金融円滑化と出口戦略以降

09年、金融検査マニュアルの厳格運用が継続されていたところに、中小企業金融円滑化法（以下、「金融円滑化法」という）が施行された。これに伴い、金融検査マニュアルや監督指針が一斉に改定となり、金融機関は中小企業等の借り手から申込みがあった場合には貸付条件の変更を行うよう努めるという、柔軟対応に変わり、いわば強硬対応といえる不良債権処理の優先順位は劣後していった。なお、金融円滑化法にいう金融機関の努力義務は、同法が失効後、中小監督指針に盛り込まれ恒久的ルールとなっている。金融円滑化法は1年間の時限立法であったものの、二度の延長を経て13年3月に失効したが、金融機関としては、同法失効までには各返済猶予先が健全経営への筋書きを描けていなければならなかった。そこで同法の最終延長を前に内閣府と金融庁、中小企業庁の横断プロジェクトとして12年4月に「中小企業金融円滑化法の最終延長を踏まえた中小企業の経営支援のための政策パッケージ」（以下、「政策パッケージ」）が発出された。

平成24年4月20日
内閣府・金融庁・中小企業庁

中小企業金融円滑化法の最終延長を踏まえた
中小企業の経営支援のための政策パッケージ

中小企業金融円滑化法の最終延長を踏まえ、中小企業の経営改善・事業再生の促進等を図るため、以下の取組みを強力に進めることとし、関係省庁・関係機関と連携し、早急にその具体化を図る。
さらに、中小企業の事業再生・業種転換等の支援の実効性を高めるための施策

15

を引き続き検討する。

1．金融機関によるコンサルティング機能の一層の発揮

　金融機関は、自助努力による経営改善や抜本的な事業再生・業種転換・事業承継による経営改善が見込まれる中小企業に対して、必要に応じ、外部専門家や外部機関、中小企業関係団体、他の金融機関、信用保証協会等と連携を図りながらコンサルティング機能を発揮することにより、最大限支援していくことが求められている。

（中略）

2．企業再生支援機構及び中小企業再生支援協議会の機能及び連携の強化

　財務内容の毀損度合いが大きく、債権者間調整を要する中小企業に対しては、企業再生支援機構（以下、「機構」という。）や中小企業再生支援協議会（以下、「協議会」という。）を通じて、事業再生を支援する。

このため、内閣府、金融庁、中小企業庁は緊密に連携して以下の施策を実施することにより、両機関の機能及び連携を大幅に強化する。

（中略）

3．その他経営改善・事業再生支援の環境整備

　金融機関によるコンサルティング機能の発揮にあたって、経営改善・事業再生支援を行うための環境整備も不可欠となっている。

このため、内閣府、金融庁及び中小企業庁は、以下の施策を実施する。

（1）各地域における中小企業の経営改善・事業再生・業種転換等の支援を実効あるものとするため、協議会と機構を核として、金融機関、事業再生の実務家、法務・会計・税務等の専門家、中小企業関係団体、国、地方公共団体等からなる「中小企業支援ネットワーク」を構築する。

（2）地域における事業再生支援機能の強化を図るため、地域金融機関と中小企業基盤整備機構が連携し、出資や債権買取りの機能を有する事業再生ファンドの設立を促進する。

（3）公的金融機関による事業再生支援機能を充実させるため、資本性借入金を活用した事業再生支援の強化について検討する。

（4）以上に加え、中小企業の事業再生・業種転換等の支援の実効性を高めるための施策を検討する。

16

④　事業性の評価に基づく融資の必要性

　15年6月、安部内閣は「『日本再興戦略』改訂2015」及び「まち・ひと・しごと創生基本方針2015」を閣議決定し、地方創生を大きな目玉政策として位置づけた。これを受け金融庁は、16年3月、監督指針において金融機関としての具体的な地域創生や地域活性化のガイドラインを示した。

　このように金融庁は、監督指針において、事業再生支援を含む取引先への経営支援を通じ、取引先企業に主体的に生じる資金ニーズに積極的に応えていくことを金融機関に求めている。

⑤　5％ルールとその例外

　銀行法及び独占禁止法は、銀行及びその子会社が、他の国内事業会社の株式を、議決権5％（銀行持ち株会社は15％）を超えて取得・保有することを原則禁止している（5％ルール）。

　この規制がネックとなってDESを活用した金融支援が進まない面があることを踏まえ、19年に5％ルールの例外措置を拡充・新設する改正がなされた結果、金融機関は、事業再生会社に対して次のような出資を通じた支援が可能となっている。これにより、DESのより一層の活用や、資本注入による、より踏み込んだ支援の展開が金融機関に期待されている。

■ 4.　事業再生に関連する法制度と公的施策

> **学習のポイント**
> ● 事業再生に関連する公的施策、法整備の内容や背景について理解する
> ● 中小企業再生支援協議会などの、事業再生を支援する公的機関の仕組みや機能について理解する

（1）事業再編などの法整備

　バブル崩壊後の不況の長期化により、企業の持つ資産の価値が減少していった。その中で、企業の競争力の向上を図り、経営の合理化を柔軟・迅速に進めるためには、企業の組織構成の自由度を高め最適なものにしなければならない。こうした背景の下に、組織再編を促進するための制度が創設され、以下のような関連法制が整備された。

① 純粋持株会社（独占禁止法改正）

1997年に、企業グループ内の最適化を支援するために独占禁止法が改正され、純粋持株会社の設立が認められるようになった。純粋持株会社とは、自らは事業を行わず、親会社が複数事業の株式を所有し、グループ全体の戦略や企画を行うことに特化した組織形態である。迅速な事業構造の再構築が可能となるメリットがあり、事業ごとに会社が分割されることで、M＆Aが行いやすくなった。

また、純粋持株会社の中で、子会社が金融機関に限定されている会社のことを金融持株会社というが、これも同年に解禁された。

② 株式交換、移転制度

純粋持株会社が解禁されたことを受け、完全親子会社関係の構築を容易かつ円滑に行うために、1999年には株式交換、株式移転制度が創設された。

株式交換とは、ある会社を完全子会社化するための制度である。完全子会社となる会社の株主が、保有する株式を完全親会社になる会社に拠出する代わりに、新株の割り当てを受け、完全親会社の株主となる手続である。

他方、株式移転とは、会社がその完全親会社を設立するための制度である。完全子会社となる会社の株主が、完全親会社となる会社を新設するために、保有する株式を拠出し、その代わりに新設会社の株式の割当てを受け、完全親会社の株主となる。株式移転を実施することにより、グループ内純粋持株会社の設立や、事業統合における兄弟会社化に活用することができる。

③ 会社分割制度

2000年になり、日本経済を取り巻く環境は一段と厳しさを増し、90年代以降の経営の悪化に伴い、グループ組織を最適化するニーズが急速に高まった。しかし、営業譲渡や現物出資などの既存の手法は手続面等で不便な点が多くあるため、2001年、企業グループの再編を行えるようにといった経済産業界の強い要望から、商法改正により会社分割制度が施行された。

会社分割制度とは、既存の会社（分割会社）の事業の全部または一部を他の会社（承継）に包括的に承継させる制度である。事業を譲り受ける会社がすでに設立されている場合を吸収分割といい、新設される場合を新設分割という。

④ 組織再編税制、連結会計制度

企業会計について、M＆Aとの関係では連結決算重視の会計制度への移行が

重要である。

⑤　自己株式取得の原則解禁（金庫株の解禁）

01年には自己株式取得の原則解禁、いわゆる金庫株が解禁となった。資本の出入れがしやすくなり、ファイナンス面で企業の選択肢が増えた。

⑥　会社法

合併や事業譲渡、増減資など商法にあったこれらの制度は事業再編に活用できる制度であったが、2005年の会社法の成立によって整備されたほか、1997年の商法改正によるストック・オプション、前述した99年の商法改正による株式交換・株式移転、会社分割など、事業再生のための有用な制度が導入された。

加えて会社法によって新たに、合併対価の柔軟化が行われ、吸収合併などにあたり株式を交付しないで金銭その他の財産を交付することができるようになった。また、黄金株などの種類株が出せるようになったこと、買収防衛策のための毒薬条項（ポイズン・ピル）が可能になるなど、M&A関連の法整備が一段と進んだ。

（2）倒産法制など

①　民事再生法の制定

いろいろな点で評判のよくなかった和議法が廃止され、これに代わって、1999年に民事再生法が制定、2000年に施行された。民事再生法は、アメリカの連邦倒産法第11章（いわゆるチャプターイレブン）を参考にした法律で、破産原因（債務超過や支払不能など）がなくとも手続を始めることができるよう手続の開始原因を広くし、再生計画案可決の多数決要件を緩めて過半数にするなど、さまざまな点で使いやすい制度とした。そのため破綻処理がスムーズになり、企業再生による経済の立て直しを進める契機となり、企業再生への道を大きく開く結果となった。

会社更生法による更生手続や商法による整理手続（当時）を利用できない中小企業や個人に、いわば「敗者復活」の機会を与えた法律といえる。また、会社更生法は大企業、民事再生法は中小企業を対象として想定しているが、民事再生法では現経営者が続投できるのに対し、会社更生法は更迭が原則となっているため、新会社更生法が施行された2002年以降もそれを嫌う大企業で活用される例もある。2000年7月には大手百貨店そごうが民事再生法の適用を申請したことで、注目を集めた。

② 私的整理ガイドラインの公表

1999年に、窮境に陥った複数の準大手ゼネコンに対して、銀行が巨額の債権放棄を行ったが、公的資金の注入を受けていた銀行が不透明なやり方で債権放棄したことに対して世間の批判が噴出することになった。

こうした批判を受け、公明正大で透明性のある私的整理を行うため、私的整理ガイドラインが2001年に発表され、再生に向けた新たな選択肢が増えることになった。民事再生が導入されたとはいえ、対象企業は上場廃止となり、世間的に見れば倒産と変わりない。これに対して、このガイドラインによる私的整理が始まると金融機関など対象債権者の権利行使（取立や担保権行使）は一時停止されるが、一般の商取引債権の支払や決済は停止されないから、世間から倒産したとは思われない。また、一定の要件を満たせば、銀行の債権カットのみのため上場廃止にならないというメリットがある。

③ 会社更生法、破産法の改正

民事再生法も会社更生法も再建のための法律であるが、民事再生法があらゆる法人、自然人が利用できる手続であるのに対し、会社更生法は大企業向けを想定し、株式会社だけに適用される。会社更生法は、2002年に更生手続の迅速化・合理化などのため大改正され、2003年より施行された。また、倒産した企業と個人を清算するための法であり倒産法の基本法といわれる破産法も、破産手続の簡素化、合理化、迅速化の推進を目的として2004年に全面改正され、2005年に施行された。

④ 事業再生ＡＤＲ

2009年には事業再生ＡＤＲがスタートした。民事再生法や会社更生法の申立て前に、当事者間での債務調整が難航するケースが多いことから整備された。私的整理ガイドラインはメインバンクの負担が重いなどの難点があり、あまり活用されなかったが、これに代わる簡易かつ迅速な私的整理手続として注目されている。

⑤ 経営者保証に関するガイドライン

日本商工会議所と一般社団法人全国銀行協会を事務局とする「経営者保証に関するガイドライン研究会」は、2013年12月、経営者保証に関する中小企業、経営者及び金融機関による対応についての自主的かつ自律的な準則である「経営者保証に関するガイドライン」を公表。2014年2月1日から適用が開始さ

れている。

　同ガイドラインは、保証契約時等の対応として、①中小企業が経営者保証を提供することなく資金調達を希望する場合に必要な経営状況とそれを踏まえた債権者の対応、②やむを得ず保証契約を締結する際の保証の必要性等の説明や適切な保証金額の設定に関する債権者の努力義務、③事業承継時等における既存の保証契約の適切な見直し等について規定している。

　また、保証債務の整理の際の対応として、①経営者の経営責任の在り方、②保証人の手元に残す資産の範囲についての考え方、③保証債務の一部履行後に残った保証債務の取扱いに関する考え方等について規定している。

　経営者保証の弊害を解消し、創業や再チャレンジの促進を図るなどの狙いがある。

（3）政府系機関等による支援

①　産業競争力強化法

　バブル崩壊後の大量の不良債権の発生により、金融機関が債権を外資系企業に売却するなどして不良債権処理が進むことになった。1999年には企業の事業再編を政府が支援する産業活力再生特別措置法（産活法）が制定された。事業再編のための計画を立案して経産省の認定を受けると、事業再構築計画を実行に移すために税制等便利な複数の特例が適用される。同法は、産業競争力強化法が2014年1月20日施行されたことに供い廃止されているが、大部分の規定は産業競争力強化法に引き継がれている。

②　整理回収機構（RCC）

　さらに99年には、住宅金融債権管理機構と整理回収銀行が合併して整理回収機構（RCC）が設立された。従来は企業再生というより債権回収を図ることが中心業務であったが、2001年からは本格的な企業再生業務を開始している。

③　サービサー法

　また同年に施行されたサービサー法（債権管理回収業に関する特別措置法）により、法務大臣の許可を得た債権回収会社（サービサー）は、委託を受けて金融機関等が有する貸金債権または譲り受けた貸金債権の管理回収業務を行うことができることとなり、サービサーが再生を主導する案件も増加した。

④　産業再生機構

　2003年に産業再生機構（IRCJ）が設立された。有用な経営資源を有し

ながら過大な債務を負っている事業者に対し、事業の再生を支援することを目的とし、そのために、債権買取り、資金の貸付け、債務保証、出資などの業務を営む。再生支援の決定は、事業者と債権者たる金融機関の連名による支援申請を前提とする。主として、金利減免などを実施した「要管理先」債権を、非主力取引銀行から設立後2年間のうちに割引価格で集中して買い取り主力取引銀行と協力して債務の一部免除、デット・エクイティ・スワップ（債務の株式化）などで再建を進めるというもの。債権や株式は、3年以内に新しい再建スポンサーに売却し、不採算事業の整理などの事業の再構築を実行する。企業再生のスポンサーのなり手がなく、金融機関にも体力がないなか、その担い手として再生のプロ集団を国が主導した。2007年に解散するまでダイエー、カネボウをはじめ、大型案件の再生に大きな役割を果たした。

⑤ 中小企業活性化協議会

また、産業再生機構が大企業を対象としたのに対し、2003年にはその地方版ともいうべき中小企業再生支援協議会の設立が定められ、商工会議所などが主体となって、各都道府県に設置され、中小企業の再生を後押しすることになった。2022年3月中小企業再生支援協議会は、経営改善支援センターと統合し、中小企業活性化協議会が設置された。

⑥ 企業再生支援機構

2007年、産業再生機構は解散したが、公的な企業再生サポートも再び必要との認識が高まり、2009年10月に企業再生支援機構が設立された。

⑦ 地域経済活性化支援機構（ＲＥＶＩＣ）

株式会社企業再生支援機構法の一部を改正する法律が2013年3月18日に施行され、株式会社企業再生支援機構は、商号を株式会社地域経済活性化支援機構へと変更し、従前からの事業再生支援に加えて、地域経済活性化支援に関わる新たな業務を担う組織として再出発した。

⑧ 認定支援機関（経営革新等支援機関）による支援

近年、中小企業を巡る経営課題が多様化・複雑化する中、中小企業支援を行う支援事業の担い手の多様化・活性化を図るため、2012年8月30日に「中小企業経営力強化支援法」が施行され、中小企業に対して専門性の高い支援事業を行う経営革新等支援機関を認定する制度が創設された。

この認定制度は、税務、金融及び企業財務に関する専門的知識や支援に係る

実務経験を有する個人、法人、中小企業支援機関等を、国が経営革新等支援機関として認定することにより、経営分析や事業計画策定に係る中小企業による支援機関に対する相談プロセスの円滑化を図るものである。

　支援分野は、創業支援、事業計画作成支援、事業承継、M＆A、など多岐にわたるが、特に事業再生に関しては、中小企業・小規模事業者の依頼を受けて経営改善計画の策定支援を行うことにより、経営改善支援を促進することが期待されている。

（4）金融機関による支援

①　リレバン・アクションプログラムの恒久化

　中小・地域金融機関は、2003年から1次・2次の4年間にわたり、アクションプログラムという緊急時対応として、リレーションシップバンキングの機能強化の取組みがなされてきたのは既述のとおりだが、2007年4月より金融庁の総合監督指針に盛り込まれ、恒久的な枠組みの中で推進されることになった。各地域金融機関で共通に引き続き求められる取組みとして、経営改善支援、事業再生などがライフサイクルに応じた取引先企業の支援強化として挙げられている。

②　公的資金繰り支援、中小企業金融円滑化法

　金融機関に対し貸付条件の変更に応じる努力義務を課した中小企業金融円滑化法は、既に失効した法律であるが、この努力義務については、金融庁の監督指針に引き継がれ、現在に至っている。

　具体的には、「貸出条件緩和債権」の基準が大幅に緩和され、中小企業が返済猶予などを受けても、長期的（最長10年）な再生計画をつくれば不良債権（要管理債権）に該当しない仕組みが導入されている。

　こうした措置により、事業再生のあり方は、要注意先・要管理先段階での金融支援を軸とした金融機関主導型へと、これまでとは様変わりの様相となった。しかし、金融機関が返済猶予などの金融支援を行っても、その中小企業が手を拱いていれば、やがて資金繰りが破綻して倒産という結果に終わる。金融支援を単なる延命措置にしないためには、この金融支援により資金繰りに余裕が生まれたときに、いかに収益性を高め、企業価値を向上させて、中長期的に資金繰りを改善できるかにかかっており、そのためには、再建計画の策定・モニタリングがカギとなる。

第2節
事業再生の新しい枠組み

1. 従来型の事業再生からの構造変化

学習のポイント
- 事業再生の焦点がB／S調整型から、P／L重視型にシフトしていることを理解する
- 中小企業の事業再生において、金融機関の役割が重要となっていることを理解する

（1） B／S調整型からP／L重視型へ

　従来、事業再生において焦点が当たっていたのは、例えば、複数の事業を営む大企業において、コア事業は収益的に黒字となっているが、ノンコア事業に市場競争力がなく収益的に赤字に陥っており過大な債務を負っているため、その企業の経営を圧迫しているような場合が典型的であった。こうした場合、再生手法として、不採算のノンコア事業を売却等処理し、またそのノンコア事業に起因する過剰債務を金融機関から債権放棄を受けるような形で整理する、こうした財務面のバランスシート調整を行うタイプの不良債権処理が中心となっていた。

　1990年代の初めのバブル崩壊後には、経済の右肩上がりの成長を前提とした、事業多角化、過剰投資のツケが過剰債務となって重荷となっている企業が多数存在していた。しかし、こうした企業の不良債権問題は、拡大主義が反省され"選択と集中"が叫ばれるとともに、リストラ努力や産業再生機構などの再生機関の登場、整備された企業再編制度など処理スキームの活用により、過剰設備は売却・閉鎖され、また過剰債務はDES・DDSなどにより処理された。したがって、今日、こうしたバランスシート調整型の事業再生のみでは解決できない問題が多い。

　もともと中小・零細企業においては大企業と異なり、コア事業以外に事業はないほうが多いため、事業再生においてバランスシート型調整よりもむしろ、収益力の低下したコア事業の強化・収益力の向上を通じてP／Lの改善を図る

という、いわばP／L重視型が主体とならざるをえない。

（2）P／L改善型事業再生の特徴

　従来型のバランスシート調整型では、会社更生・破産申請などの法的倒産処理、過剰設備・ノンコア事業の売却・閉鎖、また過剰債務については、債権放棄、DES／DDSの活用などによる事業リストラ、財務リストラに注目が集まった。

　これに対して、P／L改善型では再生手法は、コア事業の強化・改善による売上高の向上、業務見直しによる原価・コストの削減などの経営改善による業務リストラが主体となる。こうしたコア事業強化、収益力アップを図るための事業計画の策定（再建計画書の作成）がポイントとなる。

■ 2.　再建計画書の作成

> **学習のポイント**
> ● 中小企業の事業再生において、再建計画書の策定が極めて重要なポイントとなっていることを理解する。
> ● 再建計画書の策定に役立つ分析手法を理解する

（1）再建計画の内容

　債務者区分や業種によって再建のためのアプローチには違いはあるが、個別再建計画に共通する記載内容として、以下にリストアップした。
　① 会社の概況説明
　　ア．所在地／イ．創業／ウ．株式・株主の状況／エ．取締役・監査役の状況／オ．会社の理念・ビジョン／カ．従業員数／キ．組織図／ク．会社沿革／ケ．事業内容／コ．許認可番号等
　② 外部環境分析
　③ 内部環境分析
　④ 業績および財産等の推移
　　ア．損益の経過／イ．財産の経過／ウ．キャッシュフローの経過／エ．実態バランスシートの状況
　⑤ 窮境要因の原因分析（窮境に陥った原因）
　⑥ 窮境要因の除去可能性

⑦　経営再建計画の概要

　　ア．経営者の責任／イ．具体的数値計画（損益計画、設備投資計画、資金
　　計画、予想貸借対照表）／ウ．具体的行動計画

⑧　経営再建計画のモニタリング

（2）再建計画の作成

　再建計画策定にあたっては、まず最初に当該企業の現状を正確に把握することが必須である。すべては企業の現状分析を正確に把握することから始まる。計画に盛り込むべき項目については概ね上記にリストアップしたとおりであり、特に取引先の概況、外部環境・内部環境を分析し、資産・債務の正確な状況の把握、経営難に陥った原因の把握を行い、再建に向けどのような方法で解決を図るべきかが検討されなければならない。

　また、多くの場合、将来のキャッシュフローを見通すことができれば、その企業の再建見通しも可能になるが、そのためには特に以下の情報が必要となる。

①　会社の概況説明

②　外部環境分析

③　内部環境分析

④　業績および財産等の推移

⑤　窮境要因の原因分析／窮境要因の除去可能性

⑥　経営再建計画の内容

　この経営再建計画の具体的内容について必ず網羅するべき項目は次の2点である。

ア．経営者の責任

イ．具体的数値計画

　数値計画を具体的に立案するにあたり、先に実施した現状把握・外部環境分析・内部環境分析の結果と整合性のある実現性の高い計画にしなければならない。

　数値計画を纏めるに際しては、ⅰ）損益計画、ⅱ）設備投資計画、ⅲ）資金計画、ⅳ）予想貸借対照表、に分類する。

3. 再建計画書のモニタリング

学習のポイント
- 経営再建計画をモニタリングする項目とポイントを理解する
- 金融機関が再建計画書のモニタリングを行うに当たっては、コンサルティング機能を交えた支援・指導が重要であることを理解する

（1）再建計画の妥当性判断

事業再生のための成否の鍵となる再建計画の妥当性を判断するには、以下の項目の観点から計画を見つめなおすことが必要である。

・再建計画の方向やビジョンが明確になっていること
・徹底した財務面のリストラが検討された計画であること
・計画策定の諸条件、超えるべきハードルの高さが現実的な範囲にあること
・計画数値には一定のストレスがかかり、リスクシナリオ・コンティンジェンシープランがあること
・社内の意識改革のポイントが明確であり、コーポレートガバナンスが十分であること
・金融機関の支援がコミットされていること

このように作成された再建計画を実行する主体は当然に企業自身であるが、これらをサポートするのは、取引先はもちろん、最大の協力者であるべき金融機関である。金融機関と協調して計画を作成、経営改善を図るために双方の持つ経営情報に非対称性があってはならない。特に金融機関との協調においては企業の将来キャッシュフローへの意識が重要であることに念を入れてもらうことである。

（2）再建計画のモニタリング

再建計画の遂行にあたっては、経営者・従業員が一体となった企業自身の自助努力による着実な改善策の実行が不可欠である。さらに仕入先・販売先・取引金融機関等々のステークホルダーの支援も必要となる。再建をサポートする金融機関としては、再建計画の進捗状況は絶えずモニタリングすることが重要である。

モニタリングすべき項目として、以下がチェックされなければならない。
・業績達成状況確認（事業収支、得意先別・事業部門別・営業所別等の採算管

理）、管理会計の実施

・改善事項の進捗状況（営業体制、仕入管理、販売管理、業務プロセス、情報管理等）

・月次資金繰り状況の把握

・金融機関を含む各ステークホルダーの支援状況確認

・経営者と従業員を含めた社内のモチベーション維持の状況

　計画の数値予定が未達成であるならば、その原因を追及し、早期に対応策を講じる必要がある。経営再建途上の中小企業の場合、対応が手遅れになると短期間で経営が危機的状況に陥ってしまいかねない。こうした企業の場合、日々の業務の実施に追われ、人的・時間的にも余裕のない場合がほとんどであり、金融機関のサポートが求められる。

　金融機関としては、モニタリングにあたっては、企業の実態をよく把握し、適切な経営相談・経営指導および経営改善支援に取り組む等、コンサルティング機能が十分に発揮される形で行われることが肝要である。

■ 4. 環境分析に活用される分析手法

> **学習のポイント**
> ● 各分析手法の名称と内容を理解する
> ● 各分析手法に特有の用語を覚える

　経営再建計画の策定やモニタリングで必要になる環境分析は、以下のような手法により行われる。

（1）バリューチェーン

　バリューチェーン（Value Chain：価値連鎖）とは、内部環境分析の代表的分析手法であり、事業の競争上の優位性・付加価値がどこから生まれているかを分析するツールとして、マイケル・E・ポーターが考え出したものである。これは、企業の活動を1つの製品が製造されて顧客の手元に届くまでの過程・「ものの流れ」に着目し、自社のどの活動で付加価値を最も提供しているかを明らかにすることにより、「何」を提供しているのか、どこが真の強みなのかを導き出すものである。

①　バリューチェーンの構成要素

バリューチェーンは、主活動とそれを支援する支援活動から構成される。それぞれの構成要素は以下のとおり。

＜5つの主活動＞

・購買物流

・製造

・出荷物流

・販売・マーケティング

・サービス

＜4つの支援活動＞

・全般管理

・人事・労務管理

・技術開発

・調達活動

②　バリューチェーンによる事業活動の分析

バリューチェーンは、前述のとおり事業を活動・機能ごとに分解し、どの部分で付加価値を生み出しているのか、どの部分に強み・コアコンピタンスがあるのかを分析し、事業活動のどの部分を強化すればよいのか等の判断材料を提供する。

（2）5つの競争要因（5 Force分析）

5 Force（ファイブ・フォース）分析とは、業界の競争構造を5つの要因から分析し、その魅力度合を測定、全社戦略・事業戦略立案に役立てるためのツー

ルであり、マイケル・E・ポーターが提唱したものである。

　5つの要因とは、業界の競争状況を左右する基本的な要因のことであり、既存企業との競合、需要者の交渉力、供給者の交渉力、新規参入企業の脅威、および代替品の脅威、の5つからなる。この分析を行うことにより、全社戦略・事業戦略としてどの部門・部署に経営資源を投入したらよいかの判断、リスクは何であるかの見極めの他、業界内の企業がどのくらい収益が確保できるかが明らかにされ、新規参入の適否、事業撤退の判断基準としても利用することができる。

視点	ポイント
新規参入の可能性	参入障壁の高低
既存企業との競合	市場の成長力
代替品の存在可能性	価格の安さ、技術代替性
需要者の交渉力	一部の購入者によるバーゲニングパワー
供給者の交渉力	供給サイドに対する依存度合

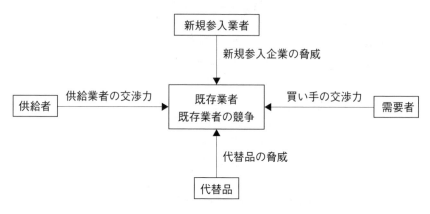

（3）ＰＰＭ（プロダクト・ポートフォリオ・マネジメント）

　再生対象企業が複数の事業を有する場合にどの事業を残して再生するのかを検討する。各事業がどのカテゴリーに分類されるのか、以下（次頁上図）のマトリックスに分類してみる。

　「金のなる木」に分類された事業で得たキャッシュを「問題児」のカテゴリー事業に資金投下して「花形製品」となる事業に育て上げる。「負け犬」に分類される事業からは早期撤退を検討する。

① 「負け犬」の戦略

　市場成長率が低く、市場占有率も低い製品は、「負け犬」と呼ばれる。不景気の場合、または、競争が激しい場合、企業に貢献することができず、逆に負担になるので、この製品の事業の撤退をする。「負け犬」は資金の流入・流出ともに少ない。

② 「問題児」の戦略

　市場成長率が高く、市場占有率が低い製品は、「問題児」と呼ばれる。短期的に利益が出なくても、即撤退と決めない。広告や製品改良によりマーケットシェアを上げれば「花形」にもなりうるので、拡大策をとることもある。しかし、マーケットシェアが拡大できなければ、撤退をする。「問題児」は現金流入額よりもはるかに多くの資金支出（投資）が必要である。

③ 「花形製品」の戦略

　市場成長率が高く、市場占有率も高い製品は、「花形製品」と呼ばれる。高いマーケットシェアを維持する戦略が必要である。「花形製品」は資金の流入量が多い反面、成長のための資金需要も大きくなる。

④ 「金のなる木」の戦略

　市場成長率が低いが、市場占有率が高い製品は、「金のなる木」と呼ばれる。「金のなる木」は多大な資金流入がある。したがって、この製品は資金源となるので、この資金を活用して「問題児」のマーケットシェアを伸ばしたり、「花形製品」の高いマーケットシェアを維持する戦略をとる。

（4）製品ライフサイクル（PLC）

　製品、あるいはその製品を生産販売する業種には、製品ライフサイクル（PLC）があり、導入期・成長期・成熟期・衰退期で構成されるが、当該製品が

製品ライフサイクルとサイクルごとの特徴

	<導入期>	<成長期>	<成熟期>	<衰退期>
製品戦略	基本的品質重視 (機能性能)	感覚的品質重視 (デザイン・色)	イメージ的品質重視 (ブランド・ネーミング)	基本的品質重視 (機能・性能)
価格戦略	高い	下降	低い	上昇
プロモーション戦略	開拓的	競争的	競争的	維持的
チャネル戦略	開拓	拡張	拡張・維持	選別・縮小

現在ライフサイクル上のどの段階にあるかによって、一般的に価格戦略、プロモーション戦略、チャネル戦略が異なってくる。

① 導入期

導入期には、創業者利益を享受できる時期である。この時期は競争者も多くはなく、購入者も高額所得者とか、個性的で個別的な嗜好を持った人達、および、先覚的生産者であり、値段については、それほど意にかけない客層である。従って、高い価格を設定すべきであり、これにより、今までの研究開発費、及び、初期の設備投資コストの回収を早める。

② 成長期

新製品の効用が認められ、浸透していく段階である。一般の消費者・生産者も購入する時期であり、競争者も増加していく時期でもある。この時期には、マス・プロダクション、および、マス・セールスも行われ始める。積極的な展開をするほど売上高が急上昇し、利益率も向上していく。

③ 成熟期

需要は頭打ちとなり、やや低減することも起こる。需要は新規購入というよりは、買い換え需要とか、リピート客が主体となる。競争者も多く、競争が激化するので、値引価格が横行したり、再び大きなプロモーションコストが必要

となるため、利益率は低下する。

④　衰退期

顧客のニーズの変化や優れた代替品の登場などによって、需要は下向局面に入り、市場が縮小していく段階である。売上高は急低下し、利益の確保も難しくなる。よって、この時期までに設備投資コストの回収を済ませる経営戦略でなければならない。

（5）ＳＷＯＴ分析

自社を取り巻く経営環境を内部環境と外部環境に分けて自社の「強み」（Strength）、「弱み」（Weakness）、「機会」（Opportunity）、「脅威」（Threat）を分析しようというもの。

①　強み（Strength）

自社の強みは何か、他社に比較して勝っている部分は何か、という観点で自社分析の結果を整理する。強みの例として、独自の技術力・ノウハウなどがある。

②　弱み（Weakness）

自社の弱みは何か、他社に比較して劣っている部分は何か、という観点で自社分析の結果を整理する。弱みの例として、財務体質からくる資金調達力の不足、知名度の低さによる人材獲得難、などがある。

③　機会（Opportunity）

外部環境におけるビジネスチャンスは何か、自社との関連性は強いか、という観点で外部環境分析の結果を整理する。機会の例として、高齢化社会における消費構造の変化などがある。

④　脅威（Threat）

外部環境におけるビジネスリスクは何か、自社との関連性は強いか、という観点で外部環境分析の結果を整理する。技術革新による画期的新商品の登場、海外からの低価格品の流入などがある。

ＳＷＯＴ分析から得られる戦略は、次のとおりである。

・自社の強みで取り込むことができる事業機会をモノにできないか。

・自社の強みで脅威を回避できないか。

・自社の弱みで事業機会を逃さないためには何が必要か。

・弱みと脅威が重なり最悪の事態を招かないためには何が必要か。

（6）バランスト・スコア・カード

　従来財務データに偏りすぎていた点を反省し、財務データはあくまでも過去の企業活動の結果でしかないとして、企業経営を以下の4つの視点から評価しようとするもの。

①　財務の視点

キャッシュフロー・ROA・ROE・配当金・株価など

②　顧客の視点

顧客満足度・新規顧客開拓・標的セグメントでのマーケットシェアなど

③　ビジネスプロセスの視点

新規開発プロセス（新製品、新サービスを開発するプロセス）

業務プロセス（現在の製品、サービスを効率化するプロセス）

アフターセールプロセス（販売後のサービス提供プロセス）

④　組織・学習の視点

従業員満足、従業員保持、能力開発、教育訓練など

（7）ビジネス・スクリーン（マルチファクター・マトリックス）

　事業のポートフォリオを考えるモデルであるという点においては(3)で述べたPPMと同じであるが「自社の強み」と「産業の魅力度」という2つの軸を用いてそれぞれ3段階で評価し3×3の9つのグループに分けて戦略目標を検討するモデル。

（8）コアコンピタンス戦略論

　「他社にはない企業内部に秘められたスキルや技術の集合体」と定義され、企業の中核的競争能力を指す。コアコンピタンスの条件は以下のとおり。

1）顧客から認知される価値であること（企業の一人よがりの競争力ではない）

2）競争相手の模倣が困難であること

3）多様な市場へのアクセスが可能なものであること

　この概念を研究しているG・ハメルとC・K・プラハラードは、コア・コンピタンスを「顧客に対して他社には真似のできない自社ならではの価値を提供する、会社の中核的能力」と定義している。簡単に言うと「自社特有の資源や能力は何かを追求することにより事業領域を規定し、事業戦略を検討していこうとする手法」と考えることができる。

（9）ＰＥＳＴ分析

　PEST分析とは、Politics（政治的要因）、Economics（経済的要因）、Social（社会的要因）、Technology（技術的要因）の4つの観点から分析する手法である。

	論点	留意点
Politics （政治的要因）	法規制、政治政策、政府の動向、許認可	競争環境に影響 事業再編
Economics （経済的要因）	景気動向、金融環境（金利・為替）	設備投資額の増減 開発費の増減
Social （社会的要因）	流行、人口動態、社会的意識、世論	マーケットの成長・縮小
Technology （技術的要因）	技術革新、知財、特許	競争上の優位

■ 第81回関連出題 ■

第1問　　　　　　　　　　　　　　　　　　　　　（第81回）

　事業再生の早期着手と迅速処理に関する次の記述のうち、最も適切なものを一つ選びなさい。

① 収益性の経営管理指標にEBITDAがある。事業再生においても簡便なキャッシュフロー指標として広く採用されている。EBITDAは正確には、減価償却前営業利益のことである。

② 簡便なキャッシュフローとしてEBITDAがよく使われるが、キャッシュに基づき作成されるものであり、基本的に会計上の利益を基礎としていないため、実質的な数字の操作ができないことから、損益計算書と比較して信用度が高いといえる。

③ 業績好調時には、売掛金の回収が順調に進みキャッシュフローが改善するため、キャッシュフローの悪化を招くことはないが、逆に業績悪化時には売上が減少し、仕入れた商品が在庫となり、在庫が増加することでキャッシュフローが悪化する。

④ 経営管理指標にインタレストカバレッジレシオがあるが、これは支払利息・減価償却費控除前経常利益に対する支払利息の割合のことで、企業の利息の支払能力を見る指標として重要である。

⑤ 債権者である金融機関がガバナンスを機能させるために、経営改善計画の収益性に対してコベナンツ（特に財務制限条項）を付けることがあるが、コベナンツに抵触した場合、直ちに支援を打ち切るのではなく、計画の修正など条件を見直すこともある。

解答：P.53

第2問　(第81回)

　再生支援の金融制度の変化に関する次の記述のうち、正しいものを一つ選び
なさい。

① 　金融庁の「中小・地域金融機関向けの総合的監督指針」の中で、顧客企業
　に対するコンサルティング機能の発揮が述べられているが、支援に当たりコ
　ンサルティング機能の自力での発揮が望ましいため、外部専門家・外部機関
　等の活用を極力回避することが求められている。

② 　中小企業の経営支援のための政策パッケージの中で、金融機関によるコン
　サルティング機能の一層の発揮を促すために、中小企業庁は中小企業に対す
　る支援状況等を確認するため、中小企業に対してヒアリングを実施する。

③ 　金融機関によるコンサルティング機能の発揮に当たっては、金融庁、中小
　企業庁だけでなく、総務省も参加のうえ、緊密に連携して経営改善・事業再
　生支援を行うので、環境整備が必要なため種々の施策を実施する。

④ 　金融機関が提案するソリューションとして、例えば事業承継の必要な顧客
　企業がMBOやEBOを行う場合には、金融機関としては株式買取資金等の資
　金需要に応じることが支援策として求められる。

⑤ 　金融機関としての地域創生・地域活性化ガイドラインの中で、地域金融機
　関は、資金供給者としての役割を十分果たすために、自治体、商工会議所、
　商工会等の地域の情報ネットワークと協力していくことが求められるが、金
　融機関自身が情報ネットワークの要となることまでは求められていない。

解答：P.53

第3問　(第81回)

**再建計画書の作成に関する次の記述のうち、最も適切なものを一つ選びなさ
い。**

① 　中小企業では、キャッシュフロー計算書の作成義務はないが、再建計画書
　の返済計画を作成するうえで、営業活動によるキャッシュフローから投資活
　動によるキャッシュフローを合計したフリーキャッシュフローは、有利子負
　債の償還財源となるため重要である。

② 経営再建計画書では、債務超過解消、有利子負債の返済に関して債務償還年数が重要となるが、実行段階において進捗状況が芳しくないということになれば、直ちに債務者区分が変更されるので、債務者は計画通りに進捗できるよう十分注意する必要がある。

③ 経営再建計画において、将来性のない不採算事業からの撤退、財務リストラとして不稼働資産の売却による債務の圧縮を行うときには、Ｐ／Ｌ上営業外損益にこれらを反映しなければならない。

④ マイケルポーターのフレームワークとしてバリューチェーンがあるが、その主活動には、研究開発、製造、出荷物流、マーケティング販売、サービスの５つがある。

⑤ PPM（プロダクト・ポートフォリオ・マネジメント）では、市場成長率が高く、相対的市場占有率が高いものは金のなる木（Cash Cow）と呼ばれ、大きなキャッシュインが見込まれ、このキャッシュは今後成長する可能性の高い問題児に投資されることになる。

解答：P.54

第4問 （第 81 回）

プロダクト・ポートフォリオ・マネジメント（ＰＰＭ）の考え方に関する以下の記述のうち、正しいものはいくつあるか、①〜⑤の中から最も適切なものを一つ選びなさい。

ア 「負け犬」は、早いうちに集中投資してシェアを拡大する戦略をとるか、思い切って撤退するかの判断が必要である。

イ 資金の流出は市場での競争上の地位で決まると考える。

ウ 資金の流出量を削減して優位性を確保できる「問題児」の選択が重要である。

エ 自社の相対的な市場シェアと自社事業の成長率を基準として事業を分類する。

オ 「花形」で得た資金を「問題児」のカテゴリー事業に資金投下して「金のなる木」に育て上げるというのは"選択と集中"の戦略である。

① 0（すべて誤り）

② 1つ

③　2つ

④　3つ

⑤　4つ

解答：P.54

■ **第80回関連出題** ■

第5問　　　　　　　　　　　　　　　　　　　　　　（第80回）

　再生支援の金融制度の変化に関する次の記述のうち、正しいものを一つ選びなさい。

①　中小企業金融円滑化法は、既に失効しており、同法で定められた金融機関の貸出条件緩和に応じる努力義務はなくなり、中小企業にとっては残念なことになっている。

②　中小企業庁は、2012年に中小企業の経営支援のための政策パッケージを発出したが、その中で金融機関によるコンサルティング機能の一層の発揮を求めており、単独で中小企業の経営支援を行っていくことを明記している。

③　中小・地域金融機関向けの総合的な監督指針の中で、事業の持続可能性が見込まれない顧客企業に対しては、顧客企業が納得していなくても、望ましいソリューションを実施することが求められている。

④　金融機関による事業再生会社は、弁護士、公認会計士等専門家が関与して事業計画が作成されていれば、金融機関は、原則3年、中小企業の場合には最長5年間議決権100％の株式保有が認められる。

⑤　2016年金融庁の監督指針の中で、地域金融機関は、資金供給者としてだけでなく、経営支援や地域経済の活性化のために積極的に貢献することが期待されていると述べている。

解答：P.55

第6問　　　　　　　　　　　　　　　　　　　　　　（第80回）

　事業再生に関連するインフラ整備に関する次の記述のうち、最も適切なものを一つ選びなさい。

①　経営者保証に関するガイドラインでは、連帯保証を行っている場合でも、

一定の生活費を残すことや、華美でない自宅に住み続けることができること
を検討するとなっている。ただし、債務残高については返済ができるかどう
かにかかわらず、返済を求めることにしている。
② ＲＥＶＩＣ（地域経済活性化支援機構）による再生支援では、事業再生計
画における損益の見込みを記載することになっているが、債務免除額は債権
者間の調整が難しく、決められないので、ＲＥＶＩＣが債務免除額を決める
ことになる。
③ ＲＥＶＩＣが債権の買い取りを行う場合の価格は、債務者支援の観点から
再生支援決定に係る事業再生計画を勘案した適正な価格を下回らないものと
する。
④ ＲＥＶＩＣは、再生支援対象事業者に対して、融資、出資、債務保証だけ
でなく、人材派遣等も行い、支援決定の日から５年以内に完了するものとす
る。
⑤ 地域再生ファンドは、中長期的な利益獲得ではなく短期的な視点で再生支
援することが必要なため、資金力のある地域金融機関の関与が重要となる。

解答：P.55

第7問

　再建計画書の作成に関する次の記述のうち、**最も適切なものを一つ選びなさ
い。**
① 内部環境分析では、ＳＷＯＴ分析を活用して当該企業の強み、弱み、機会、
脅威を明確にして、多角的・多面的に分析して再建計画作成に役立てる。
② 再建計画策定において、窮境要因の除去可能性を検討することはとても重
要なことであるが、方法については実行可能性が不確実なところもあり、具
体的でなくても許される。
③ 資金計画は、損益計画を策定し、再建のための設備投資計画を策定し、計
画に反映させ返済原資が確定すれば、債務返済計画を策定することになる。
金融機関にとっては、債務返済計画は重要なものである。
④ 環境分析に活用される分析手法にＰＰＭがある。ＰＰＭにおける問題児は、
新製品などのことで将来花形製品や金のなる木になる可能性があるもののこ

とであるが、この段階では小さなキャッシュアウト、小さなキャッシュイン
となる。

⑤　コアコンピタンス戦略論では、企業におけるコアコンピタンスの唯一の条
件は、顧客（取引先）から認知される価値を持ち、競争相手に模倣されるこ
とが困難であることである。

解答：P.56

■ 第 78 回関連出題 ■

第8問　（第 78 回）

**事業再生の早期着手と迅速処理に関する次の記述のうち、正しいものを一つ
選びなさい。**

①　キャッシュフローの利点は、実質的な数字の操作ができないことである。
業績向上時には、売上増により売掛金が増加し、在庫や買掛金増加を上回る
ことによりキャッシュフローが改善する。

②　最近ゾンビ企業の増加が大きな懸念材料となっている。ゾンビ企業かどう
かはインタレストカバレッジレシオで判定する。インタレストカバレッジレ
シオは、経常利益に対する支払利息の割合で算定される。経常利益で支払利
息が支払えないと対策を講じる必要がある。

③　金融機関による長期間にわたって繰り返し継続されている短期の貸付、い
わゆるコロガシは、直接金融による自己資本の増加ができない中小企業にと
っては、疑似エクイティの機能を果たしている。

④　デットサイドからのガバナンスを機能させるためには、財務制限条項付き
の融資が有効である。定められた条項をクリアできない場合には、直ちに融
資を打ち切ることになる。

⑤　2022 年 3 月中小企業の事業再生等に関する研究会より「中小企業の事業
再生等に関するガイドライン」が公表され、その中で従前の私的整理ガイド
ラインが改訂された。それに伴い、私的整理でも金融機関を含めた債権者全
員の合意が必要となったことから、今後は偏波弁済や詐害行為の危険性はな
くなった。

解答：P.56

再生支援の金融制度の変化に関する次の記述のうち、最も適切なものを一つ選びなさい。

① 金融円滑化法の失効後、金融庁は恒久的ルールとして「中小・地域金融機関向けの総合的監督指針」を発表した。該当金融機関に対しては、顧客企業のライフステージ等に沿った最適なソリューション提供を要請しており、必ず外部専門家と連携することを義務付けている。

② 上記①の監督指針では、ソリューション例が示され、事業再生や業種転換が必要な企業に対しては、貸付の条件変更、DDS、DIPファイナンスの活用を薦めており、DESや債権放棄は想定していない。

③ 監督指針における地域創生や地域活性化のガイドラインでは、金融機関は資金供給者としてだけではなく、経営再建計画策定に顧客企業に代わり主体的に取り組み、その後のモニタリング、経営相談等を実施していくことが求められている。

④ 銀行法施行規則 17 条の 2 第 7 項に定める事業再生会社では、金融機関の支援による事業計画が策定されていれば、無条件で原則 3 年、中小企業の場合には 10 年間、金融機関による議決権 100％の株式保有が認められる。

⑤ 出資による金融支援の場合、エグジットは株式の売却による資金回収か、株式の償還かということになる。売却の場合、中小企業のような非上場企業では売却が難しい。償還の場合には分配可能な利益が必要となる。

解答：P.57

事業再生に関連するインフラ整備に関する次の記述のうち、最も適切なものを一つ選びなさい。

① 中小企業の経営課題が多様化・複雑化する中では、財務及び会計等の専門的知識を有する者（金融機関、税理士・税理士法人等）による支援事業を通じ、課題解決策の鍵を握る事業計画の策定等を行い、中小企業の経営力を強化することが重要である。こうした支援を適切に行える者や機関を経営革新

等支援機関として認定する措置が講じられている。

②　地域経済活性化支援機構（REVIC）は、REVICが定めるすべての要件を満たしている事業者に対して事業再生の支援を行うが、その中で債務者が債務免除等を受けるときは、例外なく経営者は退任しなければならない。

③　REVICは、再生計画上の金融支援額について各金融機関に対して債権内容・担保内容に誤りがないかを確認した後、早期に債権者説明会を開催することになる。

④　事業再生ファンドのエグジットは、業績が回復軌道に乗り、企業価値が上がった段階で投資持ち分を売却することで投資を回収する。そのためにはかなりの期間を要することが推測され、通常その期間は5年から10年程度となる。

⑤　地域再生ファンドでは、自治体や地域金融機関が参加することになるが、地域振興という目的を第一に達成するためにということで利害が一致しているので、円滑な活用が期待されている。

解答：P.57

第11問 （第78回）

　再建計画書の作成に関する次の記述のうち、最も適切なものを一つ選びなさい。

①　予想損益計算書の作成に関しては、製品別、地域別、得意先別、事業所別等の損益を勘案して、期待数値を算定することになる。

②　再建計画では、再建のためには新たな設備投資が必要になることがあるが、再建対象の企業は不良債権先であることから新規融資を受けることができないため、断念するしかない。

③　再建計画の作成で将来のキャッシュフロー計算書を算定するが、営業キャッシュフローがプラスにならなければ、本業で利益が上げられないということなので、再建計画は策定不能となり再建を断念するしかない。

④　環境分析に活用される分析手法にバリューチェーンがある。大きく支援活動と主活動に分かれる。それらのうち研究開発は、製造、出荷物流、マーケティング・販売、サービスと同様主活動にあたる。

43

⑤　ＰＰＭ（プロダクト・ポートフォリオ・マネジメント）では、金のなる木の製品で大きなキャッシュを得て、市場成長率が現状低い問題児の製品に資金を投入し、金のなる木に育て上げる。

■ 第77回関連出題 ■

第12問　(第77回)

　事業再生の早期着手と迅速処理に関する次の記述のうち、最も適切なものを一つ選びなさい。

①　デットサイドからのガバナンス強化を図る方法として、融資条件としてコベナンツ（特に財務制限条項）をつける場合がある。コベナンツ条項に抵触した場合には、直ちに債務不履行に該当し、必ず支援打ち切りとなるので、債務者はコベナンツに抵触しないよう万全を期す必要がある。

②　業績の回復のため損益分岐点を下げることが必要となるが、固定費の削減のためには、固定費に占める人件費の割合が大きいことから、まずは、人員削減を検討すべきである。

③　私的整理で再生を検討する場合には、業績回復に全力を傾注する必要があり、この時点では法的整理に移行する準備をする必要がなく、どうしても私的整理による再生が難しいと判断せざるを得ない状況になったとき、初めて検討することになる。

④　私的整理による再生では金融債権者全員の合意が前提となることから、一部の債権者に対する偏頗弁済や詐害行為は排除されるため、心配することはない。

⑤　キャッシュフロー計算書は、キャッシュに基づき作成され、実質的な数字の操作ができないため、信頼性が高いものと考えられている。もっとも、基本的には会計上の利益を計算の基礎にしているので、キャッシュフローに対する過度な偏重は危険である。

解答：P.58

第13問　　　　　　　　　　　　　　　　　　　　　　　　（第77回）

　再生支援の金融制度の変化に関する次の記述のうち、正しいものを一つ選びなさい。

① 経済環境の変化により資産インフレが進行すると、不動産等の純資産価値の下落を招くことにより、金融機関にとっては担保価値が下がり回収リスクが高まることになる。

② 2003年3月金融庁は、「リレーションシップバンキングの機能強化に向けて」を公表し、コンサルティングの実施により、中小企業に対して経営相談・助言・指導を行い、寛大な対応をすることを求め、不良債権処理を諦めることを容認した。

③ コンサルティング機能の発揮では、経営改善が必要な企業に対しては、ビジネスマッチングや技術開発支援等により、収益力の増加や経費削減等が見込まれる場合には、融資など新規の信用供与も行うこととする。

④ 事業継続可能性が見込まれない企業に対しては、利害関係者に迷惑をかけないよう強制的に債務整理を行う。経営者から多少反対されても強行するしかない。

⑤ 金融機関は単に資金供給者としてだけでなく、外部専門家等に頼らず自力でコンサルティング機能を発揮して経営相談、指導を行い最大限の支援を行うことが求められている。

解答：P.59

第14問　　　　　　　　　　　　　　　　　　　　　　　　（第77回）

　事業再生に関連するインフラ整備に関する次の記述のうち、最も適切なものを一つ選びなさい。

① 2001年に「私的整理ガイドライン」が発表された。このガイドラインによる私的整理が始まると金融機関など対象債権者の権利行使（担保権行使や取立）は一時停止となるが、一般の商取引債権の支払いや決済は停止とはならないため、法的整理と異なり世間から倒産とは思われないのがメリットである。

② 2014年「経営者保証に関するガイドライン」の活用が開始された。経営者が多額の個人保証を行っていると、保証債務の履行時には、従来は生活費等も残すことができなかったが、このガイドラインによって新たに自由財産99万円と年齢等に応じて最大360万円を残すことができるようになった。

③ 地域経済活性化支援機構（ＲＥＶＩＣ）は、事業者から事業再生の相談を受けた場合に限り、プレデューデリジェンスを実施して要件を満たしている場合、事業再生計画の策定支援を行う。

④ ＲＥＶＩＣは、再生支援決定後、関係金融機関等より、決定日以降3カ月以内で機構が定める期間に当該関係金融機関等が再生支援対象事業者に対して有するすべての債権につき買取申込みを受けるが、買取申込みがなかったときその他の場合には、速やかに地域経済活性化支援委員会を開催し対応策を検討することになる。

⑤ ＲＥＶＩＣは、上記④の買取決定等を行う段階で支援に必要な要件をすべて満たしていることを確認し、速やかに再生支援対象事業者へ確認書の交付を行う。

解答：P.59

第15問 （第77回）

再建計画書の作成に関する次の記述のうち、最も適切なものを一つ選びなさい。

① 一般的にＰ／Ｌ面で営業利益が赤字であったり、キャッシュフロー計算書で営業活動によるキャッシュフローがプラスにならなければ再建は難しいといえ、再建計画は策定不能ということになる。

② 再建計画では損益計画を策定するが、新規設備投資を行えば減価償却費の増加となるので、変動費はこれを反映して算定しなければならない。

③ 外部環境分析、内部環境分析に活用される分析手法にプロダクト・ポートフォリオ・マネジメント（以下、ＰＰＭ）がある。新製品などの市場への投入のためには、多額のキャッシュを要するが、ＰＰＭでは、積極的な投資により、金のなる木を目指すため、必要なコストと考える。

④ 再建計画の作成においては、予想損益計画、予想貸借対照表を策定するこ

とになる。予想損益計算書は3カ年あるいは5カ年計画を毎期策定するが、貸借対照表は、計画最後の期のものを作成することになる。

⑤　経営再建計画の作成において、経営者責任も問われることになるが、経営者の交代なく計画を実行するような場合には、中小企業においても社外取締役と社外監査役の導入は必須である。

解答：P.59

第16問 （第77回）

再建計画の進捗状況のモニタリングに関する次の記述のうち、最も適切なものを一つ選びなさい。

①　再建計画は策定して終わりではない。実行についての進捗管理としてモニタリングを行う必要がある。まずは業績達成状況を確認することになるが、事業部門別損益や営業所別損益等細分化した進捗の把握までは不要で、会社全体の進捗を大まかに把握すればよい。

②　モニタリング会議は再建計画の進捗状況の把握と実行不十分な改善事項に対して対応策を検討することが目的なので、資金繰表の作成は必要ない。

③　取引金融機関としては、モニタリングの状況において、金融支援を着実に行うことが重要であるが、経営指導等改善についてはコンサルティング機関に任せればよい。

④　再建計画策定に当たっては改善のため多少ストレッチな計画にする必要があるが、再建に必要な改善事項が従業員の能力等を勘案して、実行可能なものでなければならない。モニタリングも以上を勘案してみていく必要がある。

⑤　モニタリングにおいて金融機関は、業績達成状況が大幅未達成となった場合には、融資等金融支援が難しく支援打ち切りを決断せざるを得ない。

解答：P.60

第17問 (第75回)

事業再生の早期着手と迅速処理に関する次の記述のうち、正しいものを一つ選びなさい。

① 代表的な経営管理指標の一つとして投資回収期間の評価のためのインタレストカバレッジレシオがあるが、これは年度の減価償却控除前経常利益を分母、支払利息を分子として算定するものである。

② デットサイドからのガバナンスを効かせるためには、コベナンツ付き融資が有効であるが、コベナンツに抵触した場合には、デフォルトとなり即支援打ち切りとなるため債務者は十分覚悟しておく必要がある。

③ 再生対象企業の中には粉飾を行っている企業も散見されるが、この場合有価証券届出書、有価証券報告書等の虚偽記載や計算書の不実記載がある場合には民事責任は問われるが刑事責任は問われない。

④ 再生の場合、費用の削減により利益の回復を目指すが、費用（経費）には固定費と変動費があり、中小企業庁方式で区分する場合、広告宣伝費や交際接待費は年度により支出額が異なるため変動費として区分される。

⑤ 再生のための方法として、法的整理と私的整理の二つがある。私的整理は法的整理と比較して金融機関以外の債権は全額弁済されることもあり、迅速に解決できるとされているが、そのための再建計画は債権者全員の合意が必要なため長期間を要することもある。

解答：P.60

第18問 (第75回)

事業再生に関連するインフラ整備に関する地域経済活性化支援機構（以下、ＲＥＶＩＣ）についての次の記述のうち、最も適切なものを一つ選びなさい。

① ＲＥＶＩＣは、過大な負債を負って債権放棄等の金融支援を受けて事業再生を図ろうとする中小企業や公社、地方公共団体のうち、支援基準を満たす事業者に対して支援を行う。

② ＲＥＶＩＣは、関係金融機関等が債権の回収やその他債権者としての権利

行使をすることにより再生支援対象事業者の事業再生が困難となる場合には、再生支援決定するまでの間、債権者に対して回収等権利の行使を行わないことを要請する。

③　REVICは、金融支援額を最終確定するため、支援額算定根拠とした各金融機関の債権額、担保内容を確認するため各金融機関に内容を提示し、内容に誤りがないかどうかを確認する。この場合特に担保に関する契約書等の確認までは行わない。

④　REVICは、買取申込等に関する債権のうち、買取可能額と計画に従ってREVICが管理・処分することの同意が得られた合計額が、必要債権額に満たなかったときは、買取決定を行わないことになる。

⑤　REVICの支援内容は、事業再生計画に従って再生支援対象事業者に対して融資、債務保証、出資などの金融支援を行う。人材派遣等は金融支援とは異なるため行わない。

解答：P.61

第19問 （第75回）

事業再生のプロセスに関する次の記述のうち、最も適切なものを一つ選びなさい。

①　従来の事業再生では、財テクの失敗や過剰投資のため、大企業を中心に財務面で再生手法が求められ、不採算事業の売却や債権放棄等を伴うB／S調整型の不良債権処理が中心となっていた。

②　事業再生において、不採算のノンコア事業を売却することは、B／S調整（再生）にはつながらないものの、売上高は減少するが利益に関しては赤字の解消や縮小ができるので、P／L調整型の事業再生となる。

③　P／L改善型の再生では景気の長期低迷もあり業績の回復による黒字化や債務超過解消に時間がかかるため、早期の再建を断念して2009年中小企業金融円滑化法を実施、貸出条件緩和を行い再生の先送り、延命を容認することとした。

④　中小企業・零細企業に対するP／L調整型の再生プロセスでは、金融機関では経営相談などは行うが、コンサルティング機能の発揮による精緻な経営

改善計画は作成できないので、専門家に任せるのが賢明である。

⑤ Ｐ／Ｌ改善型の再生手法では、業務見直しによる原価・コストの削減、人件費の削減など経費の削減を徹底的に行う必要がある。売上高の増加は相手があることから容易ではなく期待できないため、見込まないことが原則である。

解答：P.61

第20問　　　　　　　　　　　　　　　　　　　　　　　　　　（第75回）

再建計画書の作成に関する次の記述のうち、正しいものを一つ選びなさい。

① 再建計画を作成するためにはまず企業の実態把握が重要となる。このため財務のデューデリジェンスでは、実態貸借対照表を作成して実態の純資産を算定することになるが、再建計画では、簿価ベースの純資産に基づき債務超過解消を計画することになる。

② 変動費計画を算定する場合、新規設備投資が予定されていると採算性向上が期待されるので、労務費の削減を見込み変動費を算定することが求められる。

③ 再建計画の策定では、年度ごとの予想キャッシュフローを算定するが、これは資金繰りを予測するうえで必要な資料となり、同時に金融機関にとっても返済原資がどれだけ見込まれるかどうかを判断する根拠となるので、重要なものである。

④ 内部環境分析に使われる手法の一つにバリューチェーンがあるが、これは業務活動の中でどの部分で付加価値がつくかを見るもので、主活動である研究開発は付加価値がつく重要な構成要素である。

⑤ 環境分析の一つであるＰＰＭでは、相対的市場占有率が高く、市場成長率も高い大きなキャッシュインが期待できるのは、金のなる木である。

解答：P.62

■ 第74回関連出題 ■

第21問　　　　　　　　　　　　　　　　　　　　　　　（第74回）

事業再生の早期着手と迅速処理に関する次の記述のうち、最も適切なものを一つ選びなさい。

① 景気の回復等によって、売上が増加し始めると営業利益が改善するが、営業キャッシュフローも直ちに改善するため、資金繰りが楽になる。したがって、事業再生のためには、まず売上高の増加を目指すことが重要である。

② 債権者のガバナンスを機能させるためには、融資の条件として財務制限条項を設定することが有効である。財務制限条項がクリアできない場合には、債務不履行となり、直ちに支援打ち切りとなるため債務者は何としても財務制限条項をクリアする必要がある。

③ 自主再建のためには、売上高の増加が最も重要である。売上高の増加により利益も必然的に改善し、収益拡大により返済原資の確保が可能となる。

④ 利益の改善のためには、経費の削減として固定費、変動費の削減を行う。中小企業庁方式では変動費には、売上高に比例して増加する材料費、外注工賃、燃料費、通信費、支払運賃などがある。

⑤ 経営管理指標には、事業投資や撤退の意思決定のための将来予測評価のために用いられる指標と過去の実績を評価するために用いられる指標があり、前者には、収益性についてＩＲＲ、ＮＰＶなど、安全性について投資回収期間などがある。

解答：P.62

第22問　　　　　　　　　　　　　　　　　　　　　　　（第74回）

事業再生に関連するインフラ整備に関する次の記述のうち、最も適切なものを一つ選びなさい。

① 1999年に株式交換、株式移転制度が創設された。株式移転制度とは、ある会社を完全子会社にするため、完全子会社となる株主が保有する株式を親会社に拠出し、代わりに新株の割り当てを受け、親会社の株主となる制度のことである。

② 会社分割制度が制定された当初は、新株を分割会社に割り当てる分社型と、分割会社の株主に割り当てる分割型があったが、その後会社法で分割型分割は廃止され、分割会社の株主に株式を割り当てる方法がなくなった。

③ 2014年に活用が開始された「経営者保証に関するガイドライン」では、経営者の個人保証を求めないこと、廃業などを決断した際一定の生活費等を残す、返済しきれない債務は原則として免除すること、華美でない自宅には無条件で住み続けられることなどが定められている。

④ 地域経済活性化支援機構（以下、ＲＥＶＩＣ）の支援対象となりうる事業者とは、有益な経営資源を有しながら過大な債務を負っている中小企業者及び地方住宅供給公社、地方道路公社、土地開発公社など、株式会社地域経済活性化支援機構法の第25条第1項に掲げる法人である。

⑤ ＲＥＶＩＣで求める事業再生計画では、債権者への金融支援依頼事項を含むことが求められるが、債務免除等が必要と認められる場合には、債務免除等をする金額を定める。

解答：P.63

第1章の解答・解説

【第1問】

正　解：⑤　　　　　　　　　　　　　　　　　　　　　　　**正答率：80.5%**

① 正確には支払利息、税金、減価償却費控除前利益のことである。よって不適切である。

② EBITDAは会計上の利益を計算の基礎としているので、キャッシュに基づくものではなく、正確にキャッシュを反映しているのではなく特殊な要因が含まれる。よって不適切である。

EBITDA＝税引前当期純利益 ＋ 特別損益 ＋ 支払利息 ＋ 減価償却費

または　EBITDA＝　営業利益 ＋ 減価償却費

または　EBITDA＝　経常利益 ＋ 支払利息 ＋ 減価償却費

③ 業績好調時には売掛金が増加し、一時的にキャッシュフローの悪化を招く。よって不適切である。

④ インタレストカバレッジレシオは、支払利息控除前経常利益に対する支払利息の割合である。よって不適切である。

⑤ 適切である。

【第2問】

正　解：④　　　　　　　　　　　　　　　　　　　　　　　**正答率：72.2%**

① 地域金融機関は、外部専門家・外部機関等を積極的に活用してコンサルティング機能の発揮が求められる。よって不適切である。

② 各金融機関に対して金融庁がヒアリングを実施する。よって不適切である。

③ 金融庁、中小企業庁だけでなく、内閣府も参加して政策を実施する。よって不適切である。

④ 適切である。

⑤ 金融機関は資金供給者としてだけでなく、金融機関も情報ネットワークの要となって関与することが重要である。よって不適切である。

【第3問】

① 　適切である。

② 　進捗が芳しくない場合でも、直ちに債務者区分が変更されるわけではない。よって不適切である。

③ 　営業外損益ではなく、特別損益に反映される。よって不適切である。

④ 　主活動の一つは、研究開発ではなく、購買物流である。よって不適切である。

⑤ 　金のなる木は、市場成長率が低く、競合企業が少なくなっている状況にある。よって不適切である。

【第4問】

正　解：① 　　　　　　　　　　　　　　　　　　　　　　　　　正答率：10.5%

ア 　「負け犬」ではなく、「問題児」の説明である。よって不適切である。

イ 　市場での競争上の地位ではなく、当該事業の市場成長率が正しい。ＰＰＭは、成長性の高い事業は多くの資金を必要とするという「事業ライフサイクル」の考え方に基づいている。よって不適切である。

ウ 　「問題児」のキャッシュアウトは大きい。よって不適切である。

エ 　自社事業の成長率ではなく、市場成長率が正しい。よって不適切である。

オ 　「金のなる木」で得た資金を「問題児」のカテゴリー事業に資金投下して「花形事業」に育て上げるという"選択と集中"の戦略である。よって不適切である。

　以上のとおり、すべて誤りであるため①が正解となる。

【第5問】

正　解：⑤　　　　　　　　　　　　　　　　　　正答率：98.1%

① 同法は失効したが、金融機関の努力義務は中小監督指針として恒久的ルールとなっている。よって、不適切である。

② 単独ではなく必要に応じて、外部専門家や外部機関と連携して支援していくことが求められている。よって、不適切である。

③ 納得性を高めるため、顧客企業に対して十分な説明が求められている。よって、不適切である。

④ 中小企業の場合、5年ではなく10年間認められる。よって、不適切である。

⑤ 記述のとおりであり、正しい。

【第6問】

正　解：④　　　　　　　　　　　　　　　　　　正答率：30.5%

① 保証債務の履行時に返済しきれない債務残高は原則として免除される。よって、不適切である。

② 各債権者が行う債務免除額が決められていなければならない。よって、不適切である。

③ 下回らないのではなく、上回らないものとする。よって、不適切である。

④ 記述のとおりであり、正しい。

⑤ 短期的な利益獲得ではなく中長期的な視点で再生支援することが必要なため、地域金融機関ではなく、自治体の関与が重要である。よって、不適切である。

【第7問】

正　解：③　　　　　　　　　　　　　　　　　　　　　正答率：50.0%

① 　ＳＷＯＴ分析の機会・脅威は外部環境に関することで内部環境である経営資源とは関係がない。よって、不適切である。

② 　窮境原因の除去可能性の方法は、具体的なものでなければならない。よって、不適切である。

③ 　記述のとおりであり、正しい。

④ 　問題児は小さなキャッシュアウトではなく、大きなキャッシュアウトである。新製品などは、多額の研究開発費などを使うことが一般的であるため。よって、不適切である。

⑤ 　もう一つ、多様な市場へのアクセスが可能なものであることが条件となる。よって、不適切である。

【第8問】

正　解：③　　　　　　　　　　　　　　　　　　　　　正答率：79.8%

① 　不適切である。売掛金増加により、一時的にキャッシュフローは悪化する。発生主義による損益計算書では利益が増加するが、キャッシュフローでは悪化することになる。

② 　不適切である。インタレストカバレッジレシオは、支払利息控除前経常利益に対する支払利息の割合で、経常利益ではない。なお、ゾンビ企業とは3年以上にわたってインタレストカバレッジレシオが1未満の企業のことである（国際決済銀行（ＢＩＳ）による定義）。

③ 　適切である。

④ 　不適切である。財務制限条項がクリアできなかった場合には、直ちに融資を打ち切るのではなく、条件を改定することになる。

⑤ 　不適切である。従前より全員の合意が必要であった。また、私的整理には法的拘束力はなく、一般債権者に対する偏波弁済や詐害行為の危険性がある。

【第9問】

① 不適切である。必ず外部専門家と連携する必要はなく、必要に応じて連携すれば良い。

② 不適切である。DESや債権放棄も検討する。但し、実際には現在中小企業の再生ではDESや債権放棄はほとんど例がない。

③ 不適切である。あくまでも顧客企業が主体的に取り組むもので、企業の自助努力を最大限支援していくことになる。

④ 不適切である。事業計画作成は、弁護士、税理士等専門家が関与していることが要件となっている。

⑤ 適切である。

【第10問】

① 適切である。

② 不適切である。債務免除等を受ける場合には、原則経営者は退任することになるが、あくまで原則であり、例外なくではない。

③ 不適切である。債権者説明会の後で、各金融機関の債権内容・担保内容を確認することになる。

④ 不適切である。通常その期間は3年から5年程度で、5年から10年程度ではない。

⑤ 不適切である。地域金融機関は優先課題として不良債権問題の解決を第一の目的としており、この点で自治体とは利害が一致しない。

【第11問】

正　解：③　　　　　　　　　　　　　　　　　　正答率：54.5%

① 不適切である。期待数値ではなく、確実に達成できると予測される数値を計上する。

② 不適切である。再建のためにどうしても必要な設備投資については、十分検証して金融機関の納得がいく説明をして計画に盛り込むことになる。

③ 適切である。

④ 不適切である。研究開発は支援活動である。

⑤ 不適切である。問題児の製品の市場成長率は低くなく、高い。

【第12問】

正　解：⑤　　　　　　　　　　　　　　　　　　正答率：89.1%

① 不適切である。コベナンツに抵触しても、直ちに支援打ち切りとはならない。コベナンツとして明記した場合には、未達成の時融資条件の改定を行うのが一般的である。

② 不適切である。人員削減、つまり単なるリストラは士気に悪影響を及ぼすため、なるべく回避することが望ましく、他の方法から考えるべきである。

③ 不適切である。再生実行が遅れるとそれだけ事業価値が棄損するため、最悪の場合も想定し法的整理も準備しておくことが望ましい。

④ 不適切である。私的整理は、法的拘束力はなく、偏頗弁済、詐害行為が行われないという保障はない。

⑤ 適切である。

【第13問】

正　解：③　　　　　　　　　　　　　　　　　　正答率：90.7%

① 不適切である。資産デフレにより資産価値が下がる
② 不適切である。寛大な対応をするとともに不良債権の処理を行う、諦めるのではない。
③ 適切である。
④ 不適切である。慎重かつ十分な検討を行い、顧客企業にも納得がいくように十分説明する必要がある。
⑤ 不適切である。外部専門家・外部機関等のネットワークも活用して行う。

【第14問】

正　解：①　　　　　　　　　　　　　　　　　　正答率：53.3%

① 適切である。
② 不適切である。従来から自由財産 99 万円は残すことができた。
③ 不適切である。相談者は事業者に限らない。
④ 不適切である。申し込みがない場合には、速やかに再生支援決定を撤回する。
⑤ 不適切である。再生支援対象事業者から確認書の交付を求められた場合に、これに応じる。

【第15問】

正　解：①　　　　　　　　　　　　　　　　　　正答率：44.8%

① 適切である。
② 不適切である。減価償却費は固定費に計上することになる。
③ 不適切である。積極的な投資により、まずは、花形製品を目指し、その次が金のなる木（積極的な投資を必要としない）となる。
④ 不適切である。貸借対照表も毎期作成する必要がある。
⑤ 不適切である。ガバナンス態勢の構築を図ることは重要ではあるが、社外取締役と社外監査役の導入が必須とまでは言えない。

【第16問】

正　解：④　　　　　　　　　　　　　　　　　　　　正答率：95.2%

① 不適切である。部門別損益の進捗状況の把握も必要である。

② 不適切である。モニタリング期間中に資金ショートする可能性があると対応策を考える必要があるので、資金繰表の作成は必要である。

③ 不適切である。経営支援等コンサルティングも金融機関に求められる機能である。

④ 適切である。

⑤ 不適切である。再建計画で金融機関の支援についてコミットされていることが重要で、企業のキャッシュフローについても金融機関は留意し、支援が必要な場合にはいきなり支援打ち切りするのではなく、支援を検討することが求められる。

【第17問】

正　解：⑤　　　　　　　　　　　　　　　　　　　　正答率：34.6%

① 不適切である。インタレストカバレッジレシオは支払利息控除前経常利益に対する支払利息の割合なので、分母は支払利息控除前経常利益である。

② 不適切である。コベナンツに抵触した場合、即支援打ち切りとはならず、条件の見直しとなる。なお、新型コロナウイルス禍の影響で融資条件を満たせない上場企業が増えてきている。

③ 不適切である。民事責任ではなく、刑事責任となる。

④ 不適切である。広告宣伝費、交際接待費は固定費に区分される。

⑤ 適切である。私的整理の手続は法的拘束力がないため、一部の債権者に対する偏頗弁済や詐害行為によって衡平性に欠ける可能性もある。また、全員の合意が必要なため、合意に長期間を要することもある。

【第18問】

正　解：④　　　　　　　　　　　　　　　　　　　　正答率：66.4%

① 不適切である。地方三公社、国または地方公共団体が1/4以上出資している法人などは対象とはならない。

② 不適切である。再生支援決定までの間ではなく、買取申込み等期間が満了するまでの間である。

③ 不適切である。確認のため担保設定に係る契約書類等の提出を受けて確認する。文書だけではない。

④ 適切である。買取申込等に係る債権の額の合計額が必要債権額に満たないとき、買取決定を行わない。

⑤ 不適切である。人材派遣等も行う。金融支援だけではない。

【第19問】

正　解：①　　　　　　　　　　　　　　　　　　　　正答率：67.4%

① 適切である。再生手法として、不採算のノンコア事業を売却等処理し、またそのノンコア事業に起因する過剰債務を金融機関から債務放棄を受けるような形で整理するような、財務面のバランスシート調整を行うタイプの不良債権処理が中心となっていた。

② 不適切である。ノンコア事業の売却は、不採算の資産の圧縮となるのでB／S調整型の再生手法である。

③ 不適切である。貸出条件緩和期間中に業績回復を図り再生に向かうことが目的で円滑化法が制定された。決して先延ばしを意図したものではなかった。

④ 不適切である。金融機関において、コンサルティング機能を発揮して経営改善計画の策定支援を行うことが求められている。

⑤ 不適切である。売上高の増加は容易ではないが、値上げや営業活動による新規開拓などで、売上高の増加を見込むことは可能であり、計画に織り込むことは必要である。

【第20問】

正　解：③　　　　　　　　　　　　　　　　　　　　　　　正答率：92.6%

① 不適切である。再建計画では簿価ではなく、実質債務超過額に基づき計画を策定する。

② 不適切である。中小企業方式では労務費は変動費ではなく、固定費である。

③ 適切である。損益計画・設備投資計画に基づき資金計画を策定する。年度ごとの予想キャッシュフローを算出し、債務返済計画に結びつける。金融機関にとってはこの計画を特に重んじる必要がある。

④ 不適切である。研究開発は、主活動ではなく、支援活動の構成要素である。

⑤ 不適切である。この説明は金のなる木ではなく、花形商品である。成熟した市場で競合が淘汰され、成長率は低いがキャッシュアウトも少なく利益率が高いのが金のなる木である。

【第21問】

正　解：⑤　　　　　　　　　　　　　　　　　　　　　　　正答率：75.2%

① 不適切である。売上が増加し始めた時、営業キャッシュフローは一時的に悪化する。売掛金の増加が買掛金の増加を上回るためである。

② 不適切である。財務制限条項をクリアできない場合には、直ちに債務不履行となり支援打ち切りにはならず、条件の改定が行われるのが一般的である。財務制限条項（コベナンツ）に抵触すると、返済期限前でも金融機関は資金返済を要求できるが、多くは金融機関と協議して一括返済を免れている。

③ 不適切である。売上の増加ができても、赤字受注や不良債権化したりすると利益の改善にはならないので、必然的に利益が改善するわけではない。

④ 不適切である。通信費、支払運賃は固定費である。

⑤ 適切である。経営管理指標には、事業投資や撤退の意思決定のための将来予測評価のために用いられる指標と過去の実績を評価するために用いられる指標がある。

代表的な経営管理指標

	将来予測評価のための指標	過去実績評価のための指標
収益性	IRR、NPVなど	EVA™、CFROA、EBITDA、FCFなど ROA、ROE、安全余裕率、営業利益率、1株あたり利益など
安全性	投資回収期間など	自己資本比率、インタレストカバレッジレシオなど
成長性	特になし	売上高成長率、キャッシュフロー成長率など

【第22問】

正　解：⑤　　　　　　　　　　　　　　　　　　　　　正答率：47.4%

① 不適切である。この記述は、株式移転制度ではなく株式交換制度の説明である。

② 不適切である。分割型がなくても、分社型で承継会社に株式が交付された後、分割会社の剰余金の配当として分割会社の株主に株式を交付することができる。

③ 不適切である。法人と個人が明確に分離されている場合という条件付きで個人保証を求めないということになっている。無条件ではない。「華美でない自宅には無条件で住み続けられること」ではなく、「華美でない自宅に住み続けられることなどを検討すること」が正しい。

④ 不適切である。中小企業者だけでなく、株式会社地域経済活性化支援機構法の第25条第1項に掲げる法人を除くその他の事業者も対象となる。

⑤ 適切である。債務免除額が決まっていなければならない。

第2章

倒産処理手続

～学習の手引き（第2章）～

テーマ	80回	81回
1．法的倒産処理手続		
（1）倒産の定義	①	
（2）法的倒産処理の必要（私的整理との比較）		
（3）法的整理手続の分類		
2．清算型倒産手続		
（1）破産手続	②	②
（2）特別清算手続		
3．再建型倒産手続		
（1）民事再生手続	②	②
（2）会社更生手続		
4．裁判外の事業再生手続		
（1）私的整理と私的整理に関する諸立法		①
（2）倒産ＡＤＲ	③	③

※丸数字は出題数。

・この章からは毎年、8問程度が出題されている。

1．法的倒産処理手続
・私的整理の特徴を、法的整理との比較で問う出題が多い。
2．清算型倒産手続
・破産手続については、破産原因、破産申立の手続など、毎回3問程度出題されており、十分に学習しておきたい分野である。
・特別清算については、最近、ほぼ出題がない。
3．再建型倒産手続
・民事再生手続については、過去2問程度、最近は1問出題されている。テーマとしては手続開始の申立て、再生計画、手続機関などから出題されている。
・会社更生法については、最近、出題が減少している。
4．裁判外の倒産処理手続
・倒産（事業再生）ＡＤＲは、毎回出題されている。私的整理ガイドライン、経営者保証ガイドラインも交互に出題されている。

第1節
法的倒産処理手続

1. 倒産の定義

> **学習のポイント**
> ● 倒産とは何か、その定義を理解する
> ● 倒産法の法的意義を理解する

（1）倒産とは何か

　会社の倒産とは、企業の対外的信用が破綻し、正常な事業活動が行えなくなった状態を指す。わが国では、銀行取引と手形決済システムに基づく信用経済が一般的である。通常の場合、事業を営む会社は対外的な信用が維持されて初めて日常的な事業の継続や債務の支払いをすることができるが、このような信用を失った場合に、銀行から新たな資金が調達できなくなったり、仕入先から商品や原材料を入れてもらえなくなったりという事態が生ずる。

　多くの場合、会社が手形不渡りを出すとか社債の償還ができないとか、買掛金など支払債務を払うことができないなどの事情により対外的な信用の破綻が表面化してしまうが、この事態を倒産という。

　なお、中小企業倒産防止共済法（昭和52年法84号）には、倒産の定義として、①破産、再生手続開始、会社更生開始、特別清算開始等の法的手続の申立てが裁判所になされること（この場合は、事実上の倒産といわれる）、②手形交換所において金融機関が金融取引を停止する原因となる事実についての公表が金融機関になされること（不渡手形を出し、金融機関の取引停止の公表の意）のいずれかの事態としている。

（2）倒産の法的意義

　破産法では、破産手続は、破産手続開始原因が存在するとき、すなわち、債務者が支払不能または債務超過のときに、債務者会社自身、取締役または債権者の申立に基づき、破産裁判所が発令する「破産手続開始決定」により開始するとされている。

　以上は、破産手続を基本においた倒産状態の法的表現であるが、近年この

ような破産原因よりもやや広範に倒産事情を捉え、むしろ企業が財産的に悪化する以前の段階で再建の足がかりをつかむために、財産状態が決定的に悪化する前段階において再建手続を開始することが望ましいとされ、民事再生法の立法作業でもこのような方向性が示されている。

　例えば、民事再生法では、支払不能または債務超過に至らなくても、そのおそれがある場合に、債権者・債務者を問わず法的整理の申立てを認めている。また、経常的な約定債務の支払いを行っていては事業継続は期待できない場合についても債務者からの手続申立てを認めている。

　これは企業が倒産状態に陥りつつある場合に漫然と事業継続することにより、事業資金を食いつぶし、手元の流動資産が全くなくなった段階で倒産手続に入れば再建することがかなり困難となる事態を回避すべきとの認識に基づくものである。

▎2. 法的倒産処理の特徴（私的整理との比較）

> **学習のポイント**
> ● 法的倒産処理の特徴を理解する
> ● 法的整理と私的整理がどのように異なるかを理解する。一般的には、時間的な迅速性や経済的なコストの観点からすると、私的整理により会社を整理することを、まず先に検討の対象とすべきである。しかしながら、私的整理には各種の問題があり、債権者に対する公正な弁済が期待できるか問題があるケースも多い

（1）私的整理は債権者の任意の同意が前提

　私的整理とは、当事者の和解による解決を基軸とする。したがって、あくまで債権者の任意の同意を取得する形式によるのであるから、再建計画案（弁済案）に同意ができる債権者に限りこの手続に引き込むことができる。

　これは裏を返せば、一部の債権者が強硬に権利行使を行い、また債務者自ら一部の債権者に対して有利な条件で弁済するなどして多数債権者の理解を得られない事態が生じたときは、私的整理そのものの構図が崩れることになる。

　そこで、一般に倒産手続を進めるにあたり、①金融債務なのか、②リース債務なのか、③営業債務なのか、④労働債務、租税債務なのか、これらを類別し

たうえで私的整理を行うことができるかを注意深く検討する必要がある。わが国では一般的に企業が資金繰りのために支払手形をかなり多用する傾向があるので、支払手形が多く繰り出されている企業の倒産のケースでは、手形が第三者に流通し、またいわゆる整理屋や暴力団などが関与している場合に、私的整理が困難となる事態も多い。したがって、債権者の種別や債権の性格を吟味したうえで、私的整理に適する事案かどうかを慎重に把握する必要がある。

（2）私的整理の柔軟性

　私的整理は、あくまで当時者の合意を基礎としているので、債務者ごとに弁済条件を柔軟に設定できるなど、柔軟性がある。

　私的整理は、対象とする債権者の範囲も一定の大口債権者だけに限定するなど、事案に則した処理ができる柔軟性がある。他方でこのような柔軟性は債権者平等という倒産処理の大原則に例外を認めるものである。したがって、私的整理を進める場合に多かれ少なかれ債権者に対する公平な弁済についての例外を認めることで債権者相互間の不満や不信を生む場合があるので、要注意である。

　私的整理と法的整理の最も大きな違いは、私的整理では、企業が倒産状態に陥った場合に、仮に再建するにしても対外的な信用を維持し、取引を継続するために債権カットなどの負担を甘受できる債権者を限定して整理案を提示できることである。

　例えば、2001年のそごうの民事再生のケースでは、取引金融機関と通常の仕入れ協力業者などの金融債務と営業債務が併存する場合に、法的整理の手法によれば、全債権者を基本的に平等に取り扱い、再生債権として保全処分のもとで弁済を停止し、基本的には平等な再建計画案を提示する必要があることになる。しかしながら、現実の会社の事業活動を前提にした場合に、すべての債権者に対して平等に支払いを停止し、平等な弁済案を提示することが少なくとも法律的に強制されるとすれば、事業継続のための重大な支障が生じることも多い。

　これが法的整理による対外的な信用毀損という事柄である。これに対し、私的整理では、大口債権者、とりわけ取引金融機関などが比較的大きな割合で債権カットを了解し、一般的な仕入業者、外注業者など協力業者に迷惑をかけずに企業をマイルドな形で再建する方法も模索することができる。

（1）倒産関連4法

　企業が破綻状態に陥った際に、その法的整理をするための法律として、①会社更生法、②民事再生法、③特別清算（会社法の中に規定がある）、④破産法である。前2者が再建型、後2者が清算型の手続である。通常、法的倒産処理手続といえば、①から④による手続を指す。関与の程度や手続の厳格性についてはさまざまだが、いずれの手続も裁判所の関与がある点、法律によって手続が定められている点が私的整理手続とは異なる。

（2）再建型と清算型

　再建型は、企業を存続再建させることを前提として、企業が将来獲得する利益や業務運営に不可欠ではない資産売却代金を配当原資として債権者に配当、弁済するという手続である。

　一方、清算型は、企業を清算することを前提として企業資産のすべてを換価処分して、その代金で債権者に配当、弁済するという手続である。

第2節
清算型倒産手続

1. 破産手続

学習のポイント
- 破産手続の意義と手続の流れを理解する
- 3つの破産手続開始原因の特徴を理解する

（1）破産法の改正

　破産手続は、債務者の種別（法人か、自然人か）を問わず、広く適用される一般的な清算型手続である。再建型手続も含めわが国の他のすべての法的倒産処理手続の原型ともいえる。旧破産法は、1922年に当時のドイツ破産法を模範として制定されたものであるが、これに代わる新しい破産法が2004年5月に成立し、05年1月1日から施行されている。

　現行破産法は、旧破産法の規定を全面的に見直すとともに、各種倒産法に共通する実体規定を大幅に見直しており、改正事項はきわめて多岐にわたっている。

（2）破産手続とは

　破産手続は、破産手続開始決定と同時に裁判所によって弁護士の中から選任される破産管財人（破産法31条1項、74条）が、裁判所の厳格な監督の下に、破産財団を管理・処分（換価）して得た金銭を、総債権者にその優先順位に従って公平に分配していく管理型の清算手続である。もっとも、換価金を債権者に公平に分配するという破産手続の目的は、企業ないし事業者の破産手続には妥当するが、個人債務者の破産の場合には、実際上、配当原資となる財産がほとんどなく、債権者に配当がなされるのは稀である。それにもかかわらず、個人債務者について破産手続が行われる主たる目的は、破産者が破産免責を得るためである。従って、本来、破産手続は、総債権者に公平に満足を与えることを目的とする手続であるが、個人債務者の破産の場合には、むしろ債務者の経済的更生を図ることが主たる目的となる。

（3）管轄裁判所・移送

　破産事件は、債務者が営業者であるときは、その主たる営業所の所在地の地方裁判所が管轄裁判所であるが（破産法5条1項）、破産法は、破産事件の一体的処理を可能にするため、管轄裁判所を拡張し、親子会社等関連する事件が係属する裁判所にも破産手続開始の申立てをすることができることにしている（同条3項ないし7項）。

（4）破産法の内容

①　破産手続開始の申立て

　破産手続は、破産手続開始原因が存在するとき、すなわち、債務者が支払不能または債務超過のときに、債務者会社自身、取締役または債権者の申立てに基づき、破産裁判所が発令する破産手続開始決定により開始する（破産法15条、16条、18条、30条）。

　債権者が破産手続開始申立てをする場合には、破産手続開始原因事実と自己の債権の存在を疎明しなければならない（破産法18条2項）。申立ての濫用を予防する趣旨である。これに対し、債務者が自ら破産手続開始の申立てをする場合（自己破産の場合）には、申立行為それ自体が破産手続開始原因事実の存在を推測させるので、その疎明は不要であるが、申立てと同時にまたは遅滞なく、財産の概況を示す書面と債権者・第三債務者の一覧表を提出する必要がある（同法20条2項）。

②　破産手続開始原因

ⅰ）支払不能（破産法15条1項）

　債務者の弁済能力を尽くしても、弁済期にある債務を一般的かつ継続的に支払うことができない客観的な経済状態のことである。

　一般性、継続性を要するから、個別的事情による債務不履行や一時的な手元不如意は支払不能ではない。また、客観的経済状態であるから、楽観的な債務者が自己の支払能力を過大評価して支払いを続けていても、支払不能であることもある。もっとも、債務者の弁済能力の有無は、財産、信用、技能などの総合評価によるから、それを基準とする支払不能を部外者たる債権者が援用するのは容易なことではない。

ⅱ）支払停止（破産法15条2項）

　支払不能である旨を外部に示す主観的行為のことである。銀行取引停止処分

の前提となる手形不渡りを発生させた場合や夜逃げ・店じまいをした場合など
がそれに当たる。

iii）債務超過（破産法16条）

　負債総額が資産総額を上回る客観的な状態のことである。負債には弁済期未
到来の債務も含み、また、資産評価は清算価値を基準とし、債務者の信用・技
能や将来の収益などを考慮しない点で、支払不能とは異なる。ただ、倒産とい
う非常時の資産・負債の評価は、債権者にはやはり容易ではなく、支払停止か
らの推定も許されないので、実際に債務超過が援用されるのは、会社自身によ
る自己破産の申立てか、取締役による準自己破産の申立ての場合であろう。

（5）手続機関

①　破産管財人

　破産手続は、破産管財人という第三者機関の手で厳格に進められる。破産管
財人は、破産手続開始と同時に裁判所によって通常は弁護士（または弁護士法
人）の中から（1人または数人）選任され（破産法31条1項、74条）、破産者
の（原則として）すべての財産から構成される破産財団の管理・処分（換価）
に着手する（同法34条、78条1項、79条参照）。

②　債権者集会

　旧破産法では、債権者集会について多様な法定の決議事項が定められており、
これらを決議するために、破産宣告後、破産手続終了に至るまでの間、手続中、
少なくとも2回は債権者集会の招集を行わなければならず（旧破産法142条1
項2号・4項）、場合によっては、さらに招集しなければならないものとされ
ていた(旧破産法176条)。しかし、旧法で招集が求められている場面の中には、
債権者集会という方法によるまでもないと考えられるものもあり、迅速かつコ
ストのかからない破産手続を実現する上で、マイナスとなる場合も存在する。
そこで、現行破産法は、債権者集会に関しては、開催の目的や事件の規模に応
じた柔軟な処理を可能にするため、招集の要否、代替的措置等について下記の
ように多様な選択肢を用意している。

i）財産状況報告集会

　旧破産法下では、破産宣告時に、第1回債権者集会の期日を定めるものとさ
れていたが（旧破産法142条1項2号）、現行破産法は、裁判所は、破産者の
財産状況等を報告するため、「財産状況報告集会」（現行法は第1回債権者集会

という呼び名を「財産状況報告集会」に改めた）を招集しなければならないという原則を定めつつも（破産法31条1項2号）、「裁判所は、知れている破産債権者の数その他の事情を考慮して財産状況報告集会を招集することを相当でないと認めるとき」（たとえば、債権者数が多い場合、債権者の出席が見込めない場合、破産財団に属する財産が少ない場合など）には、財産状況報告集会の期日を定めないことができることにした（同条4項）。ただし、この場合には、情報開示のための代替的措置として、破産管財人は、破産債権者の閲覧の用に供するため、財産状況報告書（破産手続開始に至った事情や、破産者・破産財団に関する経過報告および現状、役員に対する損害賠償請求権の査定等を必要とする事情の有無を記載した書面。同法157条1項参照）の要旨を記載した書面を、知れている破産債権者に送付するとともに、財産状況報告書の備え置きその他適当な措置（例えば、インターネット等への掲載）をとることが求められる（同法施行規則20条3項）。

ⅱ）　異時廃止の決定をする際の意見聴取のための債権者集会

　財産状況報告集会以外で、裁判所が債権者集会を招集しなければならない場合として、異時廃止の決定をするために債権者集会の意見を聞く場合があるが（破産法217条1項）、裁判所は、相当と認めるときは、債権者集会における意見の聴取に代えて、破産債権者の意見を書面によって聴取することができるものとしている（同条2項）。

ⅲ）　計算報告のための債権者集会

ⅳ）　一定の者からの申立てに基づき招集される債権者集会

③　債権者委員会

　破産債権者をもって手続外で任意に組織された債権者委員会が、裁判所から破産手続への関与を承認された場合には、同委員会が、破産手続の進行過程に債権者の意見を反映させるための意見聴取機関ないし意見具申機関として関与することが認められている（破産法144〜147条）。

（6）破産債権者の取扱い

　破産債権とは、「破産者に対し破産手続開始前の原因に基づいて生じた財産上の請求権であって、財団債権に該当しないもの」をいい（破産法2条5項）、破産債権を有する債権者が破産債権者である（同条6項）。破産債権者は、破産手続が開始されると、破産手続外における権利行使を禁止され、破産手続に

よらなければ権利行使ができなくなる（同法 42 条 1 項・100 条 1 項）。

　破産債権であるためには、破産者に対する人的請求権であること（したがって、所有権に基づく返還請求権などの物的請求権は破産債権たりえない）こと、破産手続開始前の原因に基づくものであること、財産上の請求権であること、執行できる請求権であること、が必要である（同法 2 条 5 項）。

（7）担保権者の一般的取扱い

　破産財団帰属の特定の財産の上に担保権を有する者は、別除権者として（破産法 2 条 9 項・10 項）、破産手続によらないで権利行使をすることができる（同法 65 条 1 項）。別除権とは、担保権の効力として破産財団帰属の個別財産から優先的満足を得る権利をいい、実質的には担保権そのものである。そして、非典型担保権（たとえば、譲渡担保、所有権留保、仮登記担保など）についても、抵当権等に準じた取扱いをしようとする見解が有力である。

　そして、担保権者は、別除権の行使によって弁済を受けられない不足額に限り、破産債権者として破産手続内で権利行使をし、弁済を受けることができる（同法 108 条 1 項本文。不足額責任主義）。

　もっとも、旧破産法では、そのために、担保権者は、最後配当の除斥期間内に担保権の実行に着手したことを証明し、かつ、不足額を証明するか、あるいは別除権を任意に放棄するかしなければ、配当から除斥されることになっていた（旧破産法 262 条・277 条・278 条）。しかし、そうすると、最後配当の除斥期間満了までに不足額が確定しない場合には、担保権者としては、担保権を放棄するか、それとも破産債権者としての配当加入をあきらめるかという選択を迫られる。しかし、担保権者としては、いずれを選択しても多大な損害を被る。そこで、現行破産法は、担保権者と破産管財人との間で、担保権が放棄された場合や、被担保債権額の変更の合意により、被担保債権の一部が担保されないことになった場合（いわゆる別除権協定を締結した場合）など、当該担保権によって担保される債権の全部または一部が破産手続開始後に担保されなくなった場合には、無担保状態になった部分について、破産債権者として権利行使（配当参加）ができることにする（破産法 108 条 1 項・198 条 3 項）ともに、根抵当権についても、最後配当の除斥期間満了までに不足額の証明ができなかった場合でも、破産債権のうち、その極度額を超える部分については配当参加を認めることにした（同法 196 条 3 項・198 条 4 項）。

① 担保目的物の任意売却と担保権消滅許可制度

　破産法の担保権の規律に関して注目されるのは、破産管財人が、破産財団に属する財産について、その上に存する担保権を消滅させて任意に売却し、それによって取得することができる金銭の一部を破産財団に組み入れることを可能にする担保権消滅許可制度を導入した点である（同法186条以下）。

　この制度の骨子は次の通りである。まず、破産管財人がこの制度を利用しようとする場合には、任意売却の相手方、売却代金、破産財団への組入金等を記載した申立書を作成して、担保権者に対して申立てをする。次に、前記の売却代金、破産財団への組入金等に異議のある担保権者は、自ら担保権を実行するか（同法187条）、あるいは、より高い代金で買ってくれる売却の相手方を見つけて買受申出をすること（これらを「対抗買受け」という）により、破産管財人が選んだ相手方（買受予定者）に対する売却を阻止することができる（同法188条）。しかし、担保権者がかかる対抗手段をとらなかった場合には当初の売却相手方に、買受申出が認められた場合には買受希望者に対して任意に売却し、担保権を消滅させることを許可する決定が裁判所によってなされる（同法189条）。これによって、破産管財人とその相手方との間で売買契約が成立したものとされ、相手方が売却代金額に相当する金銭を裁判所に納付することになる（同法190条1項）。担保権は消滅し（同法190条4項）、その登記・登録は、裁判所書記官の抹消登記手続の嘱託により抹消される（同法190条5項）。そして納付された金銭は、裁判所によって債権者に配当される（同法191条）。

　倒産実務では、旧破産法下において、すでに、破産管財人、別除権者および別除権の目的財産の買受希望者の三者間の合意により、別除権の目的財産について担保権の消滅と、買受希望者に対する任意売却とを一括して行い、その際に、売却代金の一定割合に相当する金銭（5％ないし10％程度）を破産財団に組み入れるという運用が行われているが、担保権消滅制度がないために、どの程度の金額を組み入れるかについての基準がなく、この点についての合意形成が困難であったり、また全く配当にあずかる見込みのない後順位担保権者についても、同様に合意を取り付ける必要があるため、いわゆる判子代として一定の金銭を支払うということが一般化していたが、この制度の導入により、かかる問題は解決されることになろう。もっとも、この制度は、実際に頻繁に使われることを想定されたものというよりは、任意売却に関する破産管財人と担保

権者との交渉をスムーズにするためのものである。したがって、この制度を利用しようとする破産管財人は、あらかじめ担保権者と事前に協議しなければならないと定められており（同法 186 条 2 項・3 項 7 号）、この両者による協議が重要な意味を持つことになる。また、現行破産法は、この制度が担保権者に与える影響の大きさを考慮して、この制度の導入にあたり、前述のように、担保権者による担保権実行の申立てや自らへの担保目的物の買受けを認めている（同法 187 条、188 条）ほか、裁判所は、担保権者の利益を不当に害する申立てに対してはこれを却下できる旨の規定を設ける（同法 186 条 1 項但書）など、担保権者の利益保護も図っている。

②　商事留置権の消滅請求制度

　民事上の留置権（民事留置権）は、破産手続上はその効力を失うことが明文で定められている（同法 66 条 3 項）。従って、民事留置権付きの債権も、破産手続では一般の破産債権となる。これに対して、商法上の留置権（商事留置権）は、破産手続上、特別の先取特権とみなされる（同条 1 項）。このような取扱いがなされる理由については、留置権は目的財産を留置するので、破産手続の進行を妨げるおそれがあることから、原則としてその効力を失わせる必要があるが、商事留置権については商人間の信用取引の維持のためという制度趣旨から特別の先取特権の効力を認めたものと説明されている。しかし、債務者について破産手続が開始した場合に、商事留置権を有する債権者に、特別の先取特権の効力（別除権者）とは別に、留置的効力が存続するかどうかについて、旧法下では争いがあった。この点につき最高裁は、手形の商事留置権につき、破産手続上も留置的効力を肯定しているが、留置的効力を認めると、破産管財人としては、商事留置権を有する債権者には、債権全額を弁済しないと目的物の引渡しを受けられないため、商事留置権を特別の先取特権とみなしつつも最後順位の先取特権とした破産法（旧破産法 66 条 2 項、現行破産法 93 条 1 項但書）の趣旨に反することから、最高裁判決に批判的な学説もある。

　しかし、商事留置権が主張されるものの中には、自動車のように留置されている間に新たな租税負担が生じるものや、季節性のある商品や生鮮品のように、時間の経過とともに陳腐化し価格が低下するものもあり、それらについては、早期に留置権を消滅させて換価することが破産財団ひいては破産債権者の一般の利益に資することになる。そこで、新法は、「当該財産が継続されている事

業に必要なものであるとき、その他財産の回復が破産財団の価値の維持又は増加に資するとき」には、破産管財人は、商事留置権を消滅させることができることにした（現行破産法192条）。

▌2.特別清算手続

> **学習のポイント**
> ● 特別清算手続の概要と特徴を理解する

（1）特別清算とは ── 破産手続との比較

　破産手続が、債務者の種別（法人か自然人か）を問わずに適用される一般的な清算型手続であるのに対して、特別清算（会社法510～574条、857条、858条、868～876条、879～902条、938条）は、すでに解散し清算手続に入っている株式会社に適用することを予定した清算型倒産処理手続である。

　すなわち、株式会社が、合併または破産以外の事由により解散すると、会社は原則として通常清算の手続に入り、その中で清算人（通常は取締役）の手により財産関係の整理が行われる。しかし、通常清算の手続に入った会社に、債務超過の疑いや清算の遂行に支障をきたすような事情が明らかとなったときは、債権者や株主といった関係人間の利害の対立が生じてくる。そこで、このような場合に、裁判所の監督の下に、従前の清算人がもっぱら債権者との交渉に基づいて作成する「協定」を軸として進められる特別の清算手続である（会社法563条）。

　そこでは、関係人による自治が重視されており、特別清算は、破産と比べるとはるかに簡易で柔軟な清算手続である。そのため、特別清算は、株式会社について行われる一種の「簡易破産」であるといわれることがあるが、清算会社自体の特別清算手続開始申立権が否定されていることからすると（会社法511条1項）、特別清算は、あくまでも清算手続の延長、換言すると、通常の清算手続を厳格化した特殊な清算手続であり、破産手続の特別手続ではない。

第３節
再建型倒産手続

1. 民事再生手続

> **学習のポイント**
> ● 民事再生手続の特徴と手続の流れを理解する
> ● 再生債権の取扱いおよび再生計画に対する実務上のポイントを理解する

（1）民事再生法の制定経緯と特徴

　1999年12月に成立した「民事再生法」（平成11年法律225号）は、従来の和議手続のもつ債務者主導の簡易な手続としての性格を基本的には維持しつつも、和議手続の欠陥をできる限り是正する形で新たに創設された、再建型の一般手続としての民事再生手続に関する基本法である。

　すなわち、同法は、元々は中小企業や個人事業者などに再建しやすい法的枠組みを提供し、債権者などの利害関係人にとって公平かつ透明で、現代の経済社会に適合した迅速かつ機能的な再建型倒産手続を創設することを目的として立法作業が開始された法律である（2000年4月1日より施行。なお、民事再生法の施行に伴い、従来の和議法は廃止された）。しかし、当初成立した民事再生法は、従来の和議手続のもつ欠陥の克服のため、再生手続の様々な局面において規定の整備を入念に行った結果、中小企業や個人事業者向けの利用しやすい再建型手続を目指すという当初の立法方針に反して、大企業でも十分利用可能なやや重たい手続に仕上がったことは否定できない。

　そこで、2000年12月に、「民事再生法の一部を改正する法律」（平成12年法律128号）が成立し、民事再生手続の中に、新たに零細な個人事業者やサラリーマンのような個人債務者向けの簡易な再生手続（個人再生手続）が設けられた。この改正民事再生法は、2001年4月より施行されている。

（2）利用対象者

　民事再生手続の対象となる債務者の範囲について、民事再生法は、特段の制限を設けていない。したがって、破産手続や従来の和議手続と同様に、すべて

の自然人および法人がその対象となる。すなわち、株式会社、合名会社、合資会社、合同会社はもとより、従来、本格的な再建手続を欠いていた学校法人、医療法人、社会福祉法人などの特殊な法人や個人事業者も利用することができる（民再法1条参照）。また、2000年11月の民事再生法の改正により、零細な個人事業者やサラリーマンなどの個人債務者向けの、いわゆる個人再生手続が新たに設けられた。

（3）民事再生手続の開始の申立て

① 手続開始事由

再生手続開始原因には、（ⅰ）破産原因たる事実（支払不能と債務超過）が生ずるおそれがあるとき、または（ⅱ）債務者が事業の継続に著しい支障をきたすことなく弁済期にある債務を弁済することができないときの2つがある（民再法21条1項）。

手続開始原因は、従来の和議手続に比べて大幅に緩和されており、経済的破綻に至っていない企業でも早めに再生手続の利用ができるよう配慮されている。しかし、裁判所から見て、「再生計画案の作成もしくは可決の見込みまたは再生計画の認可の見込みがないことが明らかである」場合には、再生手続開始の申立てを棄却しなければならない（民再法25条3項）。

② 申立権者

再生手続開始申立権は、債務者および債権者であるが、債権者による申立ては、上記（ⅰ）の手続開始原因があるときに限られている（民再法21条1項・2項）。

③ 再生計画案の可決の要件

再生計画案は、債権者集会または書面決議において、出席（投票）債権者の過半数で、総債権額の2分の1以上の同意があると可決される（民再法171条4項）。

④ 担保権の取扱い

再生債務者の特定の財産の上に担保権を有する者は、別除権者として、再生手続によらないで担保権の行使をすることができる（民再法53条）。また担保権消滅請求制度が規定されている。

（4）管轄裁判所・移送

民事再生事件は、会社の主たる営業所または普通裁判籍所在地（個人の場合

は住所地）の地方裁判所の専属管轄である（民再法5条1項）。もっとも、営業所等がない場合には、補充的に、再生債務者の財産の所在地にも管轄が認められる（同条2項）。また、親子（孫会社も含む）会社のいずれか、または会社とその代表者のいずれかについて再生事件が係属している場合には、他方も再生事件がすでに係属している裁判所に自らの再生手続開始の申立てをすることができる（同条3項・4項）。

（5）手続機関

①　再生の3つのパターンと手続機関

再生手続では、基本的に、債務者（再生債務者と呼ばれる）自身が業務の遂行および財産の管理処分を継続しながら事業の再建をめざす、いわゆるDIP型（自力再建型）が原則とされている（民再法38条1項）。アメリカ合衆国の1978年現行連邦倒産法第11章の再建手続（Reorganization）では、会社の経営者が、「占有（継続）債務者」（Debtor in Possession , DIP）として会社の再建にあたるのが原則であるが、わが国の再生手続も、アメリカの第11章手続と同様に、DIP型を原則としている。

しかし、全国的に見て、純粋のDIP型が行われることは少なく、多くの裁判所では、後述の保全処分（特に弁済禁止の保全処分）の発令と同時に（またはその直後に）、監督委員による監督を命ずる監督命令が裁判所によって発令され（民再法54条以下）、監督委員の監督の下で再生債務者が事業の再建を図るという方式（後見型）が一般的となっている。

さらに、再生債務者が法人の場合で、現経営陣にそのまま業務の遂行・財産の管理処分を委ねておくことが不適切な場合には、管理型、すなわち、開始決定前に保全管理命令を発令し（民再法79条）、保全管理人に再生債務者の業務遂行・財産の管理処分を委ね（同法81条）、開始決定後には引き続き管理命令を発令して（同法64条）、管財人に再生債務者の業務遂行・財産の管理処分を委ねる方式（同法66条）がとられることもある。

②　債権者集会

民事再生手続上、再生債権者の利益を代表する機関として認められているものとして、債権者集会がある（民再法114条）。

③　債権者委員会

民事再生手続では、再生債権者をもって手続外で任意に組織された債権者委

員会が、裁判所から再生手続への関与を承認された場合には、同委員会が、再生手続の進行過程に債権者の意見を反映させるための意見聴取機関ないし意見具申機関として関与するとともに、再生計画の遂行過程において監視ないし監督機関として関与することが認められている（民再法118条、154条2項、民事再生規則52〜55条）。

（6）再生債権等の取扱い

① 再生債権

　再生債権とは、「再生債務者に対し再生手続開始前の原因に基づいて生じた財産上の請求権」のことをいう（民再法84条1項）。再生手続開始決定がなされると、再生債権者は再生手続によらなければその権利を行使することができないので、開始決定と同時に定められた債権届出期間内に債権の届出をしなければならない（同法94条）。他方、再生債務者等は、届出債権の一覧表と議決権についての認否書を作成して、裁判所に提出しなければならない（同法101条）。

② 共益債権

　再生債務者に対して再生手続開始前の原因に基づいて生じた財産上の請求権は、再生債権として扱われるのに対し、再生債権者の共同の利益のために支出した手続費用等にかかる債権は、「共益債権」として扱われる。また、再生手続開始前に発生した請求権であっても、裁判所の許可または監督委員の承認を得て、事業の継続に欠くことのできない資金の借入れや原材料の購入等を行った場合には、それによって生ずる相手方の請求権は、例外的に共益債権となる（民再法120条）。共益債権は、再生手続によらずに随時弁済されるのが原則である（同法121条）。

③ 一般優先債権

　一般の先取特権その他一般の優先権のある債権は、実体法上の優先権である。民事再生法では、これらの請求権を、「一般優先債権」として扱い、手続外で行使することを認めている（民再法122条1項・2項）。その結果、一般優先債権者は、再生手続によることなく随時弁済を受けることができ、また、強制執行や仮差押え・仮処分の手続によって、再生債権者に先立って弁済を受けることができる。

④　開始後債権

再生手続開始後の原因に基づいて生じた財産上の請求権で、再生債権、共益債権、一般優先債権のいずれにもあたらない請求権は、「開始後債権」とされる（民再法123条1項）。開始後債権は、再生計画に定める弁済期間が満了するまでの間は、弁済を受けることができず、これに基づく強制執行もすることができない（同条2項・3項）。

⑤　担保権の取扱い

再生債務者の特定の財産の上に担保権を有する者は、別除権者として、再生手続によらないで担保権の行使をすることができる（民再法53条）。

（7）再生計画

①　再生計画と事業譲渡

再生債務者の事業の再建は、原則として債務者自身が作成した「再生計画」と呼ばれる再建計画に従って行われる。再生債務者等は、再生計画案を、債権届出期間の満了後、裁判所の定める期間内に、作成して裁判所に提出しなければならない（民再法163条1項）。

また、届出再生債権者や管財人選任事件における再生債務者も、独自に再生計画案を裁判所に提出することができる（民再法163条2項）。ただ、再生債務者たる株式会社が債務超過の場合で、再生計画の認可まで待っていたのでは再生債務者の事業の価値の劣化が著しいため、事業の維持・継続に支障が生じるおそれがある場合には、例外的に、手続開始後、再生計画によることなく、かつ、株主総会の特別決議（会社法467条1項1号・2号・309条2項11号参照）がなくても、裁判所の許可だけで第三者に事業譲渡を行うことができる（民再法42条、43条）。

②　再生計画案の記載事項

再生計画案には、絶対的必要的記載事項として、再生債権の権利変更に関する条項と、共益債権および一般優先債権の弁済に関する条項が必ず記載されなければならない（民再法154条1項）。また、所定の事由が発生する場合には必ず記載しなければならない相対的必要的記載事項として、債権者委員会の費用負担に関する条項、第三者による債務の負担および担保の提供に関する条項等が記載される（同法154条2項、158条、159条、160条1項）。その他、任意的記載事項が記載される（同法154条3項）こともある（同法160条2項）。

（1）会社更生法とは

　会社更生は、株式会社に特化した再建型の倒産処理手続である。とりわけ、元々は、現在、窮境にはあるが、再建の見込みのある大型の株式会社について、利害関係人間の利害を調整しつつ、その企業ないし事業の維持・更生をはかることを目的とした手続である（会更法1条参照）。大企業を解体・清算に至らせたのでは、多くの従業員や取引先・関連企業などに大きな影響を及ぼし、深刻な社会問題を引き起こすので、会社更生では、事業の維持・再建に向けて、強力かつ豊富な手段が整備されている。そういった意味で、会社更生は、再建型手続としては最も整備の行き届いた制度である。

（2）会社更生法の改正

　会社更生手続については会社更生法が規定を置いているが、同法は、1952年に、当時のGHQの強力な示唆の下に、アメリカ合衆国の1938年連邦倒産法（チャンドラー法）第Ⅹ章の会社更生（Corporate Reorganization）手続と同様の強力な企業再建手続をわが国に導入するために制定された法律である。67年に、更生手続の濫用防止および取引先である中小企業者の保護等の観点から、相当程度法改正が行われたものの、その後は、実質的な見直しはなされていなかった。96年に開始された倒産法制の見直し作業においても、破産や和議等の法的倒産処理手続に比べ、会社更生法は戦後に立法されたものであり、また、67年に比較的大きな法改正も行われていることから、現代の経済社会状況に適合したものであると考えられていた。

　しかし、再建型倒産手続の基本法たる民事再生法の成立・施行により、同法に存在する制度について、会社更生法でも横並びの改正を検討する必要が生ずるとともに、再生手続と比べて時間がかかりすぎるという更生手続の短所ばかりが目立つようになった。また、長引く平成大不況の中で、更生手続が適用対象として想定している大規模株式会社の倒産事件が増加し、更生手続について新たな制度整備の必要性が高まってきた。さらに、保険会社の破産処理が、会

社更生手続の特例法により処理されるなど、日本経済の再生のためには会社更生法についても改正が必要であるとの認識が一般的となった。会社更生法を取り巻く状況の変化を踏まえ、ついに会社更生法についても大幅な見直しが行われることになった。

2002年12月6日に成立した現行会社更生法の立案担当者によると、同法の特徴は、大規模な株式会社の迅速かつ円滑な再建を可能とするため、更生手続の迅速化および合理化を図るとともに、再建手法を強化して、現代の経済社会に適合した機能的な手続に改めた点にあると説明されている。

（3）会社更生法の内容

①　更生手続の開始

更生手続の開始原因は、基本的に、民事再生手続における取扱いに類似している。すなわち、（ⅰ）「破産の原因たる事実が生じるおそれがある」ときだけでなく、（ⅱ）「事業の継続に著しい支障をきたすことなく弁済期にある債務を弁済することができない」ときにも、更生手続を開始することができる（会更法17条1項）。

②　申立権者

通常、更生手続開始の申立ては、会社自身がするが、上記（ⅰ）の場合には、資本の10分の1以上にあたる債権者や、10分の1以上の株式を持つ株主も申立てることができる（会更法30条2項）。

③　更生計画案の可決の要件

会社更生法は、更生債権者その他の利害関係人が、その意思を集団的に更生手続に反映するための機関として、関係人集会という手続機関を設けている。更生手続では、更生債権者や更生担保権者のほかに株主も手続に参加し意思決定を行うことがあるので、債権者集会ではなく、「関係人集会」という。

旧法205条の定める更生計画案の可決要件は厳格すぎるため、管財人が更生債権者等の説得に過大な時間と労力を要し、更生計画案の提出が遅れる原因になっているといわれてきた。そこで、現行法は、更生計画の早期成立を図るため、更生計画案の可決要件を、（ⅰ）一般更生債権者については、議決権総額の3分の2以上から2分の1を超える議決権を有する者の同意に、（ⅱ）更生担保権者について期限の猶予の定めをする場合には、議決権総額の4分の3以上から3分の2以上の議決権を有する者の同意に、（ⅲ）更生担保権者について減免

等の定めをする場合には、議決権総額の5分の4以上から4分の3以上の議決権を有する者の同意に、(iv)清算を目的とする更生計画案については、更生担保権者全員の同意から議決権総額の10分の9以上の議決権を有する者の同意にそれぞれ緩和している（会更法196条5項）。

第4節
裁判外の倒産処理手続

1. 私的整理と私的整理に関する諸立法

> **学習のポイント**
> ● 私的整理の概略と問題点を理解する
> ● 私的整理の流れを理解する

（1）私的整理の概略

　私的整理とは、裁判外で（合意により）、債権者と債務者とが任意に協議をして債務整理（債務者の事業や財産関係の整理）をすることをいうが、わが国では、長く（とりわけ再建型倒産手続たる民事再生法が施行されるまで）、多くの倒産事件が、私的整理によって処理されてきた。私的整理では、私的自治の原則が支配し、法定の手続が特に定まっているわけではない。

　もっとも、一応の手続慣習が事実上できあがっており、たとえば、次のように進められる。すなわち、会社の事業が行き詰まり経営者が会社の経営を投げ出すと、債権者会議が開かれ、大口債権者などを債権者委員に選出し、その互選によって債権者委員長が選出される。次に、債権者委員長あるいはその委任を受けた弁護士が、会社の経営・財産の状況を調査し、経営者の考えも聞いて、会社の再建が可能かどうかを検討する。再建不可能と判断すれば、残った会社資産を処分し、債権額に応じて分配する。再建できると判断すれば、債務の一部免除・期限の猶予、第二会社の設立（不採算部門の分離）、役員の交替、金融機関への経営委任（いわゆる銀行管理）、救済融資その他の方策を講じるといった具合である。もっとも、これは、あくまでも一応の目安にすぎず、私的整理では、利害関係人による話合いとそれを踏まえた債権者委員長や弁護士の創意・工夫により、各事件の個性に合わせた弾力的な処理を行うことができるのが特徴である。実際の私的整理では、清算型の方が多いようであるが、再建型の私的整理も行われていた。

　いずれにせよ、私的整理には、簡易迅速性、柔軟性、秘密保持性に加え、当該企業の事業価値の毀損を防ぐことができるという点で、法的整理手続にはな

い大きなメリットがある。

（2）私的整理ガイドライン

わが国の金融機関の不良債権処理と企業の過剰債務問題を一体的・抜本的に解決するため、より透明・公正な手続で私的整理を行うことができるように、政府の要請に基づき、金融界・産業界の代表者の間での合意として、2001年9月19日に策定・公表されたのが、『私的整理に関するガイドライン』（通称、私的整理ガイドライン）である。

私的整理ガイドラインとは、複数の金融機関に対して返済困難な債務を抱えた企業のうち、過剰な債務をある程度軽減することなどにより再建できる可能性のある企業を救済するため、債務者企業と複数の金融機関が協議したうえで、債権放棄やデット・エクイティ・スワップ（債権の株式への振り替え）などの金融支援を行い、公明正大で透明性のある私的整理を行うための手続準則のことをいう。基本的に資金繰りに窮する以前のより早い段階で私的整理に着手して迅速に事業を再生させることを目指すものであり、したがって、そこでは商取引債権を毀損することなく、通常の営業を継続することが当然の前提とされている。

私的整理ガイドラインには法的拘束力はないが、関係当事者が自発的に尊重・遵守することが期待されている。金融機関が融資先に対して債権放棄を行う基準として、再建計画に、「3年以内の実質的債務超過解消」、「3年以内の経常利益黒字化」、「株主責任の追及」、「経営責任の追及」などを要件として盛り込む必要があるとされる。私的整理ガイドラインは、その後、事業再生実務が変化したことを受けて、2005年11月に、一部改訂されるに至った。もっとも、私的整理ガイドラインは、最近では、後述の倒産ADR、とりわけ事業再生ADR（民間型倒産ADR）にとって代わられ、ほとんど利用されなくなっている。

なお、内閣官房は2022年10月に事業、資産を譲渡・譲受する際などの私的整理（債務整理）を迅速化する「新たな事業再構築のための法制度の方向性（案）」を公表した。新たな事業再構築のための私的整理円滑化法案の国会提出に向けて検討を行うとのこと。成立すれば債権者全員の同意を得なくとも債権者の多数が同意した場合、私的整理に進むことができるようになる

（3）経営者保証に関するガイドライン

経営者による個人保証について、経営者が失敗を恐れて思い切った事業展開

ができなくなることや、経営が窮地に陥った場合には、保証責任の追及をおそれて、早期の事業再生を躊躇してしまうことなどにより、企業の活力が妨げられているなどの問題が近年盛んに指摘されていた。このことを踏まえ、日本商工会議所と全国銀行協会を共同事務局とする「経営者保証に関するガイドライン研究会」は、2013年12月5日、経営者保証に関して中小企業等（主たる債務者）、経営者等（保証人）及び金融機関等（債権者）が果たすべき役割を具体化した「経営者保証に関するガイドライン」を策定・公表した。当ガイドラインは、大きく分けて、①保証契約時等の対応と、②保証債務の整理時の対応から構成される。

①　保証契約時等の対応

経営者保証に依存しない方策として、経営者保証なしの資金調達を行うために企業側に求められる経営状況（企業と経営者の関係の明確な区分・分離、財務基盤の強化、財務状況の正確な把握及び適時適切な情報開示等による経営の透明性確保）が明確にされた上で、それを踏まえた金融機関等における適切な対応（経営者保証を求めない可能性や代替的な融資手法等の検討）が求められている（ガイドライン4項）。また、やむを得ず保証契約を締結する場合には、契約時において、保証の必要性等の丁寧かつ具体的な説明や、適切な保証金額の設定などの対応が金融機関等に求められる（ガイドライン5項）。さらに、すでに締結された保証契約についても、事業承継時等において、保証契約の見直し等の対応が求められる（ガイドライン6項）。

②　保証債務の整理時の対応

一定の要件を満たした保証人は、ガイドラインに基づく保証債務の整理を申し出ることができ、その際には、金融機関等において、ガイドラインで示された経営者の経営責任のあり方、保証人の手元に残す資産の範囲、保証債務の一部履行後に残った保証債務の取扱い等に沿った適切な対応が求められている（ガイドライン7項）。

2. 倒産（事業再生）ＡＤＲ

学習のポイント
- 倒産（事業再生）ＡＤＲの意義と類型を理解する
- 特定認証（事業再生）ＡＤＲの意義と手続を理解する

（1）倒産（事業再生）ＡＤＲの意義と類型

　裁判外で、中立公正な第三者の関与によって、債務者の倒産処理、とりわけ事業再生を目的として再建計画や債務調整の合意を図っていく手続のことを、「倒産（事業再生）ＡＤＲ（Alternative Dispute Resolution）」と呼ぶ。2004年に、「ＡＤＲの利用促進、裁判手続との連携強化のための基本的枠組みを規律する法律」（平成16年法律151号）、いわゆるＡＤＲ基本法が成立したのを受けて、近時、倒産処理の場面でも、倒産ＡＤＲが注目を浴びている。それは、簡易迅速性、柔軟性、秘密保持性に加え、当該企業の事業価値の毀損を防ぐことができるという点で、法的整理手続にはない大きなメリットがあるためである。

　倒産（事業再生）ＡＤＲには、介在する中立的第三者の設営者ないし運営者の属性に応じて、①司法型、②行政型、③民間型の3類型があるといわれる。

（2）特定認証ＡＤＲ（事業再生ＡＤＲ）

　民間型倒産ＡＤＲとしては、2007年の産活法の一部改正によって創設された「特定認証ＡＤＲ」（事業再生ＡＤＲともいう）手続（正式名称は「特定認証紛争解決手続」）がある。この特定認証（事業再生）ＡＤＲはＡＤＲ基本法上の「認証ＡＤＲ事業者」（正式名称は「認証紛争解決事業者」）の仕組みを利用しながら、それに経済産業省の認定を上乗せした独自の倒産ＡＤＲ手続である。

　特定認証（事業再生）ＡＤＲ手続の基本的スキームは、私的整理ガイドラインの事業再生スキームに依拠したものである。すなわち、特定認証（事業再生）ＡＤＲ事業者は、最初に、債務者と連名で、債権者に対して一時停止を要請する通知をし、その後に、債権者会議が開催される運びとなる。債権者会議についても、私的整理ガイドラインにならい、事業再生計画案の概要を説明するための第1回会議、計画案の協議のための第2回会議、そして、計画案の決議のための第3回会議が想定されている。そして、最終的に、事業再生計画案がすべての債権者に受け入れられると、特定認証（事業再生）ＡＤＲの手続は終了する。

第2章の出題

■ 第81回関連出題 ■

第1問 (第81回)

破産手続に関する次の記述のうち、正しいものを一つ選びなさい。

① 破産手続では、商事留置権、民事留置権ともにその効力は失われる。

② 破産財団帰属の特定の財産の上に譲渡担保権を有する者は、別除権者として、権利行使をすることができる。

③ 破産財団帰属の特定の財産の上に抵当権を有する者は、別除権を行使せず、債権額全額について、破産手続内で権利行使し、弁済を受けることもできる。

④ 破産財団帰属の特定の財産の上に抵当権がある場合、破産管財人は、抵当権者が別除権の行使をしない場合に限り、担保権を消滅させて任意売却をすることができる。

⑤ 破産管財人が担保権消滅許可制度を利用する場合、担保権者と事前に協議をするか否かは破産管財人の判断により決められる。

解答：P.108

第2問 (第81回)

事業再生特定調停スキームに関する次の記述のうち、正しいものを一つ選びなさい。

① 事業再生特定調停でも、通常の民事調停と同様、調停主任1名と調停委員2名以上からのみ構成される調停委員会で調停を行う。

② 事業再生特定調停スキームでは、申立前に、申立代理人弁護士や補助者（公認会計士、税理士等）によって、財務・事業DDが実施されることが前提とされている。

③ 事業再生特定調停事件の管轄裁判所は、土地管轄を有する簡易裁判所のみである。

④ 申立書には、当事者・法定代理人、申立ての趣旨及び紛争の要点等のみを

記載すればよく、中小企業でも簡単に申立てができるようになっている。

⑤　特定調停では、計画の内容や協議の過程が適正であったとしても、一部の債権者が異議を唱えている限り、調停は成立しない。

解答：P.108

■ 第 80 回関連出題 ■

第3問 （第 80 回）

破産手続に関する次の記述のうち、正しいものを一つ選びなさい。

①　弁済禁止の保全処分が発令されると、債権者は保全処分の対象となった債権について給付訴訟を提起することができなくなる。

②　弁済禁止の保全処分に違反して弁済がなされたとき、債権者が保全処分の存在を知っていたときは、債権者はその効力を主張することができない。

③　否認権の対象となる行為は、総債権者を害する詐害行為と、破産債権者間の公平を害する偏頗行為に大別されるが、偏頗行為とは、債権者全体に対する責任財産を減少される行為のことを言い、詐害行為とは、債権者平等に反する行為をいう。

④　債権者に対する担保提供行為は、詐害行為の類型に分類されている。

⑤　債務者が破産手続開始前にその財産を第三者に譲渡していれば、破産手続開始後に破産管財人は、いかなる場合でも、その第三者を相手方として否認権を行使することができる。

解答：P.109

第4問 （第 80 回）

民事再生手続に関する次の記述のうち、正しいものを一つ選びなさい。

①　民事再生手続は、債務者に再生手続開始原因があるときは、裁判所が職権により再生手続を開始することができる。

②　裁判所は、主要債務者の動向や再生計画案の立案の見込み及び見込まれる計画案の具体的内容についてまで審理を行った上で、再生手続開始決定をすべきかどうかを判断する。

③　裁判所は、再生計画案の作成もしくは可決の見込みまたは再生計画認可の見込みがないことが明らかである場合には、再生手続開始の申立てを棄却しなければならない。

④　民事再生事件は、再生債務者が営業者であるときは、その主たる営業所の所在地の地方裁判所の専属管轄であるから、親子会社であっても、それぞれの管轄の裁判所が異なる限り、同じ裁判所に再生手続開始の申立てを行うことはできない。

⑤　債権者は、債務者が事業の継続に著しい支障をきたすことなく弁済期にある債務を弁済することができないときに限り、民事再生手続を申し立てることができる。

解答：P.109

■ **第 78 回関連出題** ■

第5問　　　　　　　　　　　　　　　　　　　　　　　（第 78 回）

　2022 年 3 月公表の中小企業の事業再生等に関する研究会「中小企業の事業再生等に関するガイドライン」に関する次の記述のうち、正しいものを一つ選びなさい。

①　本ガイドラインでは、手続に第三者である専門家の参画は認めるが、金融機関主導の再生手続を進めることとしている。

②　再生型私的整理では、中小企業者は、金融債権額のシェア最上位の対象債権者から順番に、シェア合計額が 80％以上となるまでの単独又は複数の対象債権者に対して、再生型私的整理を検討している旨を申し出る。

③　主要債権者は、上記②の申し出に対して、同意を表明して、手続の円滑な遂行に協力しなければならない。

④　第三者支援専門家は、中小企業者からの申し出に誠実に対応し、主要債権者の意向を聞くことなく、再生支援が不相当でない限り、再生型私的整理の支援を開始する。

⑤　支援開始後、第三者支援専門家は、中小企業者、外部専門家、主要債権者とともに事業再生計画案の内容の相当性や実行可能性を調査し、原則として調査報告書を作成し、対象債権者へ報告する。

解答：P.110

第6問 　　　　　　　　　　　　　　　　　　　　　　　　　　　　（模擬問題）

倒産の定義に関する以下の記述のうち、誤っているものを一つ選びなさい。

① 倒産状態とは、破産法が示すように債務者が支払不能または債務超過にあることをいうが、民事再生法は、債務者の財産状態が決定的に悪化する以前の段階で再建の足がかりをつかむためにも、支払不能や債務超過に至る前段階でも手続を開始できるとした。

② 債務者が従来の経済活動や経済生活を維持しながら、弁済期にある債務の大部分を返済することが困難な状況に陥っていることを倒産という。

③ 中小企業倒産防止共済法では、倒産の定義として、破産手続開始、再生手続開始、更生手続開始または特別清算開始の申立てがされること、手形交換所において、金融機関が金融取引を停止する原因となる事実についての公表が金融機関に対してなされること、などとしている。

④ 民事再生法では、経常的な約定債務の支払いを行っていては事業継続が期待できないような債務者について、債務者だけでなく債権者からの手続申立ても認めている。

⑤ 今日の社会のように信用取引が浸透していると、ある一つの企業の倒産が、その企業の債権者である企業の資金繰りに支障を来たし倒産に至る、といった連鎖倒産を招く危険性もある。　　　　　　　　　　　　　　　　　解答：P.110

第7問 　　　　　　　　　　　　　　　　　　　　　　　　　　　　（模擬問題）

法的倒産処理の必要性に関する以下の記述のうち、最も適切なものを一つ選びなさい。

① 私的整理では債権者間の公平を確保できないケースが多く、当事者間の和解による解決が難しいため、利用する者はほとんどいない。

② 倒産状態に陥った債務者が、資産の廉売・隠匿をするなどの詐害行為や、自身と特別な関係のある特定な債務者に対してのみ弁済をするなどの偏頗行為を行うことが往々にしてあるが、法的整理にはこうした行為を歯止めする規定がある。

③　法的整理では、手続の対象とする債権者の範囲を一定の大口債権者だけに限定することができるため、事案に即した処理ができる柔軟性がある。

④　破産や民事再生、会社更生などの法的整理手続では、回収可能な部分と不可能な部分とが手続上区分されることがない。

⑤　法的整理では、各倒産手続が開始されると、債権者は原則として手続外での権利行使を禁止され、担保権者についても同様である。

解答：P.111

第8問 （模擬問題）

法的整理手続の分類に関する次の記述のうち、誤っているものを一つ選びなさい。

①　清算型法的手続は、債務者の全財産を換価して、換価金を総債権者に債権額に応じて分配するものであり、当然、債務者企業の事業解体、会社の解散・消滅につながる手続といえる。

②　清算型法的手続では、債権者間での公平な財産の分配は実現できる反面、換価金は著しく低くなるため、債権者は十分な配当を受けられないのが一般的である。

③　法的整理手続がいくつかの種類に分かれている理由は、倒産事件にかかわる多種多様な債権者・債務者の個別具体的な事情にできるだけ柔軟に対応するためである。

④　企業の倒産処理手続は、歴史的・比較法的に見ると清算型手続から先に生まれてきたが、清算型には相応の問題があることから再建型倒産手続が作られた。

⑤　法的整理手続には、イ．民事再生、ロ．会社更生、ハ．破産、ニ．特別清算の4つがあるが、イ〜ハの手続についてはそれぞれの手続を規定する独自の法律があるが、ニの特別清算だけは会社法の中でその手続が規定されており裁判所の関与がない点に特徴がある。

解答：P.111

破産手続開始原因に関する次の記述のうち、正しいものを一つ選びなさい。

① 破産手続開始原因である支払不能とは、銀行取引停止処分の前提となる手形不渡りを発生させた場合や、夜逃げ・店じまいをした場合などの状態を指す。

② 破産手続開始原因である支払停止とは、債務者の弁済能力を尽くしても、弁済期にある債務を一般的かつ継続的に支払うことができない客観的な経済状態を指す。

③ 債務者が自己の支払能力を過大評価して支払いを続けていれば、支払不能では当然なく、破産手続開始原因があるともいえない。

④ 債務超過であるかどうかを判断する際、弁済期未到来の債務については負債に含めない。

⑤ 破産手続開始原因である債務超過とは、負債総額が資産総額を上回る客観的な状態のことを指す。

解答：P.112

民事再生手続に関する次の記述のうち、誤っているものを一つ選びなさい。

① 民事再生手続では、担保権の行使は手続外で行うことができるが、再生債務者の事業の再建上必要と認められるときは、担保権の実行を一時的に中止することが認められている。

② 民事再生手続開始の申立てがなされると、まず最初に、債務者の業務および財産に関して、仮差押え・仮処分その他必要な保全処分が発令されるのが通例である。

③ 民事再生手続は、申立権者による適法な申立てがなされ、その棄却事由が存在しないとき、裁判所の再生手続開始決定により開始する。また、裁判所が職権により再生手続を開始することもある。

④ 民事再生手続には、総債権者の保護ないし利害関係人間の公平確保の観点から、手続開始前に再生債務者自身が行った財産減少行為や偏頗行為を否認できる制度が導入されている。

⑤　再生手続では、再生債務者自身が、再生手続開始後もそのまま業務の遂行および財産の管理処分をしながら事業の再建を目指す、いわゆるDIP型が原則とされる。

解答：P.112

第11問 （模擬問題）

私的整理に関する以下の記述のうち、最も適切なものを一つ選びなさい。

①　私的整理案に賛成しないまでも異議を唱えない債権者に対しては、当該私的整理案の拘束力の及ぶ余地はないと考えなければならない。

②　私的整理には、簡易迅速性、柔軟性、対象企業の事業価値の毀損防止という点で、法的整理手続にはないメリットがあるが、秘密保持性という面では法的整理より劣る。

③　私的整理の大きな欠点は、裁判所の監督がなく、保全処分、強制執行の停止、否認権等の、手続の適正を担保するための法的システムが全く備わっていない点である。

④　私的整理では、私的自治の原則が支配しているため、その手続は倒産の態様によって異なっており、これまで多くの倒産事件が私的整理によって処理されてきたにもかかわらず、手続慣習のようなものも存在しない。

⑤　私的整理ガイドラインに基づく私的整理では、いわゆる「専門家アドバイザー」の関与を極力排除することで、債権者間の公平を図ろうとしている。

解答：P.112

第12問 （模擬問題）

民事再生手続における担保権に関する以下の記述のうち、誤っているものを一つ選びなさい。

①　担保権者は、別除権の行使によって弁済を受けられない不足額に限り、再生債権者として再生手続内で弁済を受けることができる。これを「不足額責任主義」という。

②　裁判所が担保権の実行手続の中止を命じることのできる要件としては、再

生債務者が当該担保物件を維持しつつ事業を継続し、そこから生じた収益に
よって一般債権者への弁済が増加するといった場合があげられる。

③　担保権消滅許可制度とは、裁判所による担保権実行中止命令に伴い、担保
権者に不当な損害が及ぶのを避けるため、代担保の提供などの「適切な保護」
を担保権者に与えることを認める制度である。

④　民事再生手続における担保権の取扱いをめぐっては、当該担保目的財産が
「再生債務者の事業または経済生活の再生にとって必要不可欠かどうか」が、
重要な判断の基準となる。

⑤　再生債務者の特定の財産の上に担保権を有する者は、別除権者として、再
生手続外で担保権の行使をすることができる。

解答：P.113

第13問 （模擬問題）

法的処理に関する以下の記述のうち、誤っているものを一つ選びなさい。

①　一般に、清算型の倒産手続としては、破産・特別清算が挙げられ、再生型
の倒産手続としては、民事再生・会社更生が挙げられる。但し、民事再生手
続においても、事業の社会的価値は営業譲渡等により存続させた上で、債務
者自身を将来的には清算することを目的として、民事再生手続を申し立てる
ことも可能である。

②　民事再生手続においては、清算した場合の債権者に対する配当率と民事再
生計画案における債権者への配当率の比較が最大のポイントになる。最近で
は新たな支援企業に営業譲渡をし、または、増資を引き受けてもらうなどし
て、その譲渡代金や出資金を債権者への配当に回すことにより、債権者への
配当率を高めることが、民事再生手続を成功に導く鍵であることが多い。

③　再生債権者が民事再生手続開始時に、再生債務者に対し債務を負担し、再
生債務者との債権債務関係が相殺適状にあるときは、債権者集会前であれば、
相殺を主張することができる。

④　再生債権は、民事再生手続開始決定後は、原則として、再生手続によらな
ければ弁済を受けることはできない。これに対し、共益債権とは、再生手続
において、再生手続によらずに随時優先弁済される請求権である。再生債権

者の共同のためにする裁判上の費用請求権や再生債務者が監督委員の同意を
得てした借入等がその代表例である。

⑤　民事再生手続における再生計画案の債権者集会における可決要件は以下の
２条件を満たさなければならない。

イ．議決権を行使することができる再生債権者で出席した者の過半数の者の
賛成

ロ．議決権者の議決権総額の２分の１以上の賛成

解答：P.113

第14問　　　　　　　　　　　　　　　　　　　　　（模擬問題）

**法的・私的整理手続に関する以下の記述のうち、誤っているものを一つ選び
なさい。**

①　法的整理とは、破産法、民事再生法、会社更生法等があり、原則として債
権者平等原則の適用がある。

②　法的整理の場合であっても、実質的な平等原則を守っていれば、債権者相
互間で多少条件が違うことも許される。

③　私的整理は、内整理ともいい、私的整理法といった法律があるわけではな
い。

④　私的整理は、債権者の同意がなくても、債権者ごとに異なる条件での解決
が可能である。

⑤　法的整理のポイントは、法律が定める要件を満たす多数決によりその案を
決議し、裁判所の認可を受けることができることにある。

解答：P.114

　法的整理に関する以下の記述のうち、誤っているものを一つ選びなさい。

① 　法的整理は、破産法、民事再生法、会社更生法等、各種手続が法定化されている。

② 　法的整理の場合は債権者平等原則が貫かれているが、最近は、形式的な債権額に基づく債権者平等原則のみならず、実質的な平等原則も謳われる。そのため、事業再建のためには、債権者相互間で多少条件が違うことも許される。

③ 　私的整理の場合は、再建を図るについて、大口の債権者に対してのみ巨額な債権放棄を要請する等、柔軟な運用が法的整理以上に可能である。

④ 　法的整理の場合は、債権者の一部の者が再建計画案に反対でも、法律の規定する要件を満たした多数決の決議を経て、裁判所の認可を受ければ再建することができる。

⑤ 　私的整理手続が上手くいかなくなった場合は、法的整理手続を申し立てることができるのと同様、民事再生手続、会社更生手続等法的整理の計画案が否定された場合、法的整理手続を取り下げ、私的整理手続をとることが通常である。

解答：P.114

　民事再生手続に関する以下の記述のうち、誤っているものを一つ選びなさい。

① 　再生債権とは、民事再生手続開始前の原因に基づいて生じた財産上の請求権をいう。

② 　共益債権とは、再生手続によらずに随時優先弁済される請求権をいう。再生債務者が監督委員の同意を得てした借入等がこれに該当する。

③ 　再生債権者は、再生債権届出期間内に債権を届け出なければならず、届出がなかった場合は原則として失権する。

④ 　再生計画案の可決要件は、議決権行使可能な再生債権者で出席者の過半数の賛成及び議決権者の議決権総額の２分の１以上の賛成である。

⑤　再生計画案が否決された場合でも、原則的には、再生計画案を修正した上で再度、決議を図ることができる。

解答：P.115

第17問　（模擬問題）

民事再生手続に関する以下の記述のうち、誤っているものを一つ選びなさい。

①　民事再生手続は、自主的な再建を図る目的で手続的にも簡易迅速化した法的処理手続である。

②　民事再生手続においては、原則として監督委員が選任されるが、あくまで会社主導により、再生計画案を作成し債権者の同意を得て履行をなす。

③　民事再生手続においては、清算した場合の債権者への配当率と再生計画による債権者への配当率の比較が一番のポイントになる。

④　民事再生手続において新しい支援者に営業譲渡をし、または増資等により、譲渡代金や出資金を債権者への配当に回し、配当率を高めることは、成功に導く有力な手法である。

⑤　民事再生手続における債権の種類としては、再生債権、共益債権、一般優先債権、別除権等がある。労働債権や租税債権は別除権に分類される。

解答：P.115

第18問　（模擬問題）

民事再生手続に関する以下の記述のうち、誤っているものを一つ選びなさい。

①　民事再生手続の弁済計画案は、債務額の何割といった返済の基準は特にない。

②　民事再生手続の場合の弁済計画は、原則的に10年を超えない範囲内に弁済が完了するようにしなければならない。実際は、もっと短期間で終了するものも多くなってきている。

③　民事再生手続において、別除権とは、再生債務者の特定の財産の中から再生債務者に先んじて債権の満足を受けることができる権利をいう。質権、抵当権等がこれに該当する。

101

④ 民事再生手続において、共益債権とは再生手続によらずに随時優先弁済される請求権をいう。共益債権は、債権者の共同のためにする裁判費用や、再生債務者が監督委員の同意を得てした借入等がある。

⑤ 再生債権者は、再生計画案承認時までに自己の債権を届出なければならない。

解答：P.116

第19問

民事再生手続に関する以下の記述のうち、誤っているものを一つ選びなさい。

① 再生債権とは、再生手続開始前の原因に基づいて生じた財産上の請求権をいう。再生債権は、再生手続開始決定後は原則として、再生手続によらなければ弁済を受けることができない。

② 民事再生手続において、再生債務者会社の主たる営業を営業譲渡して、譲渡代金を担保権者等に支払い、それ以外はほとんど配当もなく、会社自体を清算してしまうような清算型の手続も、可能である。

③ 民事再生手続の再生計画の可決要件は、出席した債権者の過半数の者の賛成および議決権者の議決権総額の2分の1以上の賛成である。

④ 民事再生手続において、労働組合は、再生計画案や営業譲渡に対する意見陳述権がある。

⑤ 民事再生手続における監督委員は、再生債務者の業務、再生計画の作成、遂行を補助、監督する者をいうが、最近では、監督委員が選任されないことも多くなってきている。

解答：P.116

第20問

民事再生手続に関する以下の記述のうち、誤っているものを一つ選びなさい。

① 民事再生手続は、本来、再建型の倒産手続である。しかし、再生債務者会社の主たる営業を営業譲渡して、譲渡代金を担保権者等に支払い、それ以外はほとんど配当もなく、会社自体を清算してしまうような清算型の手続も、

可能である。

② 債権者が債務者に対し、金銭債権を有していたところ、債務者が民事再生申立をなし、一方再生債務者が債権者に対し、債権を有していた。債権者は再生債務者に対し、相殺を主張できるが、その主張ができるのは、再生債権届出期間満了時までである。

③ 共益債権とは、再生手続開始決定後においても再生手続によらずに、優先弁済を受けることのできる債権である。例えば、当面の運転資金を必要とするために、再生債務者が監督委員の同意を得てなした借入れもこれに該当する。

④ 民事再生手続において、双方未履行の売買契約等双務契約がある場合、原則として再生債務者は契約の解除をするか、または自らの債務の履行をした上で相手方の履行を請求するかの選択権がある。

⑤ 民事再生手続の再生計画の可決要件は、出席した債権者の過半数の者の賛成及び議決権者の議決権総額の3分の2以上の賛成である。

解答：P.117

第21問　　　　　　　　　　　　　　　（模擬問題）

会社更生手続に関する以下の記述のうち、正しいものを一つ選びなさい。

① 会社に対し更生手続開始前の原因に基づいて生じた請求権は、一般債権という。

② 更生管財人は、更生手続開始決定と同時に申立会社の代表者がそのまま選任される。

③ 更生管財人は、会社財産の管理や処分について逐一、裁判所の許可を得なければならない。

④ 更生手続開始当時、会社財産に設定されている担保権を更生担保権という。

⑤ 更生管財人が裁判所の許可を得ないでした行為も有効である。

解答：P.117

第22問 （模擬問題）

会社更生手続に関する以下の記述のうち、誤っているものを一つ選びなさい。

① 会社更生手続が改正され、民事再生手続に似た手続となり、従前の手続と比較して活用しやすいものとなった。

② 会社更生手続の申立てには、「事業の継続に著しい支障をきたすことなく弁済期にある債務を弁済できないとき」または「破産原因の生じるおそれがあるとき」という要件が必要である。

③ 従来は、手続開始の要件（申立棄却事由）として「更生の見込み」が必要であったが、新法では「更生計画案の作成もしくは可決の見込み」という要件に変更になった。

④ 会社更生申立て後、業務のためでも資金を借り入れることは一切できない。

⑤ 会社更生申立て後、手続開始決定までの間は、現状保全のため、裁判所は保全処分を命じることができる。

解答：P.118

第23問 （模擬問題）

会社更生法に関する以下の記述のうち、正しいものを一つ選びなさい。

① 会社更生手続の開始を申し立てるには、「事業の継続に著しい支障をきたすことなく弁済期にある債務を弁済することができないとき」かつ「破産の原因たる事実（支払不能もしくは債務超過）の生ずるおそれがあるとき」という2つの要件が必要である。

② 担保権の実行は会社更生の開始決定がなされるまで可能である。もっとも、換価に時間を要する担保（不動産抵当権等）の場合、担保権実行手続の中止命令の発令が予想されるので、担保権を実行しても無意味になることが予想される。なお、債権者が第三者から担保の提供を受けている場合にも、債務者の会社更生手続により、債権者は第三者に対し、担保権は実行できなくなる。

③ 会社更生手続においては、更生債権者および更生担保権者は個別執行を禁止され、更生手続によらなければ債権の回収をすることができない。そして

更生債権者は、債権届出をしなければ更生手続に参加できないことになっている。債権届出期間を徒過してしまった場合には、実務的にもまったく救済されないので注意を必要とする。

④　債権者が更生手続開始当時に更生会社に対して債務を負担する場合に、債権届期間満了前に相殺適状になったときは、その期間内に限り更生手続によらず、相殺できる。ただし、相殺権行使の期限が設けられている。すなわち、更生手続では相殺通知は、更生担保権または更生債権の届出期限満了の時までに、相殺通知を到達させなければならない。

⑤　改正前の会社更生法では、管財人に旧経営陣が就任することはできずに退任しなければならなかったが、改正後では違法配当、背任等経営責任のない取締役は管財人になることができるようになった。また、更生計画案の早期の提出を義務化し、更生手続の開始から原則として2年以内と限定することとした。さらに更生計画案の可決要件を緩和し、債権者の過半数が可決要件となった。

解答：P.118

第24問　(模擬問題)

会社更生手続に関する以下の記述のうち、誤っているものを一つ選びなさい。

①　会社更生手続は、企業の再建を目的としており、倒産の影響が大きい大規模会社に適している。

②　会社更生を申し立てただけでは法的に特別な効力は生じない。しかし、通常、会社更生申立てと同時に保全命令が発令され、必要があれば各種中止命令も発令される。

③　会社更生申立手続があっただけで、弁済禁止の保全処分、保全管理人による管理命令等がない限り、会社更生申立会社からの債権者に対する弁済も有効である。しかし、管財人によって否認される可能性が極めて高いため、通常は支払いはなされない。

④　会社更生申立がなされてから、裁判所による更生開始決定があるまで通常約1～2カ月、開始決定から更生計画案の作成・提出まで約1年というのがだいたいのスケジュールである。

⑤　会社更生開始決定後、更生管財人の行う行為は、多額の借入や重要な会社財産の処分についても裁判所の許可を得る必要がなくなる。

解答：P.119

第25問

破産手続に関する以下の記述のうち、正しいものを一つ選びなさい。

①　破産とは、債務者が経済的に破綻し、債務を弁済することが困難となった場合に、多数の債権者に対し、公平に分配を行うための裁判所の手続であり、債権者が申し立てをなすのが一般的である。

②　破産原因は、通常、支払不能あるいは債務超過である。

③　破産手続において、復権とは、配当によっても弁済されなかった破産者の債務につき、破産者の経済的更生のため、裁判によりその責任を免除することをいう。

④　自己破産申立の場合においても、破産原因の疎明が要求されている。

⑤　破産手続開始後、破産者が新たに取得した財産を新得財産といい、その時点で、配当がなされていなければ配当時には配当財源に組み込まれることになる。

解答：P.120

第26問

破産手続に関する以下の記述のうち、正しいものを一つ選びなさい。

①　破産手続においては、債権者のみならず、債務者自身にも申立権がある。債務者自身の申立てによる破産を「自己破産」という。また、債務者が法人等の場合は、理事・取締役等が申立権を有し、法人等の場合、必ず役員全員一致により申し立てることが必要である。

②　破産債権者は、破産手続開始決定がなされると、個別に破産者に対し、権利行使することができなくなる。よって、破産債権者は、裁判所に対し、債権の存在を届け出て、配当により債権を回収するほかなく、破産手続への参加を強制されることになる。

③　破産者は管理処分権を失うため、破産者が破産手続開始決定後に破産財団所属財産を第三者に譲渡しても、破産管財人は当該財産譲渡の効力を認めないことができる。ただし、相手方が破産の有無を知らない場合、当該財産譲渡の効力は否定できない。

④　破産管財人が現実に管理している現有財団の中には、第三者の財産が混入していることがあり、この場合、第三者は当該財産を現有財団から取戻すことができる。これを「否認権」という。また、特定の財産について担保権を有する者については、破産手続の拘束を受けることなく、破産手続の外で、担保権本来の実行方法により権利行使することができる。これを「別除権」という。

⑤　裁判所は、破産財団（破産者が破産手続開始決定時に有する差押え可能な一切の財産）が、破産手続の費用も償うに足りないと認めるときは、破産手続開始決定と同時に破産廃止決定をし、これを「同時廃止」と呼ぶ。同時廃止事件においては、破産手続は実施されず、破産手続開始決定の効果も発生しない。したがって、資格制限等の効果も生じない。

解答：P.120

【第1問】

正　解：②　　　　　　　　　　　　　　　　　　　　　　正答率 52.1%

① 商事留置権の効力は残る（破産法66条3項）。

② 非典型担保である譲渡担保権についても、抵当権等に準じた取扱をしようとする見解が有力である。よって、これが正解。

③ 破産財団帰属の特定の財産の上に抵当権を有する者は、別除権の行使によって弁済を受けられない不足額に限り、破産債権者として破産手続内で権利を行使し、弁済を受けることができる（破産法108条1項）。

④ 破産財団帰属の特定の財産の上に抵当権がある場合、破産管財人は、抵当権者の意向に関係なく、担保権を消滅させて任意売却をすることができる。

⑤ 破産管財人が担保権消滅許可制度を利用する場合、担保権者と事前に協議をしなければならない（破産法186条2項、3項7号）。

【第2問】

正　解：②　　　　　　　　　　　　　　　　　　　　　　正答率 54.1%

① 特定調停では、事案の性質に応じて必要な法律、税務、金融、企業の財務、資産の評価等に関する専門的な知識経験を有する者を調停委員に指定する（特調8条）。

② 設問のとおり。よって、これが正解。

③ 民事調停事件の管轄裁判所は簡易裁判所であるが、事業再生特定調停事件では、裁判官や調停委員が企業倒産や事業再生に必ずしも通暁しているとはいえないので、地方裁判所に併設された簡易裁判所に申立てるのが適切。

④ 申立書には、当事者・法定代理人、申立ての趣旨及び紛争の要点等に併せて、財産の状況を示すべき明細書その他特定債務者であることを明らかにする資料、関係権利者の一覧表、関係権利者との交渉経過及び申立人の希望する調停条項の概要、労働組合の名称等を明らかにすべきものとされている（特調法3条3項、特調規1条、2条）。

⑤ この場合には、裁判所は調停委員の意見を聞き、当事者双方のために衡平

を考慮し、一切の事情を見て職権で当事者双方の申立ての趣旨に反しない限度で、事件解決のために必要な決定をすることができる（特調法17条）。

【第3問】

正　解：②　　　　　　　　　　　　　　　　　　正答率：50.8%

① 通説判例によると、債権者は保全処分の発令後も、保全処分の対象となった債権について給付訴訟を提起することができると解されている

② 設問のとおり。よって、これが正解（破産法28条6項）。

③ 逆である。債権者全体に対する責任財産を減少される行為が詐害行為であり、債権者平等に反する行為が偏頗行為である。

④ 担保提供行為は、詐害行為から除外され、偏頗行為の否認の要件を定めた162条で別に規定されている。（破産法162条）

⑤ 債務者が破産手続開始前にその財産を第三者に詐害譲渡（破産債権者を害することを知ってした行為）していた場合に限られる（破産法160条1項1号）。

【第4問】

正　解：③　　　　　　　　　　　　　　　　　　正答率：53.8%

① 申立権者による適法な申立てがなされ、かつ、申立て棄却事由が存在しないときに、裁判所の再生手続開始決定が行われるのであって、裁判所が職権で再生手続を開始することはない（民再33条）。

② この段階では、具体的な内容まで審理はしないというのが一般的な実務運用である。

③ 設問のとおり。よって、これが正解（民事再生法25条3項）。

④ 親子会社のいずれかについて再生事件が係属している場合には、他方の再生事件が係属している裁判所に自らの再生手続開始の申立てをすることができる（民事再生法5条3項、4項）。

⑤ 債権者は、債務者に破産手続開始原因たる事実が生ずるおそれがあるときに、再生手続開始の申立てをすることができる（民事再生法21条）。

【第5問】

正　解：⑤　　　　　　　　　　　　　　　　　　　　　　正答率：80.2%

① 不適切である。本ガイドラインでは、第三者である支援専門家が関与する点が大きな特徴であり、支援専門家を中心に手続が進められる。

② 不適切である。再生型私的整理では、中小企業者は、金融債権額のシェア最上位の対象債権者から順番に、シェア合計額が50％以上となるまでの単独又は複数の対象債権者に対して、再生型私的整理を検討している旨を申し出る。

③ 不適切である。主要債権者は、再生型私的整理を進める相当性について意向を表明するとともに、第三者支援専門家の適格性に関する同意・不同意を迅速に判断するなど、手続の円滑な進行に協力する。

④ 不適切である。第三者支援専門家は、中小企業者からの申し出に誠実に対応し、主要債権者の意向も踏まえ、再生支援が不相当でない限り、再生型私的整理の支援を開始する。

⑤ 適切である。よってこれが正解。

【第6問】

正　解：④　　　　　　　　　　　　　　　　　　　　　　（模擬問題）

① 民事再生法は、債務者が事業の継続に著しい支障をきたすことなく弁済期にある債務を弁済することができないときを手続開始原因とした。よって、正しい。倒産という言葉は、我々の日常用語としては定着しているが、法律上これを厳密に定義することは困難である。しかし、それを最大公約数的に表現すると問題文のようなものとなる。

② 指摘のとおりであり、正しい。

③ 中小企業倒産防止共済法2条2項のとおり。よって、正しい。

④ 民事再生法21条2項は、債務者に破産手続開始の原因となる事実の生ずるおそれがあるとき、債権者は民事再生の申立てをできるとしているが、債務者が事業の継続に著しい支障を来すことなく弁済期にある債務を弁済することができないときについては認めていない。よって、誤り。

⑤ 一つの企業が倒産すると、その企業の債権者が自己の債務の返済資金として予定していた債権の回収ができなくなり、倒産に至るという連鎖倒産が起

こりうる。こうした事態が起こるのは、企業間の信用取引が浸透しているからである。よって、正しい。

【第7問】

正　解：②　(模擬問題)

① 私的整理では債権者間の公平を確保することが困難であるとはいえ、現実には私的整理での解決はある。よって、最も適切とはいえない。

② 法的整理手続では、詐害行為や偏頗行為に対して、民法上の詐害行為取消権を拡大強化した否認権を認めており、債務者の下から逸出した財産を回復することができる。よって、最も適切である。

③ 債権者の範囲を一定の大口債権者だけに限定できるのは私的整理である。よって、最も適切とはいえない。

④ 破産や民事再生、会社更生などの法的整理手続では、回収可能な部分と不可能な部分とが手続上区分されている。よって、最も適切とはいえない。

⑤ 法的整理では、各倒産手続が開始されると、債権者は原則として手続外での権利行使を禁止される。ただし、担保権者については、その取扱いが手続によって異なる。よって、最も適切とはいえない。

【第8問】

正　解：⑤　(模擬問題)

① 破産等清算型法的手続は、結果として債務者企業の事業解体、会社の解散・消滅につながる手続である。

② 清算型法的手続では、債務者の事業を解体して売却することとなるケースが通常であり、そのために換価金は著しく低くなる。

③ 法的倒産手続が実現を目指す公平は、それぞれの倒産事件の個別具体的な事情にできるだけ柔軟に対応していく必要があり、そのために現行法は4つの倒産処理手続を用意している。

④ 再建型倒産手続は、清算型倒産手続による配当の低さや連鎖倒産の招来等の問題を解決するために作られた手続である。

⑤ 特別清算は会社法の中に手続の規定があるが、他の手続と同様、裁判所の関与がある。よって、誤り。

【第9問】

正　解：⑤　　　　　　　　　　　　　　　　　　　　　　（模擬問題）

① 支払停止（破産法 15 条 2 項）の内容である。よって、誤り。

② 支払不能（破産法 15 条 1 項）の内容である。よって、誤り。

③ 支払不能とは弁済期にある債務を一般的かつ継続的に支払うことができない客観的経済状態のことであるから、債務者が自己の支払能力を過大評価し弁済を続けていても、支払不能であることもある。よって、誤り。

④ 負債には弁済期未到来の債務も含める。よって、誤り。

⑤ 破産手続開始原因である債務超過とは、負債総額が資産総額を上回る客観的な状態のことを指す。よって、正しい。

【第10問】

正　解：③　　　　　　　　　　　　　　　　　　　　　　（模擬問題）

① 民事再生法 53 条、31 条の規定である。

② 円滑な手続遂行と事業・財産の保全を図る趣旨で、これらの発令が通例となっている。

③ 裁判所が職権により再生手続を開始することはない。よって、誤り。

④ 民事再生法 127 条、135 条の規定である。

⑤ 民事再生法 38 条 1 項の規定である。

【第11問】

正　解：③　　　　　　　　　　　　　　　　　　　　　　（模擬問題）

① 東京地判昭和 49 年 5 月 31 日は、私的整理の機能を重視する観点から、整理案に賛成しないまでも異議を唱えない債権者への拘束力を肯定しており、選択肢の記述のとおり「拘束力の及ぶ余地はない」とまでは言えない。よって、最も適切とはいえない。

② 私的整理は関係者間の協議を経て行われる手続であり、秘密保持性についても法的整理に比して大きなメリットがある。よって、最も適切とはいえない。

③ 手続の適正を担保するための法的システムが全く備わっていない点が、私的整理の大きな欠点である。よって、適切である。

④　民事再生法が施行されるまでは、多くの倒産事件が私的整理により処理されてきており、一応の手続慣習が事実上できあがっている。よって、最も適切とはいえない。

⑤　私的整理ガイドラインは、いわゆる「専門家アドバイザー」を必須のものとして手続に組み込んでいる。よって、最も適切とはいえない。

【第12問】

正　解：③　　　　　　　　　　　　　　　　　　　　　　（模擬問題）

①　民事再生法88条のとおりである。

②　民事再生法31条のとおりである。

③　担保権消滅許可制度とは、再生債務者等が、裁判所に対して、当該財産の価額に相当する金銭を裁判所に納付することにより、当該財産の上に存する全ての担保権を消滅させ、財産の確保を図る制度である。よって、誤り。

④　民事再生手続における担保権の取扱いについては、「担保権実行に対する中止命令」「担保権消滅許可制度」という大きな制度があるが、いずれも「再生債務者の事業または経済生活の再生にとって必要不可欠かどうか」が、重要な判断の基準となる。

⑤　民事再生法53条のとおりである。

【第13問】

正　解：③　　　　　　　　　　　　　　　　　　　　　　（模擬問題）

①　近年の民事再生事件では、再生債務者自体を再建するというよりはむしろ、債務者の事業を第三者に譲渡することにより、再生債務者の有する主要な事業の維持・継続を図る事例が増えているが、再生手続の中で事業譲渡が行われた場合には、残る再生手続は債務者会社の解体・清算手続として機能することになる。よって、正しい。

②　再生手続を選択する上で考慮すべき要素の一つとして、こうした支援者（スポンサー）の有無があげられる。よって、正しい。

③　相殺を主張することができるのは「債権者集会」までではなくて、「再生債権届出期間満了」までである。よって、誤り。実務的によく問題となるところであり、十分注意する必要がある。

④　再生債務者に対して再生手続開始前の原因に基づいて生じた財産上の請求権は、再生債権として扱われるのに対し、再生債権者の共同の利益のために支出した手続費用等にかかる債権は、「共益債権」として扱われる。共益債権は、再生手続開始前に発生した請求権であっても、裁判所の許可または監督委員の承認を得て、事業の継続に欠くことのできない資金の借入れや原材料の購入等を行った場合には、それによって生ずる相手方の請求権は、例外的に共益債権となる（民事再生法120条）。共益債権は、再生手続によらずに随時弁済されるのが原則である（民事再生法121条）。よって、正しい。

⑤　民事再生法171条4項のとおり。よって、正しい。

【第14問】

正　解：④　（模擬問題）

④は誤り。私的整理の場合には、必ず個々の債権者の同意が必要である。この点で、私的整理の成功が困難なことも、ままある。

法的整理の場合、法律で決められている数の債権者や一定額以上の債権を有している債権者の同意があれば、一部の債権者に異議があったとしても再建計画を進めていくことが可能であろう。また、債権者が勝手に差押えをするなど、債権者による個別の権利行使も禁止されている。

しかし、私的整理の場合、法的な強制力のある手続ではないので、会社より提示した債務整理案に反対の債権者がいた場合、その債権者を拘束することができない。その結果、私的整理をする場合、原則として債権者全員の同意が必要となる。

【第15問】

正　解：⑤　（模擬問題）

民事再生手続等において再生（更生）計画案の決議で、計画案が否決された場合、原則、破産手続に移行するため、私的整理を行う余地はない。よって、⑤は誤り。①～④は全て正しい。

民事再生手続において、再生計画案が否決されたとき、または、集会期日が続行された場合で、集会の第1期日から2カ月以内（その期間が伸長された場合には、その期間内）に、再生計画案が可決されないときは、再生手続は廃止

されることになる（民事再生法191条3号）。再生手続の廃止決定が確定すると、再生手続は将来に向かって失効する。そして、この場合、その再生債務者に破産原因があれば、裁判所は職権で、破産手続開始決定をすることができ、破産手続に移行することになる（同法250条1項）。

【第16問】

正　解：⑤　　　　　　　　　　　　　　　　　　　　　　　　（模擬問題）

① 民事再生法84条1項により、正しい。

② 再生手続開始前に発生した請求権であっても、裁判所の許可または監督委員の承認を得て、事業の継続に欠くことのできない資金の借入れや原材料の購入等を行った場合には、それによって生ずる相手方の請求権は、例外的に共益債権となる（民事再生法120条）。共益債権は、再生手続によらずに随時弁済されるのが原則である（民事再生法121条）。よって、正しい。

③ 開始決定と同時に定められた債権届出期間内に債権の届出をしなければならない（民事再生法94条）。他方、再生債務者等は、届出債権の一覧表と議決権についての認否書を作成して、裁判所に提出しなければならない（同法101条）。届出のない再生債権については、再生債務者等による自認がなされない限り（同法104条1項）、手続に参加することはできず、失権その他の不利益を受ける（同法181条）おそれがある。よって、正しい。

④ 民事再生法171条4項により、正しい。

⑤ 再生計画案が否決された場合、原則的には職権で再生手続は廃止される。よって、誤り。

【第17問】

正　解：⑤　　　　　　　　　　　　　　　　　　　　　　　　（模擬問題）

① 正しい。民事再生法は、従来の和議手続のもつ債務者主導の簡易な手続としての性格を基本的には維持しつつも、和議手続の欠陥をできる限り是正する形で新たに創設された、再建型の一般手続としての民事再生手続に関する基本法である。

② 正しい。再生債務者の事業の再建は、原則として債務者自身が作成した「再生計画」と呼ばれる再建計画に従って行われる。

③　正しい。再生手続では両者の比較が再生手続を選択するうえで最大の争点
　　となる。

④　正しい。上記③のとおり、債権者への配当率を高めることが再生手続を選
　　択するうえで重要となる。

⑤　労働債権や租税債権は、一般優先債権といわれる。別除権は、特別の先取
　　特権、質権、抵当権等の担保権をいう。よって、誤り。

【第18問】

正　解：⑤　　　　　　　　　　　　　　　　　　　　　　　　　（模擬問題）

①　正しい。返済の基準に関する定めはない。

②　民事再生法155条2項により、正しい。

③　正しい。再生債務者の特定の財産の上に担保権を有する者は、別除権者と
　　して、再生手続によらないで担保権の行使をすることができる（民事再生法
　　53条）。

④　正しい。再生債務者に対して再生手続開始前の原因に基づいて生じた財産
　　上の請求権は、再生債権として扱われるのに対し、再生債権者の共同の利益
　　のために支出した手続費用等にかかる債権は、「共益債権」として扱われる。

⑤　再生債権者は「再生債権届出期間内」に自己の債権を届出なければならな
　　い。届出がなかった債権は原則として失権する。よって、誤り。

【第19問】

正　解：⑤　　　　　　　　　　　　　　　　　　　　　　　　　（模擬問題）

①　民事再生法84条1項、同85条1項により、正しい。

②　正しい。最近では、清算型民事再生のような、清算を目的とした再生計画
　　が作られることも多い。

③　民事再生法171条4項により、正しい。

④　正しい。民事再生手続の中で労働組合が関与できる事項として、（ⅰ）再生
　　手続開始の申立がされた場合、裁判所は決定前に労働組合の意見を聞かねば
　　ならない（組合の意見陳述）、（ⅱ）営業譲渡に関する組合の意見陳述、（ⅲ）
　　財産状況報告集会での組合の意見陳述、（ⅳ）再生計画案に対する組合の意見
　　陳述などがある。

⑤　前半は記述のとおり。監督委員が選任されないことは、ほとんどない。よって、誤り。

【第20問】

正　解：⑤　　　　　　　　　　　　　　　　　　　　　　（模擬問題）

①　正しい。最近では、清算型民事再生のような、清算を目的とした再生計画が作られることも多いが、これは、今直ちに清算手続を開始し事業を閉鎖すると、取引先、顧客、従業員などが甚大な損害や不利益を被るおそれがあるため、それらの者への衝撃を緩和する目的で、当面は事業を継続するが、最終的には債務者会社を解体・清算することを目的とするものである。

②　正しい。相殺を主張することができるのは、再生債権届出期間満了までである。

③　正しい。再生債権者の共同の利益のために支出した手続費用等にかかる債権は、「共益債権」として扱われる。民事再生法119条各号の列挙する請求権がその代表的なものであるが、たとえば、再生手続開始前に発生した請求権であっても、裁判所の許可または監督委員の承認を得て、事業の継続に欠くことのできない資金の借入れや原材料の購入等を行った場合には、それによって生ずる相手方の請求権は、例外的に共益債権となる（民事再生法120条）。共益債権は、再生手続によらずに随時弁済されるのが原則である（民事再生法121条）。

④　正しい。相手方は、再生債務者に対して、解除か履行かの選択をするよう催告する権利がある（民事再生法49条）。

⑤　再生計画案は、出席した債権者の過半数で、総債権額の2分の1以上の債権者の同意があると可決される（民事再生法171条4項）。よって、誤り。

【第21問】

正　解：④　　　　　　　　　　　　　　　　　　　　　　（模擬問題）

①　一般債権ではなく、更生債権という。よって、誤り。

②　更生管財人は裁判所が選任する。よって、誤り。

③　更生管財人は会社財産の管理権や処分権を有し、原則として経営判断は管財人の裁量が尊重される。よって、誤り。

④　正しい。更生担保権とは、更生債権または更生手続開始前の原因に基づいて生じた更生会社以外の者に対する財産上の請求権で、更生手続開始当時、会社の財産の上に存する担保権で担保された範囲のものをいう（会社更生法2条10項）。

⑤　更生管財人が裁判所の許可を得ないでなした行為は無効である。ただし、善意の第三者に対抗することができない。よって、誤り。

【第22問】

正　解：④　　　　　　　　　　　　　　　　　　　　　　　　（模擬問題）

①　正しい。会社更生手続が改正され、例えば更生手続の開始原因が、基本的に民事再生手続における取扱いに類似しているなど、民事再生手続に準じた形となった。

②　会社更生法17条1項により、正しい。

③　旧会社更生法38条5号は、「更生の見込みがないとき」を、更生手続の開始要件（申立棄却事由）として掲げていたが、「更生の見込み」の有無という経済的事項に関する予測判断の難しさが更生手続開始決定に時間がかかる原因となっていた。そこで、現行法は、民事再生法（25条3項）に倣い、「事業の継続を内容とする更生計画案の作成もしくは可決の見込み又は事業の継続を内容とする更生計画認可の見込みがないことが明らかで」ない限り（会社更生法41条1項3号）、申立てを棄却しないことにし、開始決定までに時間がかからないよう配慮している。よって、正しい。

④　資金の借入れは裁判所の許可があればできる。その場合は共益債権になる。よって、誤り。

⑤　裁判所は、更生手続開始決定の前であっても、利害関係人の申立てによりまたは職権で、会社の業務および財産に関し、会社の財産の処分禁止の仮処分その他必要な保全処分を命ずることができる（会社更生法28条）。よって、正しい。

【第23問】

正　解：④　　　　　　　　　　　　　　　　　　　　　　　　（模擬問題）

①　会社更生手続開始申し立ての要件は「事業の継続に著しい支障をきたすこ

となく弁済期にある債務を弁済することができないとき」または「破産の原因たる事実（支払不能もしくは債務超過）の生ずるおそれがあるとき」という要件であり、「かつ」ではなく「または」が正しい。よって、誤り。

② 後段のなお書き以降が誤りである。すなわち、債権者が第三者から担保提供を受けている場合には債務者の会社更生手続からは、何の影響も受けず、債権者は第三者に対し、担保権を実行できる。

③ 債権届出は債権届出期間を徒過しないことが原則であるが、実務的には届出期間経過後であっても一般調査期日前に届出がなされれば、ほとんどの管財人はその権利を調査しているのが実状である。よって、誤り。

④ 正しい。相殺権者も、更生手続外での権利行使は認められるものの、債権届出期間満了後は相殺権の行使を制限され、管財人からの反対債権の履行請求を拒むことはできなくなる（会社更生法48条・49条）。

⑤ 更生計画案の提出は更生手続の開始から原則として2年以内でなく、1年以内である。よって、誤り。

【第24問】

正　解：⑤　　　　　　　　　　　　　　　　　　　　　　　　　（模擬問題）

① 正しい。会社更生は、株式会社に特化した再建型の倒産処理手続である。とりわけ、元々は、現在、窮境にはあるが、再建の見込みのある大型の株式会社について、利害関係人間の利害を調整しつつ、その企業ないし事業の維持・更生をはかることを目的とした手続である（会社更生法1条参照）。

② 裁判所が、この段階から第三者機関を更生手続に関与させた方が適切と判断した場合には、保全管理命令（会社更生法30条）や監督命令（同法35条）、さらには調査命令（同法39条）が必要に応じて発令される。よって、正しい。

③ 正しい。また、中止命令が発令されない限り強制執行も可能であるが、これも同様否認される可能性がある。

④ 正しい。会社更生手続の標準的なスケジュールである。

⑤ 会社更生開始決定後、会社事業の経営ならびに財産の管理、処分は管財人に専属するが、借入や会社財産の処分については、裁判所の許可が必要となる。よって、誤り。

【第25問】

正　解：②　　　　　　　　　　　　　　　　　　　　　（模擬問題）

① 破産手続は債務者申立手続が一般的である。これを自己破産という。よって、誤り。

② 正しい。破産法 15 条・16 条参照。

③ 「復権」ではなく、「免責」が正しい。よって、誤り。

④ 破産原因の疎明は要求されていない。財産状態を最もよく知っている者の申立てだからである。よって、誤り。

⑤ 前段は正しい。新得財産は、破産財団に組み込まれず、破産者は自由に処分できる。よって、誤り。

【第26問】

正　解：②　　　　　　　　　　　　　　　　　　　　　（模擬問題）

① 法人等の場合、申し立ては原則的に役員全員一致だが、役員の一部の者だけでも可能であり、これを「準自己破産」という。よって、誤り。

② 正しい。破産債権者は、破産債権を届け出て、調査・確定手続を経て確定した破産債権額について配当表（破産法 196 条）に基づいて配当を受けることになる。

③ 相手方が破産の有無を知っていたか否かにかかわらず、当該財産譲渡の効力を認めないものである。よって、誤り。

④ 現有財団から取戻すことができるのは「否認権」ではなく、「取戻権」である。よって、誤り。

⑤ 同時廃止の場合でも、破産手続開始決定の効果は発生し、資格制限等の効果も生じる。よって、誤り。

第3章

事業再生の可能性判断

～学習の手引き（第3章)～

テーマ	80回	81回
1．事業再生と環境分析		
（1）外部環境分析		
（2）内部環境分析		
2．定量分析による再生可能性判断		
（1）B／Sの構成と分析	①	③
（2）P／Lの構成と分析	①	②
（3）キャッシュフロー分析	②	①
（4）定量分析の指標（収益性／生産性／安全性など）	②	③
3．定性分析による再生可能性判断		
（1）定性分析の基本的視点	①	①
（2）定性分析の具体的展開	②	③
（3）定性分析と再生戦略	①	①
4．再生可能性の判断と再生方針		
（1）事業再生と企業価値、キャッシュフロー	②	②
（2）デューデリジェンスのタイプ・目的		
（3）実態把握による再生可能性判断	②	②
（4）金融・資金繰り支援方針		
5．再建計画書と再生可能性の判断		
（1）再建計画書の審査と再生可能性の判断	①	①
（2）リスケ先で再建計画書未提出先の再生可能性判断		
（3）リスケ先で再建計画書を提出している先の再生可能性判断		

※丸数字は出題数。

1．事業再生と環境分析

・最近出題が減少しているが、基本的な理解は欠かせない。

2．定量分析による再生可能性判断

・定量分析の指標については、具体的な数字をもとに計算事例として出題されるので、公式に基づく計算方法をマスターしておく必要がある。

・キャッシュフロー計算書に関連した出題も多い。

3．定性分析による再生可能性判断

・ＳＷＯＴ分析、ＰＰＭなど経営戦略論に絡めた出題も増加している。

4．再生可能性の判断と再生方針

・実態把握による再生可能性判断に関する出題が多い。

第1節
事業再生と環境分析

1．外部環境分析

> **学習のポイント**
> ● 外部環境分析は主に4つの観点から行う
> ● PEST分析、SWOT分析、5 Force分析等の分析手法をきちんと理解しておく

　外部環境分析は、自社を取り巻く環境を分析するもので、自社が他社に勝つための機会を探り、自社が避けるべきことを明らかにすることが目的である。「マクロ環境分析」「市場環境分析」「競合環境分析」「事業環境分析」という4つの観点で行うことにより、体系的に分析を行うことができる。

（1）マクロ環境分析

　マクロ環境分析とは、政治、経済、社会、技術といった分野について事業や市場に影響を与える情報やデータを調査、分析する手法である。調査対象分野の頭文字をとったPEST（Political（政治）、Economic（経済）、Social（社会）、Technological（技術）の略）分析という手法が一般的である（PEST分析手法⇒第1章第2節4.(9)参照）。

（2）市場環境分析

　市場環境分析とは、市場に影響を与える要素を分析して、市場規模や市場の変化を調査、分析する手法である。

　市場環境分析では、市場規模の推計や市場の変化の予測を行う。市場規模については、顧客数、購買単価、購買頻度のパラメーターから推計する手法が一般的である。また、市場の変化については、様々な予測手法が開発されているが、市場規模に影響を与える要素を抽出し、当該要素の変化をパラメーターとして予測することが可能である。

（3）競合環境分析

　競合環境分析とは、市場における競合他社と自社のポジションを調査、分析する手法である。

市場に製品やサービスを提供している企業が複数いる以上、市場での競争は避けられない。この競争を有利に進めるための情報を収集、分析するのが競合環境分析である。競争を有利に進めるためには、市場における競合他社に対する相対的なポジションを認識することが重要になる。

市場における自社のポジションを認識する方法として、競合他社に対する自社の優劣を軸に検討する方法があるが、代表的なフレームワークがＳＷＯＴ分析である（ＳＷＯＴ分析手法⇒第１章第２節4.(5)参照）。

（4）事業環境分析

事業環境分析とは、事業構造に着目し、利益の源泉や阻害要因を特定する分析手法である。事業環境分析には、2つの手法があり、1つは事業構造を分析する手法で、もう一つは事業に関係する事業者等の影響力を分析する手法である。前者の代表的な分析手法がバリューチェーン分析であり、後者の代表的な分析手法が5 Force 分析である（バリューチェーン分析⇒第１章第２節4.(1)参照）（5 Force 分析⇒第１章第２節4.(2)参照）。

▍2. 内部環境分析

> **学習のポイント**
> ● 企業の経営資源について、強みと弱みを識別することが目的
> ● 内部環境分析は主に5つの観点から行う

内部環境分析は、企業の経営資源について、強みと弱みを識別することであり、「製品分析」「価格分析」「営業力分析」「生産力分析」「技術力分析」という5つの観点で行うことにより、体系的に分析を行うことができる。

（1）製品分析

製品分析とは、自社製品の売上高や利益率を分析し、各製品の製品ライフサイクル上のポジションを把握するための分析手法である。製品分析により、各製品の成長性や競争優位性を強化するための実施施策や製品構成の最適化を検討する（製品ライフサイクル⇒第１章第２節4.(4)参照）。

製品ライフサイクルとは、製品が市場に投入されると、導入期、成長期、成熟期、衰退期といったステージを経ながら製品の売上が変化していくことを示すものである。ライフサイクルの周期（各ステージの期間）は製品によって異

なるが、ほとんどの製品やサービスについてライフサイクルのパターンが当てはまるといわれている。

製品分析では、各製品の売上高や利益率の推移や企業全体の売上高や営業利益に占める各製品の割合の変化などを調査するのが一般的である。売上高や利益率の推移を分析することで製品ライフサイクル上の大まかなポジションを把握することができ、各製品のステージに対応した成長性や競争優位性を強化するための実施施策を検討することができる。また、企業全体の売上高や営業利益に占める割合を分析することで、製品構成の最適化に向けた検討を行うことができる。

なお、製品構成の最適化のポイントは、以下の3つに集約できる。

1）比較的投資が必要な導入期の製品と利益を稼いでいる成長期もしくは成熟期の製品でバランスをとること

2）成熟期または衰退期に入った各製品について、仕様や販売方法等を変更することで現在のライフサイクル上のポジションを成長期にシフトさせることができるか検討すること

3）成熟期または衰退期に入った各製品について、前記2）の検討にも拘らず今後利益を生み出すことが困難と判断された場合に可能な限り速やかに撤退すること

（2）価格分析

価格分析とは、戦略的にどのような方針で価格決定が行われているかの解析によって製品の市場における位置づけを明確化することであり、自社製品の売上計画を策定する際の重要な要素の一つと言える。価格分析により、戦略的な価格設定を行うことで、売上のみならず利益率の改善にも貢献する。価格決定要因として、以下のようなものがある。

・コスト

・需要動向

・競争状況

また、前項の製品ライフサイクルの位置に応じて、価格設定も戦略的に行う必要がある。他の分析と連携しながら価格分析を行うことで、企業の方向性や戦略、収益構造まで解析することが可能になる。上述の価格決定要因別に、実際の価格決定方式を見ていく。

① コストから価格を決定する方式

ⅰ）コストプラス方式

　原価・経費に適正利益を加えて決定する方式。従来はメーカーでこの方式が主流であった。しかし、こうして決定した価格は、企業にとっての価値の対価であり、消費者にとっての価値を反映しているかどうかを十分検証しないと計画通りの売上数量は確保できないことになる。したがって、最近はこの方式のみで価格決定するケースは減少してきている。

ⅱ）マークアップ方式

　仕入価格に、適正利益額または率を加えて決定する方式。コストプラス方式と同様、消費者にとっての価値が正しく反映されないこともある。ただ、現状では、中小の卸売業や小売業ではまだこの方式を採用しているところもかなり見受けられる。

② 需要動向から価格を決定する方式

ⅰ）知覚価値方式

　消費者の製品の価値判断に基づく価格決定方式。つまりどの価格をつければ製品が市場で受け入れられるかを考慮して価格決定を行うわけで、かなり綿密な市場調査やマーケティング戦略が必要になる。

　これは、中小飲食店などで、市場調査を行って対象商圏および対象顧客を設定し、店舗コンセプトを明確にして、それらに合致したメニュー（製品）と価格を決定していくプロセスがこれに当たる。

ⅱ）競争状況から価格を決定する方式

　ア．実勢価格方式

　　競合企業の価格を見て、それに合わせて価格決定を行う方式。マーケットシェア1位の企業の価格に2位以下の企業が追従する場合などがある。しかし、このような状況が安定的に続くと、規制緩和などで外資系が思い切った価格をつけてきた場合など対応が厳しくなる。

　イ．入札価格方式

　　公共事業などに多く、複数の企業が入札を行い、最低価格をつけた企業が受注する方式。他社の動向などいかに的確な情報を収集するかがポイントである。状況によっては、採算を度外して入札価格を決定する場合もある。

（3）営業力分析

　営業力分析とは、自社の売上高の推移を予測したり販売施策を立案するために、自社の営業活動、広告・販売促進活動、顧客の分析を行うものである。

　営業活動分析とは、営業部員の営業能力が今後どの程度向上するのか、営業部門が売上高に対してどの程度のコストをかけているのかということを分析することである。営業能力の向上については、各営業部員の経験年数や過去の実績を踏まえて予測することが可能である。こうした分析に基づく実施施策を検討し、当該施策の効果を予測に織り込む必要がある。

　広告・販売促進活動の分析とは、自社の行っている広告・販売促進活動が期待した効果を発揮するためには、どのような広告／販売促進活動が効果的であるかを分析することである。大企業であればテレビや雑誌のコマーシャルなどに多額の資金を投入して大規模な広告・販売促進活動を行うことが可能だが、中小企業ではそうもいかないため、限られた広告・販売促進活動の予算を最も効果の期待できるところに集中的に配分する必要がある。

　顧客の分析とは、自社製品の顧客数を増加させるために顧客の購買時の行動パターンを分析したり、効果的な営業を行うために顧客別の販売実績を分析することである。自社製品の市場に対する潜在顧客の全てが自社製品を購入するわけではなく、他社製品や代替品を購入したり、購入自体を止めたりする顧客が存在する。自社製品の顧客を増加させる販売施策を立案するためには、顧客が製品を購入するまでのプロセスの中でどのような行動や意思決定を行ったかを分析し、それに合致した販売施策を実施することが重要となる。

　また、自社製品の売上高ないし利益の80％を、全顧客の20％の優良顧客がもたらしているといった状況がよく見受けられる。優良顧客を識別し、優良顧客に対してきめの細かいサービスを提供することで取引関係を強化し、収益基盤をより強固なものとすることが求められる。

（4）生産力分析

　生産力分析とは、自社の生産力の最適化に向けた施策を立案、実施するために、自社の生産能力や生産性、さらには自社の保有する技術力を分析することをいう。分析結果を受けて立案された施策の期待効果は、シミュレーションにおける製造原価や設備投資額、外注コストなどのパラメーターに影響を与えることとなる。

生産現場では品質管理や生産性向上のための改善が日々検討され、実践されていると思う。生産力分析では、そうした日々の品質管理や生産性向上のための施策の検討とは離れて、生産工程全体の視点から改革を行うためのデータを分析する。

そこで重要なのがベンチマーキングという考え方である。ベンチマーキングとは同じような業務や作業について、自社内や競合他社の生産性や品質を比較し、どの程度改善すべきか、また改善すべきポイントはどこかを把握するための分析手法である。

（5）技術力分析

技術力分析とは、効果的、効率的な研究開発投資を検討することを目的として、自社の保有する技術の優位性と、自社にとっての当該技術の重要度を分析し評価することである。

① 技術の優位性

技術の優位性を評価するための項目には、競合性、新規性、収益性がある。

ⅰ）競合性：当該技術を有する企業がどの程度存在しているか、自社に比べ競合他社の技術力は高いか低いか、先行しているか遅れているか

ⅱ）新規性：当該技術は従来の技術に対して連続的な技術か非連続的な技術か、当該技術に関する特許を取得可能か

ⅲ）収益性：当該技術を開発するのに必要な投資はどのくらいか、当該技術の市場価値はどのくらいか

② 自社にとっての優位性

自社にとっての重要性を評価するための項目には、生産上の重要度、戦略上の重要度、事業上の重要度がある。

ⅰ）生産：当該技術はその製品の市場価値を決定付けるような影響力をもっているか、当該技術による製品の機能や性能は向上する余地があるか

ⅱ）戦略：当該技術は企業のコアコンピタンスに密接に関連しているか、当該技術は自社の他の技術とシナジーを生み出す余地があるか

ⅲ）事業：当該技術を軸とした事業展開におけるリスク・リターンはどの程度か、当該技術を軸とした事業展開は他の事業とのシナジーを生み出す余地があるか

第2節
定量分析による再生可能性判断

1．B／Sの構成と分析

> **学習のポイント**
> ● 　B／Sの構成がどうなっているかを押さえる
> ● 　B／Sには、財政状況、資金の調達状況、資金の運用状況、支払能力の判定、安全性、健全性の状況の5つのポイントがある
> ● 　再生可能か否かを判定するには、2つの時価B／Sの作成が必要である
> ● 　資産の確認のポイントは、資産の実在性、網羅性および回収可能性である
> ● 　負債の確認のポイントは、負債の実在性、網羅性の検討である
> ● 　B／Sに計上されていないリース債務、偶発債務についても検討する

（1）　B／Sの構成

　B／Sは資産、負債、資本（純資産）で構成され、決算期日においての企業資金の調達状況と運用の状況を対照させて示すことにより、支払能力の判定、安全性・健全性・状況を明らかにするなど企業の財務状況の情報を提示する役割をもつ。

①　資産

　資金がどのような用途に使われているかを表すのが資産である。資産は以下の基準により流動資産と固定資産に分けられる。

・ワン・イヤー・ルール：投下した資金が現金化するのに決算日の翌日から1年以内に可能な資産を流動資産とし、現金化するのに1年超かかる資産を固定資産とする基準

・営業循環基準：仕入、生産、販売などに関連する代金や手形の回収は1年を超えていても本来の営業活動の過程より生じた資産として流動資産に計上する基準

ⅰ）流動資産

当座資産は、現金預金、受取手形、売掛金、有価証券など、比較的早く現金化できる資産である。売掛金が月商の3倍以上あると焦付き債権が考えられる。

棚卸資産は、製品、半製品、仕掛品、原材料、貯蔵品など、仕入または製造した後、売れてから現金化できる資産である。棚卸資産が月商の3倍以上あると不良在庫が一部残っていることが考えられる。

その他の流動資産とは当座資産と棚卸資産以外の資産であり、立替金、貸付金、前渡金、仮払金など1年以内に現金化できる資産である。この資産が多いと資産の運用上支障をきたすおそれがある。

ⅱ）固定資産

有形固定資産は、建物、構築物、機械装置、車両運搬具、工具器具備品、土地、建設仮勘定などである。非上場企業の場合、これらの資産計上に際しては、実際の取得原価が基準になっていることが多いので、土地などは実際に取得した原価と現在の時価とに含み損益が生じる。

無形固定資産は、借地権、特許権、営業権、電話加入権など、形はないが価値がある権利である。

投資その他の資産とは、投資有価証券、子会社株式、長期貸付金、出資金など、事業に直接関係はないが回収に1年以上かかる資産である。

繰延資産とは、すでに代価が支払われ役務の提供を受けたが、代価の配分を数期間に行うため計上した資産で、実質は費用性資産で財産価値はないものである。創立費、開業費などがこれにあたる。

②　負債

その資金をどこから調達しているかが負債と自己資本の問題となる。

流動負債は、支払手形、買掛金、短期借入金、未払金、前受金など、取引先との通常の商取引によって生じた債務および期限が1年以内に到来する債務である。

固定負債は、長期借入金、社債、退職給付引当金、特別修繕引当金など、1年を超えて支払う負債である。

引当金とは、将来に発生することが予想される費用をあらかじめ当期の費用として計上しておくものである。通常1年以内に使用される見込の賞与引当金、工事補償引当金、修繕引当金は流動負債、退職給付引当金、特別修繕引当金の

ような通常1年を超えて使用される見込のものは固定負債に属する。

③　資本（純資産）

資本とは、事業活動の元手の部分であり、財務の健全性、安全性のうえで元手の金が多いほど会社の財産的基礎が強固なものとなり、安定性が増す。

会社法における決算書では「純資産の部」といい、純資産の部は「株主資本」と株主資本以外に区分される。

株主資本は、資本金、資本剰余金、利益剰余金に区分される。

資本金は法律の定めに従って決定されるため法定資本ともいわれ、会社が最低限維持留保すべき会社財産の基準となる計数をいう。

資本剰余金は、資本準備金とその他資本剰余金に分けられる。その他資本剰余金には、資本金および資本準備金差益のほかに、自己株式処分差益を計上するため、両者を分けて表示する必要がある。

利益剰余金には、利益準備金、任意積立金、繰越利益剰余金が計上される。

期末に保有する自己株式は、株主資本から控除され、株主資本以外の項目は、評価・換算差額等、新株予約権に区分される。

赤字会社の純資産の部について、過去に蓄積された利益もなく、当期の利益も赤字の場合、マイナスの剰余金は欠損金という。この欠損金が生じていても、純資産の合計の金額がプラスである状態を「資本の欠損」という。それに対して、純資産の合計の金額がマイナスになってしまった状態を「債務超過」と表現する。債務超過の会社は、資産よりも負債のほうが多い状態であり、財産よりも借金のほうが多いので、会社の財産をすべて借金の返済に充てても全部は返し切れない状態である。

資本の欠損というだけでも株主にとっては重大な問題である。これがさらに債務超過ともなれば、株主、債権者を含めたところの会社全体のまさに危険水域に達した事態を迎えたということになる。

（2）B／S分析の基本的な考え方

①　B／S調査の概要

再生に向けて鍵を握るのは金融機関であり、保証協会である。そのためには金融機関ごとの債権金額、債権の内容、債務の内容、担保の資産、極度額、時価、保証などを整理しておく必要がある。不動産には、その明細と担保設定状況（ポジション表）を作成し、現在の時価を確認する。割賦およびリース物件

には、リース料総額、割賦およびリース料残高、保証人などを調べて今後の対応として、従来どおり割賦・リース料の支払が必要かどうかの対応を検討する。定額預金、生命保険、損害保険契約には質権設定されているかどうか、資金拘束性があるのかどうかを調査する。売掛金、受取手形、貸付金、未収入金などの金銭債権は回収可能性を吟味し、不良債権と正常債権を区別する。

最終的に、調査時点における月次試算表を基に総資産についての時価評価、換金可能性を吟味し、財産目録を作成する。

② 実態B／S・清算B／Sの作成

企業の再生可能性の判断や再生手法の検討のために財務状態の現状を把握するには、簿価ベースのB／Sではなく会社を存続させた場合の時価B／S（実態B／S）と清算させた場合のB／S（清算B／S）を作成しなければならない。

実態B／Sの作成は、帳簿上の金額を実際の時価で評価し直すことにより行う。通常、不良債権はあっても不良債務はないので、資産の部は帳簿価額より減り、負債の部は逆に増えるのが一般的である。

清算B／Sの作成は、現時点で破産して事業を停止した場合を想定して、資産の換金価値で負債を返済する前提での評価となり、資産の評価は実態B／Sより相当低くなる。金融支援を伴う再生計画を検討する場合、清算B／Sにもとづいて算定される清算配当率が、金融機関の経済合理性の判断基準となる。

▌2. P／Lの構成と分析

> **学習のポイント**
> ● P／Lの構成がどうなっているかを押さえる
> ● 部門別変動損益計算書を作成することが再生計画を作成するにあたって必要である
> ● 損益分岐点売上を用いて、会社の経営安全性を算定する。この場合、変動費、固定費を分解する作業が必要である
> ● P／Lには5つの利益概念があり、その中で特に営業利益が再生可能か否かの判定をするうえで一番重要である

（1）　P／Lの構成と分析の概要

P／Lからは、利益の出る仕組みがわかる。また、決算で好不況や経営努力の成果がそのまま表示され、儲けや赤字の出る原因が一目でわかる。

①　P／Lの構成

ⅰ）営業損益の部

企業の本来の営業目的にそって毎期繰り返し実施する営業活動から生じる損益を示す項目である。

ア．売上高…本業とその関連事業から生ずる収益を計上するものである。企業は、年度当初の売上高に目標値を設定して、経営計画を策定して経営活動を遂行していくことになるが、その1年間の経営活動成果が、このP／Lの売上高として計上される。

イ．売上原価…小売業、卸売業などの商業では仕入原価、製造業では販売製品の製造原価、また建設業では工事原価を指す。この原価低減こそが利益を得る元を作る。

ウ．売上総利益…粗利益といわれ、通常プラスにならないと、販売費及び一般管理費はマイナスであるために、大変な損失となる。

エ．販売費及び一般管理費…販売費は給料、広告宣伝費、交際接待費などであり、一般管理費は役員・内勤社員の給料手当、家賃、保険料、減価償却費などである。一般管理費はどちらかというと売上高の増加や減少に直接的に関係なく、年間を通じて毎月一定額が支出される費用である。これらの支出は売上総利益の範囲内にしないと営業利益は一定額すら確保できなくなる。

オ．営業利益…本来の経営活動の良否の判断を決定する利益で、経営上もっとも留意すべき利益指標である。この指標が毎年損失を生じるようだと経営を抜本的に改善しない限り、倒産の方向へ加速してしまうことになる。

ⅱ）営業外損益の部

会社本来の営業活動以外の活動から生じる損益であり、主に金融的要素に関係した損益や雑収支が扱われる。

ア．営業外収益…受取利息、有価証券利息、受取配当金、仕入割引、投資不動産賃貸料、為替差益、雑収入など、主に金融上や証券関係の収益を計上する。

イ．営業外費用…支払利息、手形売却損、為替差損、雑損失などを計上する。

ウ．経常利益…営業利益＋営業外収益－営業外費用＝経常利益となる。

ⅲ）特別損益の部から当期純利益

ア．特別損益…臨時損益（固定資産売却損益、転売以外の目的で取得した有価証券の売却損益、災害による損失）を計上。

イ．税引前当期純利益…経常利益＋特別利益－特別損失＝税引前当期純利益となる。

ウ．当期純利益…税引前当期純利益－法人税等＝当期純利益となる。

② **部門別損益の把握**

具体的な収益構造の明細がないと、どの店舗・部門・商品、顧客が不採算なのかわからず、再生可能性や事業の取捨選択の判断することができない。そのため、部門別損益計算書を作成する必要が生じる。

③ **5段階の利益の意味**

損益計算書は、売上総利益、営業利益、経常利益、税引前当期純利益、当期純利益の5種類の利益からなる。

経営不振企業が再生できるかどうかの最大のポイントは、本業で営業利益が出ていることであるので、損益計算書のチェックでは、何より本業の利益が出ているのかを重視すべきである。

営業利益には、会社の存在意義がかかっている。営業利益が出ないということは、仕事をすればするほど損を出していることで、会社の末期的症状である。また、営業利益が出なければ事業再生のための費用も捻出できない。

本業で赤字を出している会社の再生の第一は、できるだけ早く営業損益段階で黒字化することである。

本業では営業利益を上げているのに本業以外で赤字を出しているときは、その赤字を出している不採算事業から撤退（閉鎖・事業譲渡・分社化など）することで、黒字体質への転換が図れる。

本業で営業利益を上げていないときは、売上を増やす、原価を下げる、経費のムダをなくすなど、あらゆる方策を講じて利益を上げる体質に変えない限り、再生は容易ではない。

3. キャッシュフロー分析

> **学習のポイント**
> ● キャッシュフローによる財務分析とは、企業が行う企業のお金、資金の流れを分析対象として、企業の財政状態・財務体質を測定・評価する手続のことをいう
> ● 投資項目の資金の源泉となるのは、原則として営業活動によるキャッシュフローで稼いだ資金である

（1）キャッシュフロー計算書の構造

キャッシュフロー計算書は、資金を企業の活動との関連を重視して、以下の3つに分類される。

① 営業活動によるキャッシュフロー

営業活動により獲得した資金の状況を示す。

② 投資活動によるキャッシュフロー

現在の事業を継続するための現有設備の維持・更新、現在の事業の拡張または新規事業のための新規投資、M＆A、余剰資金の運用（有価証券、金融商品への短期投資）など、資金の使途を示す。

③ 財務活動によるキャッシュフロー

資金の調達、資金の返済、株主への配当金の支払、自社株の取得・売却など、資金不足に対する手当の状況、株主への利益還元の状況を示す。

以上により、一定（一会計）期間の資金繰り・資金収支の状況の良好性、健全性、あるいは支払能力・借入債務返済能力があるかどうかなどを検討することができる。また、設備投資、研究開発投資および人員採用の限度額、さらに資金調達の必要額というように積極的に将来に対しての計画的な経営を行ううえで、有用・重要な情報を得られることになる。

（2）キャッシュフロー分析の意味

キャッシュフローによる財務分析とは、企業が行う企業のお金、資金の流れを分析対象として、企業の財政状態・財務体質を測定・評価する手続のことをいう。

① 財政状態の測定・評価

企業の資金を営業活動から調達した現金・預金、投資活動に運用した現金・

預金、財務活動から調達した現金・預金に明確に区分し、その調達および運用状態を測定・評価することになる。さらに具体的にいえば、貸借対照表の現金・預金以外の勘定科目と損益計算書の勘定科目が現金・預金の増加へどれだけ寄与しているかを測定・評価するのである。

② 財務体質の測定・評価

本来「営業活動から調達した現金・預金残高」がそのまま「現金・預金の残高」として残るのが原則である。しかし、一般的には増減がある。その増減の原因およびプロセスを測定・評価するのである。

▎4. 定量分析の指標（収益性／生産性／安全性など）

> **学習のポイント**
> ● 修正した決算数値に基づいて、財務指標による分析をし、年度ごとの比較や同業他社との比較を行うことは、会社の財務面の強みや弱みを把握することができ、再生可能性の判断にも有用である
> ● 一般に用いられる分析指標と活用法を理解する

（1） 収益性

① 総資本営業利益率（ROA）（%）

営業利益／総資本×100

資本総額に対する営業利益の比率、すなわち企業の資本がどれだけ効率的に運用されているかを示す収益性の総合指標であり、10%以上必要といわれている。

② 売上高純金利負担率（%）

（支払利息・手形売却損－受取利息）／売上高×100

実質金利の負担がどれくらいかをみており、資本力の状況を示す。

（2）生産性

① 1人当り付加価値（万円）

付加価値／{(期首従業員数＋期末従業員数) ×1／2}

労働生産性と呼ぶことがあり、社員の働きがい、稼ぐ力を指す指標である。

② 1人当り売上高（万円）

売上高／{(期首従業員数＋期末従業員数) ×1／2}

社員の営業力を示す指標である。

③　固定資産投資効率（％）

付加価値／平均固定資産×100

どの程度の投資がされ、その投資に対して付加価値がどのくらい上回っているかを知るための指標である。

④　1人当り固定資産（万円）

固定資産／｛（期首従業員数＋期末従業員数）×1／2｝

1人当りの設備力を示す指標で労働装備率と呼ばれるもので、企業の省力化、高度化等の合理化のための投資がどの程度なされているかを見るものである。

⑤　平均従業員賃金（万円）

人件費／平均従業員数

従業員に対し、妥当な賃金が支払われているかどうかを判断する材料となるが、大切なのは労働力と賃金のバランスであり、また生産時間と生産効率のバランスである。

（3）資金回収効率

①　総資本回転日数（日）

平均総資本／（売上高÷365）

企業の経営に投下された資金が、ムダなく効果的に使われているのか、資金が固定化、硬直化していないかを判断するための指標が資金回収効率であり、総資本回転日数は365日を総資本回転率で割ることによって得られる。

②　受取勘定回転日数（日）

平均受取勘定／（売上高÷365）

売掛金、受取手形の受取勘定がどのくらいの日数で回っているかを表し、資金の固定化をチェックする指標である。

③　棚卸資産回転日数（日）

平均棚卸資産／（売上高÷365）

在庫が過剰になっていないかどうか、一回仕入れた商品が倉庫に何日間置いてあったかを知る指標で、短ければ短いほどストックしていないで商品が早く売れたということを意味する。

④　固定資産回転日数（日）

平均固定資産／（売上高÷365）

売上高に占める固定資産の割合を日数で見ることによって、固定資産がどれくらい利用されているかを示す指標である。

（4）安全性

① 経営安全率（％）

（売上高－損益分岐点売上高※）／売上高×100

　　※損益分岐点売上高＝固定費／（1－変動費率）

企業を経営していくうえで、必要とする利益を確保していくためには、いったいどのくらいの売上が必要になってくるのかを知る必要がある。そのために、まず自社の損益分岐点を求め、そこから位置を求めることにより現在より何％売上が減少しても大丈夫かどうかの不況抵抗力を示す指標である。

安全率が高いほど、会社は儲かっている。経営安全率を高めるためには、「限界利益を上げる」ことと、「固定費のコントロール」が必要である。

② 労働分配率（％）

人件費／付加価値×100

儲けの中でいくら給与になっているかを示す指標。労働集約的な企業はこの数値が高く、合理化投資の高い企業は低い。

③ 支払勘定対受取勘定回転日数比（日）

受取勘定回転日数／支払勘定回転日数

受け取る資金が早ければ早いほど、支払は遅ければ遅いほど、資金繰りが楽になる。

④ 借入月商比率（カ月）

平均借入債務／売上高（月額）

借入債務と売上高のバランスを見るための指標である。前期と当期の借入債務の平均値が売上に対してどのくらいの割合を求めているのか、何カ月分あるのかを表し、借入のバランスを示す。

⑤ 債務償還年数（年）

有利子負債残高／（営業利益＋減価償却費）

償却前営業利益に対する有利子負債の比率であり、10年以内であることが望ましい。

（5）健全性

①　自由資金比率（%）

フリーキャッシュフロー／自己資本増加額× 100

フリーキャッシュフローとは、営業キャッシュフロー＋投資キャッシュフローであり、財務キャッシュフローは入らない。

企業が自由に使えるキャッシュの量、フリーキャッシュフローがプラスなら資金繰りは良好、ゼロまたはマイナスなら資金繰りが苦しい。

②　流動比率（%）

流動資産／流動負債× 100

1年以内に現金化できる支払能力を示す指標である。当然支払う額より受け取る額の残高が多いほうがよいということになる。

③　当座比率（%）

当座資産／流動負債× 100

より支払能力を厳密にみるために、より現金化が容易な資産を分子において、流動負債を分母にして割った指標である。

④　固定比率（%）

固定資産／純資産の部× 100

固定資産は通常費用化するのに毎期一定額の減価償却費を計上して、長期間にわたって行われるので、その投下資金は返済する必要のない資本金や内部留保金などの自己資本で賄っているかどうかを示す指標である。

⑤　固定長期適合率（%）

固定資産／（純資産の部＋固定負債）× 100

自己資本の少ない会社でも長期借入金で自己資本不足を補って固定資産を賄っているかどうか、つまり設備投資に無理はないかどうかを示す指標である。

⑥　自己資本比率（%）

純資産の部／負債・純資産の部合計× 100

総資本の中に占める自己資本の割合である。自前の資金の大きさが高ければ高いほど長期間安定して経営を続けていくことが可能となる。

（6）成長性

①　売上高増加率（%）

（当期売上高−前期売上高）／前期売上高× 100

前期に比べて当期はどの程度売上高が伸びたかを示す指標である。

② **労働生産性増加率（%）**

（当期労働生産性－前期労働生産性）／前期労働生産性×100

労働生産性は、生産、販売の効率を見るためのもので、労働生産性の伸びは高い人件費を吸収し、必要な利益を上げるための生産性向上を図るうえでの大切な指針となる。

生産性を高めるためには、少ない人数で同じ付加価値を上げるか、または同じ従業員で多くの付加価値を上げることがポイントである。

③ **営業利益増加率（%）**

ⅰ）前期営業利益＞０の場合

（当期営業利益－前期営業利益）／前期営業利益×100

ⅱ）前期営業利益＜０の場合

（前期営業利益－当期営業利益）／前期営業利益×100

前期と比較して、どれだけ本業から生じた営業利益が増えているかを見るものである。

④ **自己資本増加率（%）**

ⅰ）前期自己資本＞０の場合

（当期自己資本－前期自己資本）／前期自己資本×100

ⅱ）前期自己資本＜０の場合

（前期自己資本－当期自己資本）／前期自己資本×100

この伸びは前期と比べた自己資本の増加を表す。

自己資本は増資など他の手段で増加させたケースがないならば、内部留保の蓄積によって増えていく。したがって、自己資本増加率が低かったり、マイナスになっている場合は、利益の蓄積がなされていないこと、つまり成長していないということである。

第3節
定性分析による再生可能性判断

1. 定性分析の基本的視点

学習のポイント
- 定性分析を行う際の視点を理解する
- 企業の技術力、販売力、経営者の資質の着眼点を理解する

（1）定性的な要素の検討ポイント

　経営者の資質等定性的な要素の検討ポイントについて、金融検査マニュアル別冊では次のように説明されている。

　企業の技術力、販売力、経営者の資質やこれらを踏まえた成長性については、企業の成長発展性を勘案する上で重要な要素であり、中小・零細企業等にも、技術力等に十分な潜在能力、競争力を有している先が多いと考えられ、検査においてもこうした点について着目する必要がある。

　企業の技術力等を客観的に評価し、それを企業の将来の収益予測に反映させることは必ずしも容易ではないが、検査においては、当該企業の技術力等について、以下の点を含め、あらゆる判断材料の把握に努め、それらを総合勘案して債務者区分の判断を行うことが必要である。

①　企業の技術力、販売力等
・企業や従業員が有する特許権、実用新案権、商標権、著作権等の知的財産権を背景とした新規受注契約の状況や見込み
・新商品・サービスの開発や販売状況を踏まえた今後の事業計画書等
・取扱い商品・サービスの業界内での評判等を示すマスコミ記事等
・取扱い商品・サービスの今後の市場規模や業界内シェアの拡大動向等
・取扱い商品・サービスの販売先や仕入先の状況や評価、同業者との比較に基づく販売条件や仕入条件の優位性

②　経営者の資質
・過去の約定返済履歴等の取引実績、経営者の経営改善に対する取組み姿勢、財務諸表など計算書類の質の向上への取組み状況、ＩＳＯ等の資格取得状

況、人材育成への取組み姿勢、後継者の存在等

・以上の企業の技術力、販売力、経営者の資質やこれらを踏まえた成長性を評価するにあたっては、金融機関の企業訪問、経営指導等の実施状況や企業・事業再生実績等を検証し、それらが良好であると認められる場合には、原則として、金融機関が企業訪問や経営指導等を通じて収集した情報に基づく当該金融機関の評価を尊重する。

また、

・法律等に基づき技術力や販売力を勘案して承認された計画等（例えば、中小企業の新たな事業活動の促進に関する法律の「経営革新計画」「異分野連携新事業分野開拓計画」等）

・企業の技術力、販売力、経営者の資質等に関する中小企業診断士等の評価などを勘案するものとする。

▌2. 定性分析の具体的展開

> **学習のポイント**
> ● 内部経営資源分析の考え方を理解する
> ● 各種経営資源分析手法のポイントを理解する
> ● 経営資源の配分に関する考え方を理解する

（1） ＳＷＯＴ分析の考え方を用いた経営資源分析

　中小企業の場合、扱っている製品分野もそれほど多くなく、ましてや複数事業を展開しているところは極めて少ない。多くの中小企業は主力の製品を柱にした単一事業であることが多い。こうした中小企業にとっての経営危機は、その単一事業の競争力が減退し、キャッシュフロー創出能力が弱体化したことによって生じる。再生における経営資源分析によく使われる手法に、ＳＷＯＴ分析がある（第1章第2節2.(5)参照）。

　そして、この分析から得られた情報を基に、機会を生かす方策は何か、新たな事業機会は生まれているか、脅威を克服することはできないか、こうしたことについて、蓄積している経営資源を活用して対応できるかを検討するのにＳＷＯＴ分析の意義がある。

　経営の危機に瀕し、事業の収益性が極端に悪化してきている企業であっても、

それまでの経営活動によって蓄積された経営資源の中には、いまだ磨けば光る相対的競争優位性をもつ経営資源は存在するものである。

（2）経営資源から見た再生可能性判断

①　経営資源の再生可能性の視点

内部環境である経営資源とは、企業が保有するヒト・モノ・カネ・情報・技術のことである。再生対象企業が再生できるかどうかは、自助努力によるところが大きく、それは持てる経営資源によって決まる。前項で経営資源について、ＳＷＯＴ分析手法について説明したが、重要なのは事業デューデリジェンス（事業の実態調査）によって、企業の実態を正確に把握し、再生可能性の判断を行うことである。以下では、各経営資源について分析の視点を述べることとする。

②　ヒトについての視点

ヒトとは、具体的には、経営者、従業員のことであり、組織、人事制度なども含めたものである。

経営者に関しては、経営者の姿勢・能力などすべてについて分析する。たとえば、経営者のリーダーシップについて考えてみる。経営者のリーダーシップとは、「ビジョンを掲げ、ミッション（使命）へと昇華し、組織メンバーを目的に向かって引っ張っていく能力」のことである。再生対象企業の経営者として、ビジョンを持っているか、企業の経営理念（ミッション）はあるか、そして目的達成に向かって従業員を引っ張っていく力があるかどうかを見る。

別の観点からみると、リーダーの３つの能力とは、専門能力、管理能力、人間力だといわれている。専門能力とは、事業そのものや、財務・経理・人事などについても経営者として必要な知識を持っているかどうかである。管理能力とは、従業員をしっかり管理する能力があるかどうかである。人間力とは、経営者としての人格・器量をみて、従業員がついてきてくれるかどうかである。

従業員に関しては、年齢、勤続年数はもちろん、能力、やる気などについても調査・分析する。組織についても適切かどうか、機能しているかどうか、適材適所で人員配置されているか、権限委譲についてはどうか、人事制度はモチベーションを高める制度になっているかなどを詳細に調査する。

再生に向けて高い計画を掲げても、あるいは妥当性のある施策を策定しても、従業員は久しく昇給・昇格もなくモチベーションが下がっており、かつ高齢化でスキルの高いベテラン社員がどんどん退職していくということでは、計画の

達成は難しいということになる。

　つまり、経営資源、特にヒトに関する再生可能性の判断とは、このような事柄につき調査・分析を行い判断するということである。ヒトに関しては、特に経営者については十分分析することが肝要である。

③　モノについての視点

　製造業であれば、工場の土地・建物、機械等の生産設備、取扱製品などである。製品に関しては、在庫も含まれる。たとえば、工場は物流の観点から効率的な場所にあるかどうか、工場のレイアウトは生産性が上がるものになっているかどうか、機械設備は短納期、品質、費用面で最適な設備になっているかどうかなどを詳細にチェックする。工場が狭く、レイアウトが複雑で作業動線も長いということになれば、生産性の向上には限界があり、大幅な製造原価の削減を目論んでも無理ということになる。このあたりをしっかり実態を把握する。

　粗利益を増加させるためには、売上増加を図るか、製造原価を削減するかである。それには、材料等の仕入原価を下げることもあるが、生産性向上で製造原価を下げることが大きな課題となる。製造原価には労務費も含まれるが、モノに関しては製造現場を見て、設備能力等をチェックすることが重要である。このとき過剰設備でないかもよくみる。再生対象企業では、過去に過大な設備投資をしたが、稼働率が低くなっていることも多い。

　製品についても、製品数が多すぎて多品種少量生産で、段取り替えに多くの時間を要していたりして、非常に生産効率が悪いことがある。また、製品数が多いため在庫が多い、あるいは長期在庫が多いといった現象も見られる。再生対象企業では、モノについても多くの問題を抱えていることが多く、これらの改善による収益性向上についてもよく検討をする必要がある。

④　カネについての視点

　再生対象企業のカネについての視点については、債権者自身でよく把握している場合が多く、簡単に述べることとする。

　金融機関の担当者は、資金調達力ということで自己資本の内容、外部借入金の詳細、債務者区分、保証関係などを確認する。また資金繰りを把握することも重要である。再生対象企業の多くは、資金繰りに逼迫していることから、経営再建計画書作成段階および実行段階において、資金繰りで破綻することのないように十分な注意を払う。

⑤　情報・技術

　情報には、会計システムやＥＲＰなど情報システムや企業の持つ情報（仕入先情報、販売先情報など）のほかに、ノウハウなどもこれに含まれる。技術には特許などの知的財産や人に属する技能も含まれる。製造業でいえば、技術には開発技術もあれば、生産技術もある。また、生産方式や生産工程、営業基盤、販売力、小売業では接客サービスのスキルなども含まれる。

　したがって、情報・技術は結構広範囲にわたるものであるが、重要なことはこれらの情報・技術でどれだけ競合他社と差別化が図れているかである。あるいは今後差別化が図れるかである。特に情報・技術は無形財産であり、数値化が難しいのであるが、情報・技術の優劣によって再建計画の実行可能性に大きく影響を与えるものなので、十分把握することが必要である。

3.　定性分析と再生戦略

> **学習のポイント**
> ● 　外部経営環境分析の概要を理解する
> ● 　業界魅力度分析の手法および活用のポイントを理解する

（1）マクロ環境分析・ミクロ環境分析の着眼点

　外部経営環境分析には、マクロ環境分析とミクロ環境分析とがある。この分析の目的は、環境変化が個別企業の市場戦略にどのように影響してくるかを見るものである。それは、環境変化の中に機会と脅威を探り、事業領域の見直しとマーケティング戦略の再確立を図るために行う。

　マクロ環境分析は、ＰＥＳＴ分析と呼ばれることがある。すなわち、政治・法律的要因（Politics）、経済的要因（Economic）、社会・文化的要因（Social）、技術的要因（Technology）のそれぞれの英文の頭文字をとったものである。この４つの要因の特徴を整理することによって、環境変化が個別企業にどのような機会と脅威を与えているかを整理する。現在におけるマクロ環境の変化の特徴は、経済のグローバル化であり、産業構造、社会構造の急激な変化であろう。この２つの変化が個別企業の事業基盤を揺るがしていると言える。

　マクロ環境分析が、規制・税制などの法律の制定・改定、景気・為替・金利などの経済情勢、出生・死亡率などの人口統計、資源・公害・災害などの環境

問題、技術革新、価値観・ライフスタイルなどの文化等を対象にするのに対して、ミクロ環境分析は、業界規模・成長性・顧客ニーズなどの業界環境、寡占度合い・参入撤退障壁などの業界内の競合状況、新製品開発・他産業からの代替製品の参入などの製品動向、特許・技術動向等を対象にする。

（2）ミクロ経営環境の変化と事業再生戦略の展開可能性

マクロ経営環境の変化は、個別企業の事業戦略を規定する、競争条件、市場動向、業界構造に直接的に影響を与えている。この直接的に影響を与える外部経営環境をミクロ環境と呼ぶが、マクロ環境の変化がこれほどまでに個別企業のミクロ経営環境に直接影響を与える時代も珍しい。まさに構造変動の時代である。

したがって、個別企業の外部経営環境分析は、このミクロ経営環境分析を中心に行い、環境変化への対応戦略を検討していくことになる。ここで重要なのは、競争条件の変化、市場動向の変化、業界構造の変化がどのように進展しているかを具体的に把握することである。

（3）「業界魅力度分析」－業界内競争の特徴を把握する

ある業界に属する個別企業は、その業界内の他の事業者との競争を展開する。したがって、その業界全体の対象としている市場の規模が一定で事業者数も一定、そして特に革新的生産方法等が開発されない状況下では、競争は基本的には従来どおりである。競争条件が変わるということは、この安定的な条件が崩れることである。また、競争条件の変化を推し進める要因はこれだけではない。それは、その業界の取扱う製品・サービスに関係して取り結ぶ顧客との関係および原材料等の仕入先との関係がどのように変化するかによっても影響を受ける。また、新規参入者や代替品等の新製品・サービスの登場もこの安定的な競争条件を崩すことになる。

米国の経営学者マイケル・ポーター教授は、こうした個別企業が属する業界の競争条件の分析を通じて、その業界の収益性が好転する方向になるか、それとも悪化する方向になるかを予測し、その業界内の既存業者の競争戦略のあり方および新規参入にあたっての参入戦略のあり方を示唆した。これを一般には「業界の魅力度分析」と呼んでいるが、マイケル・ポーター教授によれば、この業界の魅力度は、次の5つの力によって決定されるとする。

・新規参入者の脅威

・業界内の競合の度合い

・代替品の脅威

・買い手（顧客）の交渉力

・売り手（仕入先）の交渉力

　従来は、個別企業の競争条件は、直接的に競合している企業との競争優位性の度合いによって収益性の良し悪しが決まると考えられていた。しかし、マイケル・ポーター教授は、さらに広い意味での競合、つまり業界外からの力もその業界の競争条件を規定し、収益性に大きな影響を与えることを明らかにしたのである。

　新規参入者が多くなる。これまでの製品機能を高度化するような製品が登場する（算盤から電卓、レコードからＣＤ等）。すなわち代替品の登場。顧客からは値下げを要求される、付加的サービスを要求される等の顧客側の要求に強く対抗できない。仕入先からはこの価格でないと売れないという強い姿勢が示されるが、これに十分対抗できない。そして、業界内においては、それまでの市場の成長が止まり成熟化する、あるいは衰退し始める、扱っている製品・サービスも差別化が難しい、購入する先を変えることにコストがかからない、すなわち切替えコストが低い、業者数もそれほど変わらない等々の業界にあっては、その競争条件は熾烈を極める。

第4節
再生可能性の判断と再生方針

1. 事業再生と企業価値、キャッシュフロー

> **学習のポイント**
> ● 再生可能性の判断は、最終的には企業価値の判断にほかならない
> ● 再生可能性の判断は、計上されるキャッシュフロー及び収益によって
> 判断される

（1）再生可能性と企業価値

　再生可能性の判断を何によって行うべきか、この最終的な判断の拠り所を何に求めるかということであれば、それは「企業価値」を判断することだといえよう。

　企業は、その営業活動として様々な「個別の事業」を行っており、それらの個別の事業ごとに、将来のキャッシュフローから得られる収入をベースとして、現在価値を算定したものを一般には「事業価値」と呼び、個別の事業価値の集合に内部留保（営業には直接関与しないが、企業の財産として不動産や有価証券の形で保有されているもの）を加えたものを「企業価値」と呼んでいる。企業の財産の状況は決算書の貸借対照表で表されているが、簿価ベースではこの事業価値も企業価値もわからないので、財務デューデリジェンスを実施して時価ベースに直し、無形の資産を含めて評価をしなければ真の企業価値を求めることはできない。

（2）キャッシュフローと収益の総和

　こうして求められた企業価値と現在の負債を比較して初めて、この企業に将来に亘っての返済能力があるのか、再生可能性があるのかどうかの判断が可能となるのである。そして、企業価値が将来企業の生むキャッシュフローの総和に依存することを考えると、「再生可能性を判断する」とは、簡単にいえば、「返済可能キャッシュフローの改善および実質債務超過解消を果たすために十分な収益を今後安定的に計上できるかどうかを判断する」ということに他ならない。

　一方で、いわゆる再生対象企業がキャッシュフローおよび収益を計上するこ

とは非常に難しい状況であるともいえ、社内外に多くの課題を抱えていることが多い。

　そこで、取引金融機関としては、財務及び事業等に関する現状把握（以下、「デューデリジェンス」という）を対象企業に実施することによって、そのキャッシュフローおよび収益の計上を阻害する要因などを明らかにし、当該阻害要因を除却し、改善施策を含む事業計画を作成させる必要がある。

■ 2．デューデリジェンスのタイプ・目的

> **学習のポイント**
> ● 再生可能性の判断で重要となるデューデリジェンスについて理解する
> ● 事業デューデリジェンスのポイントについて理解する

（1）再生可能性判断で重要となるデューデリジェンス

　再生可能性の可否を判断する局面、特に、債務者企業の収益につながるＰ／Ｌの再生可否の検証が主眼にある場合には、再生企業が抱えた有利子負債の返済について、相当程度の確実性が備わった計画が描けるかどうかがポイントとなる。そのためには、対象企業のおかれた現状をきちんと把握する必要がある。

　①　**事業デューデリジェンス**

　こうした確実性の備わった計画に対する事業デューデリジェンス（以下、「事業ＤＤ」）は、主に以下の観点から整理する。

　　ア．分析対象となる事業区分の整理

　　イ．企業をめぐる外部環境分析

　　ウ．事業区分毎の外部環境分析

　　エ．事業区分毎の主要業績評価指標及び管理体制分析

　　オ．事業区分毎の収益性分析

　　カ．事業区分毎のＳＷＯＴ分析

　　キ．計画策定に際しての前提条件及び変動要因の分析

　　ク．その他分析との連動（財務、法務、税務等）

　②　**潜在力に関する実態把握**

　潜在力に関する実態把握も事業ＤＤの一環として行われることが多いが、債務者企業の収益力が改善するか否かという観点から分析することが重要であ

る。

ⅰ）ＳＷＯＴ分析

　債務者企業の潜在力を測る場合の手法の一つとして、ＳＷＯＴ分析を用いることが多い。債務者企業全体もしくは事業毎にＳＷＯＴ分析を行うことにより、強み・弱み・機会・脅威を把握し、ＳＷＯＴそれぞれの分析結果の組み合わせによって、改善余地を検討することができる（ＳＷＯＴ分析については、第1章第2節4.(5)参照）。

ⅱ）市場におけるポジション分析

　地方の中小企業、しかも再生対象企業を対象として市場におけるポジション分析を行う場合であっても、都道府県で作成している統計データや、地域における業界団体が作成している統計データを参考に市場における競合他社とのポジション分析を行うことが有効である。

　かかる分析によって、当該企業を存続させるべき企業であるのか否か、という観点への検討材料を提供することが可能となる。

ⅲ）業績評価指標の分析

　再生対象企業において、特にＰ／Ｌ再生の観点から業績評価指標を分析する場合には、売上総利益率、売上高営業利益率等の対売上高との比率を分析することが重要である。

③　事業阻害要因に関する実態把握

　潜在力に関する調査及び分析とは異なるが、事業阻害要因の分析は以下のようなアプローチで行われることが多い。

ⅰ）ＰＥＳＴ分析

　一般的な事業阻害要因の分析の切り口ではあるが、財務の観点からは財務ＤＤの結果を受けて、様々な事業阻害要因も明らかになるというように、ＰＥＳＴという観点も併せて、その他の実態把握との関連性から事業阻害要因を整理することも重要であろう（ＰＥＳＴ分析については第1章第2節2.(9)参照）。

ⅱ）その他事業リスク要因の洗い出し

　事業ＤＤにおけるＳＷＯＴ分析の観点から、弱みや脅威といった切り口として、その他の事業リスク要因が判明することもある。

④　その他の実態把握

　債務者企業の状況を俯瞰して、あらゆる側面からの実態を把握するためには

他分野でのＤＤ結果を総合的に勘案し、検討することが重要である。

ⅰ）財務ＤＤ

　事業ＤＤにおいては過去の正常収益力および正常なキャッシュフローの分析を行うことが重要である。かかる分析結果と、特に財務ＤＤで行われる実態純資産（実質債務超過の内容を含む）の分析とを組み合わせて、さらに分析することによって、将来に向けての財務再構築に向けたスキーム検討に向けての有用な検討資料を提供することになる。

ⅱ）法務ＤＤ

　法務ＤＤは案件の大小、業種業態に応じて程度の差こそあるが、事業ＤＤとの関連では収益力に影響を及ぼす契約上の懸念事項等の有無などについて、議論を深めることが重要である。

ⅲ）税務ＤＤ

　主に、将来の事業計画を策定することを視野に、過去の税務上の繰越欠損金の利用可能性、過去の組織再編税制の取扱い状況、将来に向けてのタックスプランの構築等に向けての調査となるが、税務上の繰越欠損金が使用できない場合には、将来のキャッシュフローに重大な影響があるため、懸念が少しでもある場合には組織再編等に詳しい税理士に助言を求める必要がある。

（2）その他ＤＤの位置づけ

　その他ＤＤ（例えば、設備や知財等）は事業ＤＤの補完的な関係から行われることになるが、とりわけ設備に関するＤＤについては、特にホテル・旅館業などの事業用資産が主な収益を生み出す業種については、設備投資の巧拙によって将来収益およびキャッシュフローに影響を及ぼすので注意が必要である。

3.　実態把握による再生可能性判断

学習のポイント
- 事業デューデリジェンスの着眼点・具体策を理解する
- 事業収支の改善可能性を検討する際の着眼点・具体策を理解する
- 事業阻害要因の着眼点・具体策を理解する

（1）事業デューデリジェンスの着眼点・具体策

① 事業ＤＤの意義

　対象企業の再生可能性判断の局面における事業ＤＤの意義は、経営再建計画を描くための判断に資する情報提供を行うことにある。すなわち、将来数年間に亘って、まずは営業利益および営業キャッシュフローが計上できる余地があるか否かといった観点であり、最終的には税引後当期純利益およびフリーキャッシュフローが計上できる余地があるか否かということに行きつく。

　しかし、税引後当期純利益といっても、売上高から売上原価、販売費及び一般管理費、営業外収益、営業外費用、特別損益項目など構成要素は多岐に亘り、それは財務数値以上に企業活動に起因するものであるから、税引後当期純利益といった最終利益が出るかどうかという観点は企業活動全般を洗い出して、定量的な事象及び定性的な事象について分析した上で、財務数値にどのような影響を及ぼすか否かについて十分検討する必要がある。

② 単一事業か複数事業か

　また他方で、対象企業が単一事業を営む会社であれば、その単一事業だけを分析すればよいが、その会社が複数の事業を営んでいれば、当然、事業の数だけ分析しなければならないので注意が必要である。

　その際には、会社内部に事業毎の損益を分析するデータがなければ分析できないことになる。また、そのデータが財務データと連動していれば望ましいが、管理面のみに着目したものである場合には必ずしも財務データとは連動せず、分析結果の信憑性、特に利益およびキャッシュフローの改善可能性については慎重に分析しなければならないことになろう。

③ 分析に向けての事業区分定義

　分析に向けての事業区分を定義するに際しては、過去から対象企業において展開していた事業もあれば、直近で廃止もしくは廃止予定の事業もあろう。その際には、それぞれの事業について、会社においてどのような位置づけにあるか十分ヒアリングしておく必要がある。

　また、将来に向けて債務者企業が統廃合を含めた事業区分の見直しを行おうとしている場合には、当該区分変更の方向性についてヒアリングを行い、間接経費の削減余地の有無等について十分に把握する必要があろう。

④　**事業区分毎の業務プロセス及び収益性分析**

事業区分毎の業務プロセスを十分に理解した上で、事業毎に過去および直近時点における収益性の分析を行う。この分析により、事業区分毎の大まかな収益性を把握することができる。この際に間接経費の発生状況を十分に把握することはもちろんのこと、仮に赤字の事業がある場合には当該赤字事業から撤退する場合に、仮に撤退したとしても発生し続ける費用がどの程度あるのかについては当然に把握しておく必要がある。

⑤　**事業区分毎の業績評価指標分析**

事業区分毎の業績評価指標をそれぞれ分析する必要がある。例えば、売上高総利益率は一般的に「売上総利益／売上高」として分析できるが、その比率がどのような要因によって変化するか、また、売上原価はどのような要因によって増減するかについて十分調査しておく必要がある。このような業績評価指標の分析が再建計画を策定する場合に重要な要素となる。

⑥　**事業区分毎の内部環境分析**

事業区分毎の内部環境を分析する場合には、それぞれの業務プロセス毎に分析する必要がある。例えば製品加工業であれば、通常のプロセスとして、仕入→加工→販売→配送というプロセスがあるが、それぞれのプロセスにおいて経営資源がどのように使用されているかについて調査し、収益およびキャッシュフローの改善余地の有無について分析する。

⑦　**事業区分毎のＳＷＯＴ分析**

事業区分毎に弱み、脅威を把握し、事業計画上において、どのようにそれらを克服するかといった観点からＳＷＯＴ分析を行い、対策を講じる。

⑧　**業績評価指標の検討**

事業区分毎に収益性を分析したのちに、最終的に計画上における売上高をどのような方針で設定するかを決定する必要があるが、事業毎に計画策定に際して留意しなければならない業績評価指標があるはずである。

複数の事業区分であれば事業区分毎に、例えば単一事業かつ製造業であるような場合には製品毎に、計画段階で粗利率等の業績評価指標について検討しておくことが計画実行後のモニタリングを見据えると重要である。

⑨ 経営再建計画（売上高から営業利益まで）のモデル作成と関係者の目線
合わせ

この段階になると、大まかな事業計画の策定に向けた課題や、計画自体の全
体像が見えてくる。その際に、（実質）債務超過解消年数及び債務償還年数を
どのようにデザインするかについて、関係者と協議し、検討事項について漏れ
のないようにしておく必要がある。

⑩ 事業区分毎の損益分岐点分析

事業区分毎の損益分岐点分析をあらかじめ実行しておくことで、計画策定時
に目標とすべき売上高を実際にどの程度達成すれば固定費削減が実現可能かと
いった観点から固定費削減の必要額を検討することが可能となる。

（2）事業収支の改善可能性を検討する際の着眼点・具体策

当該企業の再生可能性の判断において、事業収支の改善可能性に関する調査
を行う際には、外部環境分析として市場におけるポジション分析を行うこと、
競合他社との比較においてベンチマーク分析を行うことが考えられる。また、
内部環境分析としてビジネスプロセスの分析を行い、バリューチェーンに関す
る分析を行い、主に経費削減余地がどの程度あるかについて調査を行うことに
なる。

① 市場におけるポジション分析

大企業であれば、5 Force分析（第1章第2節4.(2)参照）などを行うので
あるが、地方の中小企業、しかも再生企業を対象として市場におけるポジショ
ン分析を行うことは容易ではない。

例えば、地方の結婚式場業を展開する企業にとって、市場におけるポジショ
ンは都道府県の一定地域における結婚式施行数であろう。この施行数を会社毎
に分析することによって、業界特性、順位に裏付けされる戦略の相違を知るこ
とができるし、そのような分析結果を総合的に検討することによって、例えば、
順位を上位に引き上げるための要素は施行単価なのか、サービスなのか、施行
施設の利便性なのかについてさらなる分析を進めることができるだろう。

② 競合他社分析

債務者企業にとって潜在能力があるか否かについては、まずは競合他社との
比較の視点で考えてみる。特に、競合他社の基礎となる指標であったり、財務
指標を比較することにより、業界特性の把握ができたり、債務者企業自らの強

み、弱みを分析することができる。

③　P／Lの観点から業績評価指標を分析

債務者企業において、特にP／Lの観点から業績評価指標を分析する場合には、以下の指標を分析することが重要である。（一般的な定量分析の指標については、本章第2節4.参照）

ⅰ）売上総利益率

例えば、百貨店業においては、食料品の粗利率は低く、衣料品その他の粗利率は高い。例えば、昨今の景気低迷状態において、婦人向け衣料品の売上が不調であったとする。相対的に食料品の売上に占める割合が高くなるために、総じて粗利率は若干低くなる。また、食料品の売り場を改装して、食料品の売上高が改善すると、相対的に食料品の売上高が割合として上がるので、全体の粗利率は若干低くなるかもしれない。ただし、食料品売り場の改装による逆シャワー効果が期待でき、他の階層の売り場の集客が改善したり、食料品売り場の粗利額が改善するなどの効果が見込めたりするのであれば、客離れに歯止めをかけることができるかもしれない。

将来の潜在能力として、その地域における百貨店において顧客ニーズがどのあたりにあって、顧客ニーズを満たすことによりどの大分類項目の商品売上高を改善できるか、全体を俯瞰した方向性として売上高の下落に歯止めをかけたいのか等、の観点から分析すると、潜在的にどの分野に投資をして、売り場を改善しなければならないかを明らかにすることができる。

ⅱ）売上高営業利益率

どの業種にも共通するが、売上高営業利益率を3％達成するためには、現状のような売上の改善が見込めない景気停滞期においては、売上高の改善による営業利益率の改善よりも、販売管理費の比率を3％下回るように様々な工夫をしなければならない。すなわち、粗利率が20％であれば売上高販売管理費比率は17％に、粗利率が10％であれば売上高販売管理費比率は7％にしなければならない。

これは当り前の話であるが、それが再生対象となる債務者企業においてはできていないことが多いのではないだろうか。その意味で、どの企業も潜在的に売上高営業利益率を3％達成することは可能であり、改善余地を発見するためにビジネスプロセスをさらに分析し、事業収支を組成しなおさなければならな

い。

④ コスト構造分析

ⅰ）対売上高比率

　企業の潜在力、特に利益が出るか否かといった観点での潜在力を調査する場合には、やはりコストの観点から分析するアプローチにならざるを得ないが、この場合の分析指標としても対売上高を用いることが多い。

　売上高に対する売上原価、売上総利益、販売費及び一般管理費の比率を分析することにより、再生企業が抱える問題点、業績評価指標の所在を明らかにすることができる。

ⅱ）販売費及び一般管理費の分析

　再生対象企業においては、コスト構造を分析することにより、利益の改善に向けての潜在力の有無を分析することがまず行われるべきであろう。現状の景気状況下において売上高についてはそう簡単に増加させることはできないからである。

ア．人件費

　売上高人件費率の適正な範囲は業種により異なるが、まずは可能な限り同業他社における売上高人件費率と比較検討することで、当該企業における課題が見えてくることが多い。

イ．外注費

　債務者企業においては、外注費を安易に計上しているケースも多い。業績が比較的好調な時期に生産能力が足りずに、やむを得ず外注先を使っていたが、その後、生産能力が足りているにもかかわらず、惰性で外注先を使い続けているケースである。

　外注先に対して、どのような仕事をどのような理由で外注しているのかを改めて棚卸しすることで、内製化した場合の費用削減余力を分析することができる。

ウ．物流費

　物流費についても、長年見直しを実施していないケースがあるのではないだろうか。既存の物流会社ではなく、新規の物流会社に対して物流コストの削減提案をさせることで、既存の物流会社との比較検討を行うなどの工夫が必要である。

エ．賃借料

　債務者企業において、従業員の見直し等により人員の削減が進むことによって、従業員一人当りのオフィススペースが無駄になってくる場合もある。従来から外部と契約してオフィススペースを賃借している場合には、見直しの契機である。

　また、小売流通業において駐車場を賃借しているような場合に、駐車場の有効利用に関する調査を改めて行うことにより、駐車場にかかる賃借料の削減につなげることが可能となろう。

（3）事業阻害要因の着眼点・具体策

①　ＰＥＳＴ分析

　事業阻害要因に関するＤＤは、一般的に外部環境分析の一環として行われる。事業阻害要因とは、例えば、外部環境の中でも規制が強化されたりすることで、既存のマーケットが縮小してしまうような場合を意味する。かかるＤＤの分析手法としては通常、ＰＥＳＴ分析が用いられる（第1章第2節4.(9)参照）。

②　事業阻害要因

　既に再生局面であることから、過去の経営判断を原因とした事象そのものが自らの事業阻害要因になっていることもあるが、場合によっては別の観点で調査検討する必要がある。例えば、以下のような事象が考えられる。

ⅰ）過去に増設した工場等

　過去の景気動向、過去の業績推移から、将来に向けて需要が拡大すると予測し、既存の工場以外に別の新工場を建設したり、機械を増設したりしたが、結局、予測どおりの景気動向、業績推移とならず、過剰設備となるケースは多々あることである。

　しかし、過剰設備であり不採算となってしまった工場であるからといっても、いったん進出して建設した工場を撤退するには相当のコストが見込まれる。そのため工場の撤退という判断は、再生対象企業が将来計画を策定し、存続を図るといった観点からは阻害要因になる場合もある。

ⅱ）海外進出の見直し

　債務者企業が国内におけるコスト増を回避するために、人件費等の安い海外に進出することは必ずしも誤った経営判断ではない。しかし、国内の自企業のモニタリングすらできていない状況の中で、海外の子会社までモニタリングで

きないといった理由で、撤退を検討する企業は少なくない。

撤退が容易な国であればよいが、もともとの進出時の契約によっては撤退に際して莫大な撤退コストを支払わなければならないこともあるため、留意が必要である。

iii）過去に導入した人事制度

過去に業界内で総合設立型の厚生年金基金を組成し、その基金に加入しているような場合がある。昨今の株価低迷等により、基金の運用がうまくいかず、含み損を抱えているような場合も少なくない。かかる基金に加入している場合で、月々に支払う掛け金が資金繰りの重荷になるようなケースでは撤退を検討することになるが、撤退に際しては含み損を穴埋めするための特別掛金を支払わなければならないこともあり留意が必要である。

iv）過去に導入したITシステム

将来の拡大する業務を見越してITシステムを整備し、決算などの開示書類の早期化、管理会計の精緻化を目指してERPシステムの導入を企図することは正しい経営判断である。しかし、結果的に業務が拡大しない場合には過大な投資となることがある。途中までにある程度多額の投資をしたにもかかわらず、資金繰りが逼迫し、ERPシステムの完成に至っていない場合には、あきらめるか、もしくはある程度の追加投資をしてまでも完成にこぎつけるかの意思決定が必要である。

（4）その他DDはどのような観点から行うか

その他DDは事業DDの補完的な関係から、また事業DDも他のDDを補完する意味で、業種・業態・規模に応じて実行することになる。

① 財務DD

かつて、一時期の事業再生においては、B／S調整アプローチが重視されがちで、潜在的な純資産調整を中心に議論した後に、いかにして結果として算定された過剰債務を圧縮するかという議論がなされたが、かかる議論がなされた時期は今ほどに景気動向が悪化しておらず、比較的P／Lが描きやすく、キャッシュフローによる弁済の絵姿が描き易かった。

しかし、昨今は、いかにしてP／Lを再構築するかという観点から、まず過去の損益状況及びキャッシュフローの状況を詳細に分析し、過去の傾向を踏まえた上で、改善施策の効果を織り込んで再構築したP／Lからどれくらいの利

益及びキャッシュフローが創出でき、（実質）債務超過の解消もしくは債務償還年数の改善にいかに寄与するかという点を重視している。したがって、再生対象となる債務者企業の窮境原因を分析し、（実質）債務超過の内容を把握し、過去の損益状況を把握するために財務データを過去に遡って分析する財務ＤＤは事業ＤＤの基礎的資料を提供するものである。

②　法務ＤＤ

法務ＤＤは事業ＤＤとの関係においては、主に潜在的な事業阻害要因になるような事象を法的な観点から調査するという観点から、補完的な関係にあるといえる。

例えば、以下のような観点がある。

ⅰ）過去に提起された訴訟事件に関する見通し

財務ＤＤにおいては訴訟債務などの偶発債務の有無を調査する観点から法務ＤＤを参考にすることが多いと思うが、より具体的にかかる偶発債務が顕在化することで、財務面に対する影響が大きく、事業の存続可能性について大きな影響を及ぼすような論点である場合には、事業ＤＤ上も事業阻害要因の一つとして報告の対象となろう。

ⅱ）許認可関係

事業を継続するに際して、許認可の維持継続が必要な場合で、一定要件が顕在化することで、その許認可が認められなくなるケースである場合にも、事業阻害要因として事業ＤＤの報告対象となろう。

特に、過剰債務を解消する方策として事業譲渡、会社分割などの手法を使う、いわゆる第二会社方式を採用するような場合には、許認可の第二会社への移転が可能であるか、再度取得しなければならないのか、といった観点から重要な要素となる。

ⅲ）過去に締結した賃貸借契約

人員削減に伴い、オフィススペースの削減を検討する場合には、過去に締結した賃貸借契約を検証する必要がある。賃貸借契約書上において、即時解約の場合には違約金を支払わなければならない場合もあり、債務者企業の資金繰りが必ずしも潤沢でない場合には、事業存続に際し重要な影響を及ぼすためである。

ⅳ）Change of control に関する事項

　既存経営陣が経営責任を問われ退任する場合であるとか、第二会社方式において経営支配権が既存株主から別の新しい株主に移管される場合においては、「それまでの取引条件を一切見直す」という条文が散見されることもあり、留意する必要がある。

③　税務ＤＤ

　税務ＤＤは、以下の観点から事業ＤＤの補完的な位置づけになるばかりでなく、事業ＤＤの後で必要となる事業計画策定の段階でも重要な位置づけとなる。

ⅰ）税務上の繰越欠損金の利用可能性

　事業ＤＤの結果等を踏まえて事業計画を策定する際に、税務上の繰越欠損金が法人税申告書別表（七）に残高として残っているという事実をもって、当面の法人税支払いを回避できると想定するのが通常である。しかし、税務ＤＤの結果、寄付金となる可能性のある取引があり、その取引にかかる金額が多額である場合には、税務上の繰越欠損金の存在が否認されるおそれもある。こうした税金の流出が事業存続に影響を及ぼすような場合には再生スキームの再検討が必要となるので留意しなければならない。

ⅱ）過去に行った組織再編の税法上の適格性

　債務者企業が過去に合併・会社分割等の組織再編を行った場合には、いわゆる組織再編税制上の取扱いを確認する必要がある。例えば、特定資産に関して、事業計画上短期間で売却するような取扱いになっているような場合で、譲渡に際して生じる損失を税務上の欠損と見込んだタックスプランを検討している場合には、当該損失が損金の額に算入されない可能性があり、将来、想定外の税金の流出が顕在化する可能性に留意する必要がある。

④　設備に関するＤＤ

　事業計画を策定する過程において、過去に導入して相当古くなってしまった様々な設備の更新により、人件費、物流費等、その他の管理費の削減につなげるといったケースも想定される。また一方で、既存の設備を廃棄して、一方の設備に生産能力を統合することで、人件費等を削減するといったケースを検討することもある。

　設備に関するＤＤを行うことで、設備に関する生産能力、現状の操業度、要している人員数等を分析することができるため、設備のあり方次第で、どの程

度人員削減ができるのか、賃借料の削減につながるような設備スペースの削減
をどの程度できるのか、といった検討ができる。

▌4. 金融・資金繰り支援方針

（1）P／L再生を前提とするリスケジューリング

　P／Lの再生を前提とするリスケということは、あくまでも債務者企業が金
融債務のリスケで当面は資金繰り対応が可能であるという前提がある。すなわ
ち、リスケで金融債務の返済額を一定程度緩和することにより、対象企業は事
業継続が可能であるということが疎明できることと同義である。

　したがって、金融機関は債務者企業に対して、リスケによりP／L再生が可
能であることが疎明できる合理的かつ実現可能な事業計画を徴求または策定支
援しなければならない。

　その上で、金融機関においては、例えば以下の観点から事業計画を査定する
こととなろう。

　ア．当該企業がリスケを依頼するに至った経営、原因

　イ．当該経緯もしくは原因を払拭するための施策の内容

　ウ．イ．の施策が具体的な金額として定量化されているか

　エ．ウ．の具体的な収益改善額および資金面での改善額が事業計画（B／S、
　　　P／L、キャッシュフローもしくは資金繰表）にどのように織り込まれ
　　　ているか

　オ．エ．の資金繰表は先行き6カ月程度の日繰り展開されたものを前提とし
　　　ているか

　カ．エ．の事業計画は返済計画と整合した無理のない計画となっているか

　キ．金融機関間の返済方法との間で平仄はとれているか

　ク．将来の改善余地はどの程度見込まれるか　等

　対象企業は上記ア～クの事項のほか、必要に応じて設備投資の必要性、業種
上季節的にどうしても必要な資金の有無なども併せて検討する。

（2）債権放棄・DES・DDSとP／L再生の関係

　債権放棄・DES・DDSなどの金融支援はいわゆる外科手術であり、P／
L再生に適合するか否かという問題とは別次元で検討すべき問題である。つま
り、まずは「P／L再生により現時点の有利子負債が全て返済できるのか」と

いう観点で考える。次に、「Ｐ／Ｌ再生によりどの程度のキャッシュフローが拠出できれば、現時点の有利子負債がどの程度返済できるのか」という観点で考える。

さらに、例えばメインバンク等の一部の金融機関が一定額の有利子負債を劣後化することで他の金融機関の融資継続が容易になるような場合はＤＤＳ、許認可事業等であるために所轄官庁による財務比率の水準維持が事業継続の論点となり、メインバンク等一部の金融機関による有利子負債の一時的な支援が必要である場合にはＤＥＳ、メインバンク等残高上位の金融機関の有利子負債のうち非保全部分の支援をもってしても返済が困難であり過剰債務であるような場合で、かつ、民事再生法に移行するよりも経済合理性が認められるような場合には私的整理による債権放棄が行われるであろう。

このように、債権放棄・ＤＥＳ・ＤＤＳなどの金融支援はＰ／Ｌ再生によるキャッシュフローの積み上がりの程度による過剰債務の改善度合との関連を整理することによって選択される。

（3）再建計画期間における資金繰り確保プラン

再建計画期間中にいかにして資金を確保するかは重要な課題である。企業の財務内容、特に資金繰り状況によって内容は異なる。

①　自助努力

債務者企業が再建計画を実行する段階に入っている状況においては債務者企業が金融機関に提出した事業計画、特に資金繰計画どおりに実績が計上されていれば資金は順調に回っているはずである。以下の施策は再建計画に織り込まれていると思うが、改めて確認しておきたい。

ⅰ）収益増加施策

再建計画実行期間中にいきなり収益増加施策を講じるといっても、即効果が顕在化するかというと難しい面があることは否めないが、社長以下によるトップセールスによって営業施策を見直すことも重要である。急に、明日から効果が出ないにしても、季節変動、顧客動向を先読みして、数カ月先であっても効果が出るような工夫を講じることは可能である。

ⅱ）固定費の削減

即効性の高い施策として、賃借料の引き下げ交渉、水道光熱費の節減、外注の内製化による外注費の減額、一人三役を実行するような人事施策、パート・

アルバイト等の人件費削減等、やるべきことをしっかり実行できているか否かについて改めて確認する必要があろう。

iii）遊休資産・金融資産の売却

遊休状態になっている土地、建物の有無、上場株式など売却可能な金融資産の有無等、多少損失が出るとしても、資金繰り上プラスになる施策を実行しているか否かを確認する必要がある。

②　ＤＩＰファイナンス

上記の自助努力をもってしても足りないような状況に陥ることがある程度予測できる場合には、保証協会等の保証を確保したり、もしくは在庫などの動産を担保としたりすることによるＤＩＰファイナンスを検討することにより、運転資金を確保し、資金繰りを回していく必要がある（ＤＩＰファイアンスについては、第5章第2節6.参照）。

（4）Ｐ／Ｌ再生とスポンサーからの出資可能性

Ｐ／Ｌ再生ではスポンサーからの出資可能性が高いかという観点であるが、相当程度の条件面が整うことが前提になるものと考えられる。

①　事業自体の将来性

事業、財務両面の意味合いでのスポンサー候補は、まさに財務及び事業、法務その他のＤＤを適切に実行した上で、事業参画もしくは資本参画を決定するはずである。

かかる観点において、まずスポンサーとしての観点から最も重要なのは、総合的な観点からの事業自体の将来性に尽きる。スポンサーが事業会社である場合には、当該事業会社の経営資源および事業計画と対象企業における経営資源との融合という観点から、すなわち、事業会社において相乗効果が発揮できるか否かという観点から、対象企業の事業全般がまず魅力的なものであるか否かが重要である。

②　財務内容の健全性

財務内容の健全性はスポンサーにおける財務ＤＤによって明らかになるところであろう。財務内容に全く懸念がなければ、通常のＭ＆Ａの観点からの各種ＤＤもあり、企業価値の算定を経て、売り手及び買い手の立場からの株式価値もしくは企業価値に関する交渉プロセスに移行するのであろうが、Ｐ／Ｌ再生が論点になっている会社のスポンサー出資であるから、一般的には何らかの問

題点が内在していることが多い。

仮に過剰債務であったり、従業員の退職金制度に課題があったりするような場合には、事業譲渡もしくは会社分割による事業自体の切り分けの提案があるかもしれない。やはり、スポンサー出資である以上は、出資部分が当初から毀損するような企業への出資はスポンサー側の株主責任等の問題意識から許されるわけもなく、財務内容が健全な状態でなければ出資は受けられないことを前提として考える必要があろう。

③　事業収益の十分性

事業ＤＤの結果、スポンサー及び対象企業相互間においてビジネス上の改善点について情報を共有することになる。スポンサーが収益拡大策もしくは経費削減施策により事業収支の改善の余地があり、キャッシュフローがある程度見込めるといった心証が得られた状況であれば、スキームはともかく出資の可能性は高まるのではないだろうか。

④　事業によるキャッシュフローの十分性

事業収益が十分見込めると同時に、将来の事業継続に際して、どの程度の設備投資が必要か否かによって、いわゆるフリーキャッシュフローの見込みが異なる。例えば、対象企業において、将来のビジネス展開が魅力的であり、事業計画上もある程度の収益が見込めたとしても、現段階において事業毀損が進んでおり、設備投資にかかる資金が莫大であれば、出資額の将来回収に不安をきたす結果となる。

通常のM&Aにおいては、いわゆる投資ファンドによる評価はEBITDA倍率等の指標で検討が進むこともあるが、再生企業への出資となれば具体的には資金繰りへの懸念も少なくはないために、営業利益・フリーキャッシュフローがどの程度捻出できるかという事業性の観点が重要となる。

第5節
再建計画書と再生可能性の判断

1. 再建計画書の審査と再生可能性の判断

> **学習のポイント**
> ● 債務の負担軽減の申込みがあった場合は、経営再建計画が実現可能性のある、抜本的（合理的）な内容になっているか否かを中心として審査を行うことが求められる
> ● 金融検査マニュアルの中小企業の経営再建計画に関する取扱いについて十分理解して対応する必要がある
> ● 基本的には売上高増加に過度に依存しない計画が必要となるため、短期的、中長期的なコスト削減、特に費用・原価低減計画が重要となる
> ● 資金繰表を作成しない企業が多いが、その重要性をよく理解してもらう必要がある

（1）経営再建計画審査の必要性

　2009 年 12 月に「中小企業金融円滑化法」が施行され、金融機関は中小企業者等から債務の負担の軽減の申込みがあった場合には、できる限り、返済猶予や金利減免といった貸出条件緩和に努めるという努力義務が課された。同法は、13 年 3 月末で期限切れとなったが、金融機関は引続き条件変更等の経営支援をしていくことが要請されている。

　しかしながら、中小企業等に貸出条件緩和等の金融支援を行うことは必要であるにしても、当該支援が一時的な延命策となり結果的に倒産した場合は、金融機関の当該中小企業に対する支援は損失の先送り・損失の増加の先送りという問題を残すのみとなり、単なる延命によって益するものはない。

　したがって、中小企業者等から債務の負担の軽減の申込みがあった場合、金融機関としては、返済猶予などの貸出条件緩和によって当該中小企業者等が経営再建する可能性の有無を見極めたうえで、対応の可否を判断しなければならない。すなわち、支援対象とするか否かの妥当性および再建計画を策定できるか否かの妥当性の審査・検証が欠かせない。

ところで、返済猶予などの貸出条件緩和を行っても不良債権（要管理先）に認定しない基準として、監督指針に規定されている「実現可能性の高い抜本的な経営再建計画」（実抜計画）、旧金融検査マニュアルに規定されていた「合理的かつ実現可能性の高い経営改善計画」（合実計画）の策定があげられる（旧金融検査マニュアル〔別冊〕において、中小・零細企業が策定する「合実計画」は、中小・地域金融機関向けの総合的な監督指針の中で謳われている「実抜計画」と同義である旨指摘されていた）。

したがって、金融機関が貸出条件緩和や返済猶予を申出る中小企業についてその妥当性を判断するにあたっては、その経営再建計画が実現可能性のある、抜本的（合理的）な内容になっているか否かを中心として審査することが求められることになる。以下では、その留意点について解説する。

（2）合理的かつ実現性の高い経営改善計画

① 売上高の計画

一般的に事業計画は、とにかく売上高を増加トレンドで計量しがちなものである。これは、高い目標を掲げ売上マインドを扇動させてようやく前年並みか若干プラスの結果を得るというのが現実だからである。しかし、経営再建計画における事業計画は、当該計画をベースに資金繰表が作成され、その資金繰表をもとに各金融機関へ当該年度の借入申出へと繋がるものとなる。したがって基本的には売上高増加に過度に依存しない計画が必要となる。

経営再建計画における売上については、直近の足下実績と前年の実績を見て、場合によっては下降傾向で計量するくらいの思い切ったものが望ましい。商品ごとあるいは部門ごとにマーケット全体の量とシェア、市場・顧客軸での売上の構造展開、あるいは直近の売上実績に過去数年間のトレンドをかみ合わせ、低めで前年を下回るような掛け目をかけて設定する方法や、第三者の観点から「固めで、計画を下回ることはまず考えられない」といえるような説得力ある具体的な根拠を示すことがポイントといえる。この設定を間違えると、そもそもの計画の実効性が担保されないこととなる。

事業計画で最初に注目されるのが売上高である。この設定スタンスを見れば、当該計画の中身の厚さが透けて見えるといえるだけに大切である。

② コスト削減計画

上記のとおり、経営再建計画は売上高に過度に依存しない計画が基本方針と

なるだけに、重要となるのが聖域を設けない短期的、中長期的なコスト削減である。特に費用・原価低減計画は収益を左右し、そもそも事業存続の意味が問われる肝心な部分といえる。

コスト削減計画のポイントとしては、以下のような項目が挙げられる。

ア．事業環境の変化を織り込んで販売計画と整合性がとれているか

イ．楽観的なコストダウン計画になっていないか

ウ．改善効果実現の時間軸を考慮しているか

エ．オペレーション・業務改善は徹底的にやり尽くされているか

オ．取引先のバリューチェーンのなかでコアになる機能は何なのか、そしてそれに即した費用・原価の特徴は何か

以上に加え、不要な資産の売却をも織り込む必要があろう。一方、事業再構築の観点から不採算事業からの撤退やテコ入れ、成長が期待できる分野の強化も必要であり、そのための設備投資等、事業継続に必要な最低限の投資計画を織り込む必要もある。

このような経営再建計画策定にあたっては、企業自身で策定するのが当然であるが、自社のみによる作成には、上記のとおりとかく売上増に依存したり、コスト削減も単純に人件費での調整など、安易な施策に終始しがちとなるので、金融機関の参画はもちろん、場合によっては第三者である外部専門家の活用も透明性・客観性が担保され、実現性の高い計画となるケースもあるだろう。

（3）旧金融検査マニュアル別冊〔中小企業融資編〕検証ポイント

①　経営改善計画が策定されていない場合

特に、中小・零細企業等については、必ずしも経営改善計画等が策定されていない場合があり、この場合、当該企業の財務状況のみならず、当該企業の技術力、販売力や成長性、代表者等の役員に対する報酬の支払状況、代表者等の収入状況や資産内容、保証状況と保証能力等を総合的に勘案し、当該企業の経営実態を踏まえて検討するものとし、経営改善計画等が策定されていない債務者を直ちに破綻懸念先と判断してはならない。

また、旧金融検査マニュアル別冊〔中小企業融資編〕の改定では、「貸出条件緩和債権」に該当しないケースが例示的に追加されていた。

すなわち、「実現可能性の高い抜本的な経営再建計画」を策定していない場合であっても、債務者が中小企業であって、かつ、貸出条件の変更を行った日

から最長1年以内に「当該経営再建計画を策定する見込みがあるとき」には、当該債務者に対する貸出金は当該貸出条件の変更を行った日から最長1年間は、貸出条件緩和債権には該当しないものと判断して差し支えないとされた。

② 経営改善計画

ⅰ) 経営改善計画等の策定

中小・零細企業等の場合、企業の規模、人員等を勘案すると、大企業の場合と同様な大部で精緻な経営改善計画等を策定できない場合がある。検査に当たっては、債務者が経営改善計画等を策定していない場合であっても、例えば、今後の資産売却予定、役員報酬や諸経費の削減予定、新商品等の開発計画や収支改善計画等のほか、債務者の実態に即して金融機関が作成・分析した資料を踏まえて債務者区分の判断を行うことが必要である。

他方、金融機関側より現在支援中である、あるいは、支援の意思があるという説明があった場合にあっても、それらのみにとらわれることなく、上記のような何らかの具体的な方策について確認することが必要である。

ⅱ) 経営改善計画等の進捗状況

中小・零細企業等の場合、必ずしも精緻な経営改善計画等を作成できないことから、景気動向等により、経営改善計画等の進捗状況が計画を下回る（売上高等及び当期利益が事業計画に比して概ね8割に満たない）場合がある。

その際における債務者区分の検証においては、経営改善計画等の進捗状況のみをもって機械的・画一的に判断するのではなく、計画を下回った要因について分析するとともに、今後の経営改善の見通し等を検討することが必要である。

なお、経営改善計画等の進捗状況や今後の見通しを検討する際には、バランスシート面についての検討も重要であるが、キャッシュフローの見通しをより重視することが適当である。

2. リスケ先で再建計画書未提出先の再生可能性判断

> **学習のポイント**
> ● 再建計画書未提出先の計画策定猶予後は、業況推移のチェックが重要となる
> ● 将来計画の策定可能性の判断にあたっては、事業デューデリジェンスが重要となる

　中小企業金融円滑化法の施行以降、債務者企業による金融機関に対する条件変更の申出については90％以上の金融機関が対応に応じている。他方で、条件変更に応じてもらいながら経営再建計画の策定が行われていない債務者企業は少なくない。

　これらの再建計画を未だ策定していない債務者企業における再生可能性の判断については、計画策定の可否という論点に直結することになる。すなわち、貸出条件緩和債権については、前項で解説したとおり、「実現可能性の高い抜本的な経営再建計画」（実抜計画）もしくは「合理的かつ実現可能な経営改善計画」（合実計画）（以下、「実抜計画等」という）の策定が要請されている。また、「実現可能性の高い抜本的な経営再建計画」を策定していない場合であっても、債務者が中小企業であって、かつ、貸出条件の変更を行った日から最長1年以内に「当該経営再建計画を策定する見込みがあるとき」には、当該債務者に対する貸出金は当該貸出条件の変更を行った日から最長1年間は、貸出条件緩和債権には該当しないものと判断して差し支えないとされた。

　このような状況下、リスケの続行ないし打切りの判断をするには、まずはこうした計画ができているか、できていても極めて信頼性に乏しいものである場合に、改めて当該企業が再生可能とする実抜計画等が策定できるかどうかを判断し、金融機関が主導してこの計画を策定する場合にはどのような点に留意すべきかをよく認識しておく必要がある。

　以下では、これらの判断プロセスを例示する。

（1）計画策定猶予後の業況推移

　取引先からリスケの申出があり、その後の計画策定を待つ間に、業況がどのように推移しているかを判断することは非常に重要である。なぜなら、リスケを行ったにもかかわらず、もし業績が何らの外部要因の変化もなく下降し、仮

に営業損失に陥っているような状況であれば、その企業に再生可能性はないと判断せざるを得ないからである。

　しかしながら、業況を正確に判断することは容易ではないケースもあり、以下のようなポイントに沿って判断する必要がある。

①　売上の下降要因

　例えば、製造業においては、売上の減少の理由が製品単価の値下がりかあるいは出荷量の減少か、どちらに要因があるのかの分析が必要である。そして、それが外部要因（例：競争相手の増加、デフレの進行など）に起因するものか、内部要因（例：営業不振、モチベーション低下等）に起因するものかを特定する。

②　経費の上昇要因

　業績に影響するのは、固定費の上昇であるのでこの要因分析が必要である。

　この場合、留意する必要があるのは人件費と減価償却費だが、いずれも投資の側面があるため、一時的な負担であって将来の売上増に貢献するものか、あるいは単に管理不足で増加しているのかを見極める必要がある。

③　外部環境の変化

　大きなマーケットの流れを見るべきであり、競合他社が業績を大幅に落としている中で、債務者企業が小幅な低下であればそれなりの評価をすべきであるし、逆の場合にはかなり要注意ということになる。

　また、例えば、地震や台風などの災害の影響であるとか、リーマンショックのような経済変動が要因であるのかを冷静に判断すべきであろう。

④　経営者のモチベーション

　金融機関が債務者企業の再建計画策定を支援する場合に、最も留意すべきは経営者のモチベーションであろう。リスケ実行時には高いモチベーションを維持していた経営者でも、再建計画策定の猶予期間である１年間の時間経過の中ですっかり自信を失ってしまっているケースもあり得る。業況の説明を的確にできるのか、あるいは将来の事業展開に具体的で明確な勝算があるかなど詳細にヒアリングをしてよく観察すべきである。

⑤　役職員のモチベーション

　次に、留意すべきは社長だけが危機意識を持って精力的に活動しているのに対し、役員や従業員がまったく危機認識をしていないケースである。

この場合は、社長が会社の実態を一切開示していないために、当社が倒産などするわけがないという根拠のない自信のもとに、努力すべき経費の削減を怠っているようなケースであったり、逆に社長がいたずらに不安感を煽っているために、どうせ駄目な会社と思って極端にモチベーションを落としているケースであったりと両極端である。社長の話だけを鵜呑みにせずに、従業員からのヒアリングなども必要である。

⑥　その他の留意事項

債務者企業の業況を判断するときに、ともすれば数字のみを追って、その背景にある要因を軽視しがちである。

したがって、社長や従業員からのヒアリングも重要だが、取引先や顧客の声も同時に把握すべきであり、そのような多面的な情報を収集することによって、初めて当該企業の状況が判断できると考えるべきである。

（2）今後の見通しと計画策定可否判断の拠り所

上記の業況推移をチェックしていくと同時に、将来計画の策定可能性を判断する必要があり、その結果として計画策定を当該企業に任せるか、金融機関が支援して策定するかを決めるべきである。

本来は、将来の見通しを可能な限り、正確に事業計画として落とし込むために、いわゆる「事業デューデリジェンス」（以下、「事業ＤＤ」という）を外部の第三者機関などに依頼して実施すべきだが、中小企業においてはその費用を捻出することが非常に困難であるケースが多く、その場合にはやはり金融機関が指導して企業自らに自己分析をさせることが重要である。

こうしたデューデリジェンスの結果として、当該企業が現在のマーケット環境において十分に生き残ることができるという判断ができれば、実抜計画等を策定するという次のステップに移ることができるといってよい。

以上のような様々な分析・調査を行うことは、コストと時間のかかることではあるが、債権者として金融機関が当該企業の再生を指導していくことを決定し、その事業計画の策定を主導していく場合には、必要不可欠なステップであることを理解し、いかに的確な指導を効率よく行っていくかについて常に考慮しておくべきである。

第3章

学習のポイント
● 再建計画書を提出している先については、実績数値の信憑性に関する
検証が重要となる
● 売上計画と実績の乖離についての分析方法を理解する

前項では、実抜計画等の策定がなされていない債務者企業の再生可能性に関して、金融機関が主導して計画の策定を行い、リスケを続行すべきか否かについての判断基準について述べてきた。ここからは、実抜計画等の提出がなされた企業について、その実績の進捗・結果分析を行うことにより、再生可能性を判断しリスケを継続すべきかどうかを判定するために、どのように実績を分析すべきかについて説明する。

（1）結果数値の信憑性の検証

まず、実績数値について、その信憑性を検証する方法を考える。企業活動はすべて数値によってその姿を反映させることができるが、このためにはかなりの会計的かつ企業財務の知識と経験が必要であるため、徹底してその信憑性を担保するとなれば、経験豊富な会計事務所に「財務デューデリジェンス」を実施してもらうことになる。しかし、これもコストがかなりかかる話であるので、金融機関の担当者がその信憑性を確認するための最低限のチェックポイントをまとめておく。

① 貸借対照表項目

資産項目において重要なのは、まず営業の用に供している不動産か、遊休資産かの区別である。遊休資産の売却によって負債の圧縮を計画していたのに、営業に不可欠な不動産の売却を行ってしまうと、結局は売上の減少に反映してしまうことがある。製造業では比較的この区分けが容易ではあるが、サービス産業とりわけ小売業・旅館・ホテル・ゴルフ場などの店舗や施設の場合には慎重に行う必要がある。

また、売掛金、受取手形、棚卸資産、買掛金、支払手形といった短期運転資金項目も重要である。売掛金、受取手形、買掛金、支払手形等の短期運転資金については其々の入金時期、支払時期を的確に把握し、資金繰りへの影響について検討する必要がある。とりわけ売掛金については得意先の状況次第で入金

が遅延すると、資金繰りに影響するので注意が必要である。売掛金、棚卸資産と売上高、仕入高の増減に注意し、債務者企業特有の相関関係を理解しながら、決算上の操作の有無について端緒を掴むことができるよう留意する。

　さらに、仮払金・前渡金・前払費用などの中身が見えにくい流動資産項目の実際の内容をしっかり把握しなければ、いつの間にか資金繰りに支障を来すようなことも想定される。

　負債項目においては、有利子負債の増減に留意することは勿論であるが、ここでもやはり未払費用や未払税金などの内容に留意する必要があり、特に公租公課の滞納については十分に留意しておかないと、いつの間にか官公庁から財産の差押えなどをされることがある。金融負債以外の負債項目についてもしっかりと実態を押さえておく必要がある。

②　損益計算書項目

　売上が架空に計上されていることが最大の懸念事項である。他の費用項目などは資金の流れをチェックしていれば比較的に把握することは容易であるが、実際の現金回収と会計上の利益が相違していても気づかないケースが多く、売上の架空計上は見破りにくいからである。財務諸表というのは、あくまで会計上の処理基準に沿って作成されているものであって、必ずしも取引の実際を表しているわけではないことに留意してこの部分のチェックを怠らないようにすべきである。

　また、経費項目において留意すべきは減価償却費用である。これも実際のキャッシュアウトを伴わない会計上の費用であるため、比較的任意に操作がしやすく、経常利益の誤りを起こしやすい。当期の不動産・動産設備の異動によって変化しているので、税理士や会計士にどのような処理となっているかをよく確認すべきである。

③　キャッシュフロー計算書

　キャッシュフローの分析においては、営業キャッシュフローと投資キャッシュフローの関連性をしっかり確認することが重要である。不要な固定資産投資を行っていないかなどをチェックすることも重要だが、それよりも資本的な支出（設備投資）が経費項目として計上されていたり、減価償却費用が不正な計上をされていたりという部分は、このキャッシュフローによって分析することが可能である。また、売上の架空計上もキャッシュフローをしっかり追って

173

いれば解明できるケースもあり、会計あるいは税務処理による決算書を見るばかりでなく、キャッシュフロー計算書をよく分析する必要があるだろう（キャッシュフロー分析の詳細については、本章第2節3.参照）。

④　資金繰表

事業を継続していくためには、常に資金繰りに留意しておく必要がある。よく「勘定合って銭足らず」とか、「黒字倒産」という言葉を聞くことがある。これは決算上の利益が出ているにもかかわらず、預金口座がマイナスとなってしまい支払不能に陥ることを表しているが、月次の資金繰表を作成している中小企業は意外に少ない。これは、そもそも事業計画ができていないために月次売上の予測ができず、したがって、経費の計画もできないという結果なので、実抜計画等を策定している企業ではあり得ないことなのだが、念のためにこの資金繰表がきちんと作成されているかもチェックしておく必要がある。

（2）売上計画の結果分析

売上計画と実績の乖離について分析する場合には、次のような点に留意して分析すべきである。

①　売上実績の計画との乖離の原因分析

売上の実績を分析する場合に重要なのは、売上を構成している要素の個々について増減した原因をできるだけ詳細に把握することである。ホテルを例にすれば、1室当たりの平均販売単価と部屋稼働率のどちらが計画と違ったのかを追求すべきで、稼働率のみを重視した運営を行った結果、安売りに走り顧客の数が増えたにもかかわらず総売上高が減少しているケースなのか、あるいは明らかに客数が少ないと予想されたにもかかわらず、価格の弾力的な変更ができずに稼働率が極端に落ち込んだ結果として、総売上高が減少したケースだったのか、両ケースにおいてはその後の解決手段がまったく違ったものになるので、個別の要素の検証が絶対に必要である。

②　原因除去の可能性分析

では、原因が把握できたとして、どのような解決法をもってすればその原因の除去が可能なのかを分析する必要が出てくる。その企業が存在している業界全体が何か大きな環境変化に見舞われた（例えば、リーマンショックによって都内のシティホテルの稼働率が極端に減少したなど）ために計画を達成することができなかったのか、それとも単に経営陣や従業員の怠慢で、計画が絵に描

いた餅であったのか、その解決法がまったく違うのはご理解いただけると思う。

　原因の除去が可能なケースであれば、計画の修正で対応できると思われるし、不可能だと判断すればリスケ継続も難しいとの結論を出さざるを得ないこともあり得る。

③　将来環境変化の推定

　原因除去の可能性を検証する上では、様々な外部要素を加味することが重要なのは確かであるが、そのときに注意すべきなのは、外部環境は将来的に必ず変化するものであり、その変化の方向性を推定しておかなければどんな計画も意味がないということである。

　将来のことなど誰もわからないという主張もあるかもしれないが、例えば、日本の人口が将来的に減少していくことは避けようのない事実であろうと思われる。ところが、このような明白な将来変化であることでさえ織り込まれない計画がまかり通っていることがある。第三セクターが「ハコモノ」を建設したときの将来予想がどうであったかをご存知の方も多いだろう。

　一方、内的要因が原因であれば適切に分析し、改善施策を検討しなければならない。

（3）コスト削減計画の結果分析

　コスト削減計画と実際の経費の乖離について分析する場合の留意点は、以下の通りである。

①　計画数値の再検証

　まず、当初の計画設定を見直してみるべきである。経費には売上の変動に伴って上下する変動費と、売上にかかわらずある一定の費用が必要となる固定費に分かれるが、この線引きが最も難しいのが人件費である。メーカーであれば製造原価（変動費がほとんど）に含まれるべき人件費が固定費として予算化されていないかとか、サービス業であれば人員計画に沿った経費としてパートや外注費との混同がないかなどを調べることによってコスト削減が適正であったのかを再検証することができる。

②　乖離原因の分析

　計画数値が妥当であったかを検証できれば、計画と実績の乖離の原因は自ずと判明するものと思われる。その際に留意すべきポイントは、経費の削減によって利益の確保ができていたとしても、その結果が将来に亘って継続できるもの

かを吟味しておかなければならない。往々にして、計画数値の達成にのみ邁進
し、当期の目標を達成したけれどもその影響が来期に出て、結果として売上が
減少してしまったなどということが起こっているのではないだろうか。

③ 原因除去の可能性分析

計画との乖離において問題となるのは、売上が計画どおりか、あるいは未達
の状況において経費が増加して利益を圧縮してしまった場合である。経費情報
の原因は分析できるはずであるが、問題は、原因がわかったとしてそれを簡単
に除去できるかどうかの分析が重要である。すなわち、安易に人件費などを減
らすと売上まで減ってしまうケースは多いわけで、その原因によっては除去す
ることより、むしろそれを正しい数値として認識し、売上計画や利益計画を修
正することもあり得る。

とかく経費は減らせばいいという姿勢になりがちであるが、売上を生む源泉
であることを忘れてはならない。

④ 今後の経費削減による売上への影響分析

最後に、乖離原因の除去が可能だとすれば、どこまでの経費削減が可能とな
るのかを分析し、その上で本当に将来に亘る売上に影響を及ぼさないか、ポイ
ントを絞った削減策を検討すべきである。例えば、運搬費用が前年よりも増加
したのでその削減を指示したところ、想定よりも商品の販売量が伸びて売上の
増加余地があるにもかかわらず商品の搬送が不十分となり、結局、機会損失と
なってしまったというようなケースを参考としてもらいたい。

（4）利益計画の結果分析

利益計画と実績との差異についての結果分析は、以下のポイントに留意して
行うべきである。

① 利益の各段階比較（売上総利益、営業利益、経常利益の比較）

利益計画は売上計画と経費計画の結果として出ているものであるから、これ
までの分析だけでいいと思われるが、利益とひとくちでいっても、実際には「売
上総利益」、「営業利益」、「経常利益」の各段階で求められる内容が違うので、
利益自体の水準も計画とよく比較分析しておくべきであろう。

売上総利益についていえば、大半が変動費である製造原価をどのように管理
した結果が良くなったか悪くなったかという点が肝要である。

営業利益は最も重視すべき項目である。当該事業が継続すべき事業であるか

どうかは「償却前営業利益」が一定水準を充たしているか否かで判断するもの
で、簡易なEBITDAとも呼ばれる。

　最後に経常利益であるが、支払利息控除後の利益であり、経常利益に減価償
却費を足し戻して、設備投資額を差し引くと簡易フリーキャッシュフローとな
る。この点は債務償還年数を試算する際の分母として、一つの目安となる。

②　計画との差異の原因分析

　利益といっても各段階の考え方が違うために、一概に計画との差異が問題と
なるものではないが、売上計画と経費計画の各項目を詳細に見ていくことで、
利益計画の実績との乖離の原因も分析できるものと思われる。したがって、そ
の原因の除去も売上と経費の部分からアプローチしておけばよい。

③　将来利益計画策定のための不確定要素分析

　計画と実績の差異を分析した後に、将来的な利益計画を策定するときのポイ
ントとして、不確定な要素（この不確定な要素が大きいときに、リスクが大き
いという）の分析を行う必要がある。売上も経費も当然に不確定な要素がある
わけだが、それ以上に外部的な経済環境の変化で利益に大きな影響を及ぼすも
のを考慮しておかないと、個別の経営戦略は適切で、事業も適性に行われたに
もかかわらず、結果として計画に大きく及ばないことが起こり得る。可能な限
りリスクを最小化する方法を考えておかないと利益計画の実現可能性が大変低
いものになってしまうのである。

第
3
章

■ 第81回関連出題 ■

第1問 (第81回)

旧金融検査マニュアルにおける要注意先および要管理先に対する再生の考え方と手法に関する次の記述のうち、最も適切なものを一つ選びなさい。

① 再建計画作成に着手する前に、デューデリジェンスを実施するため、社長や幹部社員等にヒアリングを行うが、社長の個人資産に関しては、プライバシーに関する微妙な事柄なので深く追求しない方が望ましい。

② 再生の手法として、業務リストラを検討することになるが、仕入先や外注先に対して、仕入れ金額の削減や、外注費の削減を求めることは、風評被害を招く恐れもあり、また容易に応じてもらえない可能性もあることから、先ずは、新規の仕入先や外注先を加え、有利な条件を提示した先を活用することが賢明である。

③ 財務リストラに関し、負債項目の中で支払手形が多いということは、支払期間が長くなることで、支払いの負担が軽減できるため大いに活用すべきである。支払手形の活用でデメリットになることはない。

④ 要管理先に対する再生の考え方では、要注意先と比較して傷み具合が大きいため、中小企業の再建においても債権放棄やDESなどの思い切った手法がとられることが多い。

⑤ 財務リストラで、担保に入っている遊休不動産などを売却し、債務の圧縮を図る場合があるが、これは担保物件であるので、売却代金全てを債務の弁済に充当すべきであり、運転資金の一部として残すことは考えられない。

解答：P.199

第2問 (第81回)

金融機関による再建計画書の審査と再生可能性の判断に関する次の記述のうち、最も適切なものを一つ選びなさい。

① 「中小企業金融円滑化法」は2013年3月末で期限切れとなったが、金融機関は引き続き条件変更等の経営支援をしていくことが金融庁の監督指針等で要請されており、金融機関は条件変更等を求められれば、無条件に対応しなければならない。

② 経営再建計画における売上げについては、確実な売り上げ増加要因があっても、これまでの実績などから考えて、増加するとは限らないので、保守的にみて売上げは横ばい、場合によっては下降傾向で見ておくことが望ましい。

③ 事業再構築の観点から、成長分野の強化のため設備投資が必要となっても、基本的には、現状の事業継続のための必要最小限の設備更新しか認められないため、再生が進められないケースがある。

④ 返済計画で信用残プロラタとする場合には、担保等で保全されている債権額は決まっているので、特別に考慮すべきことはなく、未保全債権金額をプロラタ配分すればよい。

⑤ 経営再建計画書で、2期連続で経常利益の計画達成率が80％未満であった場合には、コベナンツ条件に抵触し、計画が失効するなどと規定するが、このように達成率を100％としないで、多少の変動を許容するようなコベナンツの策定が望ましい。

解答：P.199

第3問

（第81回）

　定量分析のためには企業の決算書を正しく理解することが重要であるが、決算に用いられる会計方針に関する次の記述のうち、最も適切なものを一つ選びなさい。

① 有価証券は保有目的に関わらず、売却するまでは取得価額で貸借対照表に計上しなければならない。

② 営業権などの無形固定資産は、定額法又は定率法のいずれかで減価償却する必要があり、会社が採用した方法を継続適用しなければならない。

③ 株式交付費、社債発行費、開発費などの繰延資産は、資産に計上して定められた期間で償却する方法の他、支出時に全額費用とすることもできる。

④ ファイナンス・リース取引については、原則として賃貸借取引として処理

し、毎期支払ったリース料を費用とするが、売買取引に準じた処理も認められている。

⑤　消費税の処理は税抜処理が一般的であり、免税事業者に限り税込処理も認められている。

解答：P.200

第4問 （第81回）

キャッシュフロー計算書に関する次の記述のうち、最も適切なものを一つ選びなさい。

①　財務活動によるキャッシュフローにおいて、借入による資金調達はプラスとなり、借入金の元金、利息の支払いはマイナスとなる。

②　設備投資比率は、営業キャッシュフローに対する設備投資額の割合であるが、有形固定資産の売却代金が発生している場合は、設備投資額から売却代金を除いた純額によって計算する。

③　借入金や貸付金の増減による資金増減は、財務キャッシュフローに含まれる。

④　受取利息・配当金は、損益計算書上は合計で計上されることがあるが、キャッシュフロー計算書上は、受取利息は営業キャッシュフロー、受取配当金は投資キャッシュフローに分類される。

⑤　会社の決算期末が土日である場合、月末決済の支払手形が翌期首になることがあるが、月末に決済される場合と比べて営業キャッシュフローには影響はない。

解答：P.200

第5問 （第81回）

建設業であるＢ社は社内に後継者がいないため、スポンサーへの事業譲渡後に、会社を清算することを検討しているが、金融債務全額の弁済が難しく、当該スキームについて、破産時との経済合理性の判断が必要である。以下の想定清算Ｂ／Ｓの数値と見込額から、Ｂ社の破産配当率として、適当なものを一つ

選びなさい。なお、破産配当率（％）は小数点以下第1位を四捨五入するもの
とする。

（1）清算B/Sの資産合計　　　　　　　　50,000万円

・うち、債務との相殺対象資産　　　　　5,000万円

・うち、担保提供資産　　　　　　　　10,000万円

（2）清算B/Sの負債合計　　　　　　　150,000万円

・うち、租税債務　　　　　　　　　　5,000万円

・うち、従業員給与＋従業員退職金債務　4,000万円

・うち、役員退職金債務　　　　　　　　3,000万円

（3）清算費用見込額　2,000万円（上記（2）には含まれない）

① 19%

② 17%

③ 15%

④ 13%

⑤ 11%

解答：P.200

第6問

（第81回）

　諸比率に関する下記表について、次のコメントのうち、最も適切なものを一
つ選びなさい。

収益性指標 ＼ 決算期	N1期	N2期	N3期
総資本経常利益率	6.0%	4.0%	1.4%
売上高経常利益率	2.7%	1.9%	0.7%
総資本回転率	2.2回	2.1回	1.9回

① 　N1期からN3期にかけて収益性が大幅に低下した。この原因は、資本効
　率は改善したが、売上高に対する利幅が大幅に悪化したため、全体として収
　益性は大幅低下となった。

② 　N1期からN3期にかけて収益性は大幅に低下した。この原因は主として
　総資本回転率の悪化による。

③ N1期からN3期にかけて収益性は大幅に低下した。この原因は売上に対
する利幅の悪化が主因であるが、資本効率の悪化も影響している。

④ N1期からN3期にかけて収益性は大幅に低下した。この原因は売上高経
常利益率が悪化したためであり、総資本回転率の良否は関係していない。

⑤ N1期からN3期にかけて収益性は大幅に上昇した。この原因は主として
総資本回転率の良化による。

解答：P.201

第7問

　下記資料から、日銀方式による付加価値額の計算を行った。次のうち、労働
分配率の数値として、最も適切なものを一つ選びなさい。

＜資料＞   （単位：百万円）

材料費	2,457	売上高	5,436
減価償却費	270	労務費	882
交際費	45	運賃	135
外注費	432	消耗品費	57
給料手当	576	修繕費	27
旅費交通費	54	支払利息	180
水道光熱費	30	法人税等	21
賃借料	63	経常利益	63
租税公課	36	動力費	60
雑費	39	通信費	24

※ 日銀方式付加価値額＝人件費＋賃借料＋租税公課＋減価償却費＋金融費用＋経常利益

① 27.8%

② 42.6%

③ 70.4%

④ 81.6%

⑤ 86.7%

解答：P.201

■ 第80回関連出題 ■

第8問　　　　　　　　　　　　　　　　　　　　　　　　　　　（第80回）

要注意先に対する再生の考え方と手法に関する次の記述のうち、最も不適切なものを一つ選びなさい。

① 債務者区分が要注意先である先は、業績の悪化状況や財務内容の傷みも比較的軽い債務者であるが、当該企業の業務リストラ、財務リストラ、事業リストラを検討する。

② 要注意先の赤字脱却のためには、仕入先や外注先への支払いの削減が考えられるが、仕入値の削減や外注先への外注費のカット以前にやるべきことがある。

③ 企業再生において業務リストラでは人件費の削減が大きなポイントであるが、再建の実行段階では全体の人件費は削減しつつ、頑張った人が報われるようメリハリをつけた給与に改めることが望ましい。

④ 財務リストラで、遊休不動産の売却や本社の売却を求められることがあるが、遊休不動産の売却はともかく、本社の売却には風評被害も予想されるため、回避しなければならない。

⑤ 中小企業の経営者の多くはオーナー経営者であるため、資産の売却について抵抗することが多い。「先代から引き継いだものだから」とか、「売却すると世間体が悪い」などの発言を聞くこともある。

解答：P.202

第9問　　　　　　　　　　　　　　　　　　　　　　　　　　　（第78回）

破綻懸念先に対する再生の考え方と手法に関する次の記述のうち、正しいものを一つ選びなさい。

① 破綻懸念先で、キャッシュフローも生まず、著しい債務超過で、存続が難しい場合には、債務者企業の意思は尊重するが、破産の申立てをしてもらうしか方法はない。

② 破綻懸念先の再建計画で債権放棄を行う場合には、厳しく経営者責任を問うこととなり、例外なく経営者責任として現経営者の退任、株主責任、私財

提供を求める。

③　再生手法として事業譲渡があるが、債権者として金融機関は、譲渡価格が適正かどうか、譲渡代金の使途として、担保付き債権、優先債権を除きどのように平等に弁済するかに注意するべきである。

④　M&Aの一つにLBO（レバレッジバイアウト）があるが、再生対象企業の再生手法としてもLBOは有効な方法で、今後増加するものと推測される。

⑤　DIPファイナンスは、破綻懸念先となった債務者が事業継続のため運転資金をファイナンスしてもらうことで、私的整理ガイドラインによる再生や、民事再生法、会社更生法による法的整理に利用されるファイナンスのことである。

解答：P.202

第10問 (第80回)

小売業であるＡ社は、コロナ禍での売上減少、仕入代金の高騰により、赤字決算となったことを受け、経営改善計画を策定することになった。Ａ社の経営改善計画について、誤っているものを一つ選びなさい。なお、計算において１％未満及び１万円未満の数値は四捨五入するものとする。

【Ａ社の前期実績損益】

売上高	80,000万円
売上原価（商品代金＝変動費）	32,000万円
売上総利益	48,000万円
販売管理費（変動費）	12,000万円
販売管理費（固定費）	40,000万円
営業利益	△4,000万円

①　固定費と限界利益率が前期と同じである場合、営業利益を5,000万円の黒字とするために必要な売上高は、100,000万円である。

②　売上高と固定費が前期と同額である場合、営業利益を4,000万円の黒字とするためには、限界利益率を８％改善しなければならない。

③　固定費が前期と同じで限界利益率の５％改善が見込める場合、営業利益を5,000万円の黒字とするために必要な売上高は、90,000万円である。

④　売上高が90,000万円で限界利益率が前期と同じである場合、営業利益を1,000万円とするためには、固定費を500万円削減する必要がある。

⑤　固定費と限界利益率が前期と同じである場合、売上高が120,000万円であれば、営業利益は14,000万円の黒字となる。

解答：P.202

第11問 （第80回）

貸借対照表（B／S）の科目構成等に関する次の記述のうち、最も適切なものを一つ選びなさい。

①　資産の部は、流動資産と固定資産に区分され、固定資産は、有形固定資産、無形固定資産、投資その他の資産、繰延資産に区分される。

②　繰延資産とは、すでに代価が支払われ役務の提供を受けたが、財産的価値があるものを資産計上するものであり、具体的な科目としては、創立費、開業費等がある。

③　純資産の部は、「株主資本」、「評価・換算差額等」、「新株予約権」に区分されるが、会社が自己株式を取得した場合は、純資産の部のうち、「新株予約権」から控除される。

④　赤字が続くと利益剰余金が減少するが、利益剰余金がマイナスになった状態を債務超過という。

⑤　偶発債務は、将来において会社の負担となる可能性のある債務だが、将来の取引に関するものは含まない。

解答：P.203

　キャッシュフロー計算書に関して、次のうち、営業活動によるキャッシュフローに含まれるものを一つ選びなさい。

① 投資有価証券の売却収入

② 配当金の支払い

③ 法人税等の支払い

④ 自己株式の取得による支払い

⑤ 貸付金の支払い

解答：P.203

　D社のN期（年 1 回決算）の売上高は 480 百万円であった。N期末の売掛債権残高は 32 百万円、買掛債務残高は 24 百万円、製品残高は 30 百万円、原材料残高は 14 百万円、仕掛品残高は 20 百万円であった。次の記述のうち、期末時点における所要運転資金、運転資金回転期間として最も適切なものを一つ選びなさい。

① 所要運転資金　72 百万円　　運転資金の回転期間　0.15 カ月

② 所要運転資金　72 百万円　　運転資金の回転期間　1.80 カ月

③ 所要運転資金　58 百万円　　運転資金の回転期間　0.12 カ月

④ 所要運転資金　58 百万円　　運転資金の回転期間　1.45 カ月

⑤ 所要運転資金　58 百万円　　運転資金の回転期間　0.15 カ月

解答：P.204

外部環境分析に関する次の記述のうち、最も不適切なものを一つ選びなさい。

① 外部環境分析の目的は、「自社の実力の確認」であり、具体的には外部環境変化の自社へのインパクト度合いの評価である。

② 外部環境分析は、「マクロ環境分析」と「ミクロ環境分析」からなる。

③　人口動態と技術革新は、日本における「マクロ環境」の代表的な要素である。

④　「マクロ環境」は、それぞれの要素のトレンド、その要素に関連した社会要因、それら全体が生み出す「競争環境」の３段階で捉えることができる。

⑤　人口動態面でのマクロ環境変化は、国内では高付加価値製品の生産に特化せざるを得ない方向にあることを予想させる。

解答：P.204

■ 第78回関連出題 ■

第15問 （第78回）

旧金融検査マニュアルにおける債務者区分、経営不振企業に関する次の記述のうち、最も適切なものを一つ選びなさい。

①　要注意先のうち、開示債権の要管理債権が要管理先になる。要管理先債権は、利息の支払いが約定支払日の翌日を起算日として３カ月以上延滞している貸出債権及び貸出条件緩和債権のことである。なお、元本返済の延滞は該当しない。

②　決算書のチェックで、借入金のうち、代表者（経営者）からの借入金は、全額自己資本とみなされるので、自己資本比率を算定するときは、代表者からの借入金を加味して算定することになる。

③　債務者区分の上位遷移の条件の一つとして３年以内の債務超過解消がある。2022年３月中小企業の事業再生等に関する研究会より公表された「中小企業の事業再生等に関するガイドライン」では本ガイドラインに基づく再生では、５年以内の債務超過解消と条件が緩和されている。

④　経営不振企業は大きく分けて貸借対照表に問題がある企業と損益計算書に問題がある企業になる。不振企業はこの２つに明確に分けられる。この中で営業利益段階が恒常的な赤字企業では再生が難しいといえる。

⑤　経営不振企業の再生対象企業では、痛みの共有が求められるが、痛みを共有するのは経営陣であり、そこで働く従業員には何ら責任はなく痛みを負う必要はない。

解答：P.204

　破綻懸念先に対する再生の考え方と手法に関する次の記述のうち、最も適切なものを一つ選びなさい。

① 　再生手法として会社分割を行う場合、分割方法には新設分割と吸収分割がある。会社分割による再生のメリットは、原則簿価引継ぎによる課税の繰り延べや登録免許税等の流通課税の軽減が得られることである。

② 　破綻懸念先の再生手法としてDDSがある。DDSは債務者にとっては、元本の返済が期限一括となることなどがメリットであるが、金融機関にとっては債権放棄を行うわけではないので、モラルハザードの問題がDESや債権放棄に比較して発生しにくいといえる。

③ 　再生手法の一つに事業譲渡がある。重要な一部の事業については、譲渡企業及び譲受企業において株主総会の特別決議、3分の2以上の賛成が必要となる。株主の3分の1以上が反対する可能性がある場合、事前に十分な根回しを行い賛成に回ってもらうことが必要となる。

④ 　M&Aによる再生手法にLBO（レバレッジバイアウト）がある。LBOは再生対象企業の売却対象事業の資産、主に不動産を担保に買収企業が資金調達を行う手法だが、将来的に見込まれるキャッシュフローなどは担保には含まれない。

⑤ 　DIPファイナンスとは、民事再生法による再建計画の認可後に、事業継続に必要な運転資金等を融資することである。法的整理による信用力の低下が避けられない状態では、不可欠で重要な金融支援策である。

解答：P.205

　要管理先（中小企業）に対する再生の考え方と手法に関する次の記述のうち、最も適切なものを一つ選びなさい。（旧金融検査マニュアルに沿って解答すること。）

① 　要管理先の再生の手法としては、まず財務リストラとして金融機関の担保になっている遊休不動産や株式の売却を行うことを考える。これにより債務

の圧縮が実現し、支払利息の負担軽減になるため、全額返済に充当すること
が不可欠である。

② 条件変更時の金利水準が金融機関の資金調達コストを下回る場合には、合
理的かつ実現可能性の高い経営再建計画があっても、債権者にとっては合理
的ではなく、容認できないため要注意先（その他要注意先）とはならないの
で、注意が必要である。

③ 経営改善計画の実行段階において、計画に対して大幅未達成つまり80％
以下となれば、その時点で債務者区分はランクダウンし、要管理先となる。

④ リスケジュールを行ったときに経営再建計画がなくても「1年以内に策定
する見込みがあれば」貸出条件緩和債権にならないが、前提条件として金融
機関の合意が必要である。

⑤ 経営改善計画がなくても、資産売却、経費削減、新製品開発計画など、金
融機関が作成・分析した資料などにより経営改善の見込みを判断することも
可能である。

解答：P.206

第18問　(第78回)

金融機関による再建計画書の審査と再生可能性の判断に関する次の記述のう
ち、最も適切なものを一つ選びなさい。

① 再生可能かどうかの判断で単月黒字化が可能であれば、借入返済を一時止
めて、資金繰りを楽にして、資金繰りの安定化を図り、余裕ができれば直ち
に元の約定返済による元本返済を行うことになる。

② 月次収支が恒常的にマイナス、営業キャッシュフローがマイナスであって
も、貸出条件の緩和、つまりリスケを行って事業が継続できるのであれば、
金融機関は再生支援することが求められる。

③ 再建計画を策定して、貸出条件緩和等の金融支援を織り込んだ資金繰表を
作成する必要があるが、このとき設備投資に関しては資産計上のものについ
ては、減価償却の対象となるので、資金繰りには影響はない。

④ 再建計画では併せて返済計画を作成するが、返済方法には大きく分けて残
高プロラタと信用残プロラタがある。信用残プロラタを適用すればメイン金

融機関が有利となるため、不利となる下位金融機関の賛同が得られず揉めることがある。

⑤　経営再建計画の策定期限について、一時的に返済を止めている場合には、返済を止めてから3カ月以内に計画を策定し合意を得ることが望ましい。

解答：P.207

第19問 　　　　　　　　　　　　　　　　　　　　　　　　　　（第78回）

　定量分析のためには企業の決算書を正しく理解することが重要である。決算書のうち貸借対照表（B／S）に関する次の記述のうち、正しいものを一つ選びなさい。

①　有形固定資産のうち、建物、構築物、機械装置、車両運搬具、工具器具備品などは減価償却の対象となるのに対して、土地、借地権などは、期間の経過に応じて価値が減少するわけではないので、減価償却の対象外とされる。

②　無形固定資産のうち、特許権、営業権、自社利用目的のソフトウェアなどは減価償却の対象であり、それぞれの耐用年数で減価償却を行うが、法人税法上、定率法による償却は認められていない。

③　繰延資産とは、既に支払いが済んで役務の提供を受けたが、換価性があるため資産として計上されるものをいい、創立費、開業費、株式交付費などが該当する。

④　リース取引のうちファイナンス・リースは、原則として支払時の費用処理とするが、売買取引に準じてリース資産とリース債務をB／Sに計上する処理も認められている。

⑤　引当金のうち退職給付引当金は固定負債に属するのに対して、賞与引当金、貸倒引当金は流動負債に属する。

解答：P.207

第20問 　　　　　　　　　　　　　　　　　　　　　　　　　　（第78回）

　定量分析による再生可能性の判断の各論に関する次の記述のうち、最も適切なものを一つ選びなさい。

① 実態財務内容の把握においては、清算価値によって資産負債を評価し、その結果としての実態債務超過額を算出する。この実態債務超過額を何年で解消できるかが、再生計画のポイントの一つである。

② 金融支援を受ける場合の経済合理性の判断のために破産配当率を計算する場合、金融支援を受けたうえで再生する計画においても、企業の継続を前提とした評価ではなく清算価値によって配当率を計算する。

③ 中小企業の実態財務内容の評価において、事業用不動産を代表者個人が所有している場合、法人の資産に含めて考えることはできない。

④ 正常収益力の判断をするうえで参考となる指標の一つに、ＥＢＩＴＤＡがあるが、これは、「税引前利益＋支払利息＋法人税等＋減価償却費」で計算され、借入金の元利支払前のキャッシュフローの目安となる。

⑤ 再生に関する数値基準のうち、利益の黒字化とは、概ね３～５年以内に減価償却前経常利益が黒字になることを指す。

解答：P.208

第21問　　　　　　　　　　　　　　　　　　　（第78回）

キャッシュフロー計算書に関する次の記述のうち、最も適切なものを一つ選びなさい。

① 資金繰りの関係で仕入先に対する買掛債務残高が増加した場合、営業キャッシュフローはマイナスとなる。

② 自社株の買取りをした場合、投資キャッシュフローのマイナスとなる。

③ 不動産の売却代金を全額借入金返済に充当した場合、財務キャッシュフローはプラスとマイナス同額が計上される。

④ 借入金の元金返済は財務キャッシュフローのマイナスとなるが、利息の支払いは営業キャッシュフローのマイナスとなる。

⑤ 関連会社への貸付金を回収した場合、財務キャッシュフローのプラスとなる。

解答：P.208

卸売業であるＣ社は、抜本的な金融支援を含む再生計画の策定に当たり、金融支援の経済合理性判断のために破産配当率を試算することになった。以下のＣ社の「清算価値による貸借対照表要約」及び試算の前提事項に基づいて、破産配当率（0.1％未満切捨て）として、正しいものを一つ選びなさい。

【Ｃ社の清算価値による貸借対照表要約】 （単位：万円）

科目	金額	科目	金額
（資産）		（負債）	
現金預金	3,500	支払手形・買掛金	3,800
受取手形・売掛金	2,900	金融機関借入金	28,400
商品	900	未払公租公課	800
土地建物	7,200	未払給与・退職金	1,300
投資等	500	その他負債	5,600
その他の資産	300	計	39,900
		（純資産）	△24,600
計	15,300	計	15,300

【試算の前提事項】

1．現金預金のうち、金融機関借入金と相殺対象となるのは3,200万円である。

2．土地建物はすべて金融機関に担保提供されており、貸借対照表上の価額＝金融機関借入金への充当額とする。

3．未払給与・退職金は、全て従業員分である。

4．貸借対照表の負債の他、破産時の裁判所費用等の清算費用は700万円とする。

① 7.6％

② 6.6％

③ 5.6％

④ 4.6％

⑤ 3.6％

解答：P.209

■ 第77回関連出題 ■

第23問 （第77回）

債権区分のチェックポイントに関する次の記述のうち、最も不適切なものを一つ選びなさい。

① 決算書のチェックでは、簿価バランスを時価バランスにするのは、実質債務超過になっていないかをチェックすることや、再建計画策定において実質債務超過解消に何年かかるかを算定する際に必要となる。

② 決算書のチェックで、確定申告書によって繰越欠損金について確認するに当たっては、欠損金の総額を把握するだけでなく、欠損金の発生額を決算期別に把握することが重要である。

③ 要管理債権とは、要注意先に対する債権のうち、元金の支払いが約定支払日を起算日として3カ月以上延滞している貸出債権と貸出条件緩和債権をいう。

④ 危険債権とは、債務者が経営破綻の状態には至っていないが、財政状態及び経営成績が悪化し、契約に従った債権の元本の回収及び利息の受取りができない可能性の高い債権である。なお、破産更生債権及びこれらに準ずる債権を除く。

⑤ 子会社や関連会社がある場合は、それぞれの決算状況や資産・負債状況を確認し、連結した場合についても試算する。

解答：P.209

第24問 （第77回）

経営不振企業のチェックポイント等に関する次の記述のうち、正しいものを一つ選びなさい。

① 中小企業の場合、一般的に金融機関は代表者の個人保証を求めるため、保証能力を見るために代表者の資産を正確に評価しておく必要があるが、代表者の負債までは把握しておく必要はない。

② 企業再生において、債務者区分の上位遷移の条件として、3年以内の経常利益の黒字化、3年以内の債務超過の解消、10年以内の債務償還年数があ

るが、例外的に取引金融機関の判断で15年以内の債務償還年数も認められることがある。しかしながら、これらの条件は絶対条件ではなく、経済合理性が損なわれない範囲において、柔軟に対応されるようになってきている。

③　経営不振企業の決算書が多少の売上高の減少にもかかわらず、毎期少額の利益計上となっている場合、取引金融機関は企業の並々ならない努力を評価することが望まれる。

④　貸借対照表の流動資産を見て現預金のうち拘束預金があっても、金融機関の持つ債権の担保保全状況とは関係ないので、特別の注意を払う必要はない。

⑤　決算書の損益計算書の各科目別の数値を見て、保証等の偶発債務があるかどうかを確認することが重要である。

解答：P.210

第25問 （第77回）

　破綻懸念先に対する再生の考え方と手法に関する次の記述のうち、最も適切なものを一つ選びなさい。

①　再生のため無担保債権を第三者に譲渡する場合、少しでも債権を圧縮するため、1社だけでなく複数のサービサーの中から譲渡価格の最も高い先を選び譲渡することが重要である。

②　債務者企業の存立基盤を確認するために、取引先等利害関係者への影響、地域経済に与える影響等を加味して判断する必要がある。この段階では、第三者への影響を第一に考えるため、債務者企業自身の収益性の確認は不要である。

③　現在中小企業では債権放棄を伴う再建はほとんどないが、債権放棄を行う場合には例外なく、経営者責任としての経営者交代、株主責任、経営者の私財提供を求めることになる。

④　再生手法として会社分割がある。会社分割には新設分割と吸収分割があるが、いずれも株主総会での過半数の賛成が必要となる特別決議を得ることが必要である。

⑤　再生手法としてM＆Aがある。そのうち、ＬＢＯ（レバレッジ・バイ・アウト）は、買い手が売り手の不動産などの資産を担保に買収資金を調達する

ことを言い、売り手企業が今後稼ぐキャッシュフローを根拠に金融機関等から資金調達する方法もある。

解答：P.210

第26問

金融機関による再建計画書の審査と再生可能性の判断に関する次の記述のうち、最も適切なものを一つ選びなさい。

① 経営再建計画書の策定は、経営者の再建に対する覚悟を見る上で重要なもので、経営者の意向を踏まえた意欲的な計画を期待しているので、外部専門家に頼らず自社のみで作成する必要がある。

② 再建計画が作成できたら、資金繰表を作成することになる。資金繰表をみて、返済猶予による元本の返済額を正確に反映されているかなどを確認するとともに、余計な設備投資をすることになっていないかを確認する。

③ 経営再建で欠かせないのはメインバンクである金融機関の支援である。経営再建計画をメインバンクが了承すれば、貸出シェアの低い金融機関は問題なく了承するので、メインバンクの支援・協力は不可欠である。

④ 期間損益が赤字である場合、例外なく資金ショートし倒産に至る。

⑤ 残高プロラタで返済計画を策定する場合、担保に取っている不動産を固定資産税評価にするか、路線価にするか、不動産鑑定士による鑑定評価にするかでもめることになるので、留意する必要がある。

解答：P.211

卸売業であるＡ社は、前期（00 期）からの財務改善を進めている。前期（00期）の財務指標結果と当期（01 期）の決算内容を見て、改善していない指標を一つ選びなさい。なお、分析比率（％、日数）は小数点以下第 2 位を四捨五入するものとする。

【前期（00 期）の財務比率実績】

財務比率	計算方法	前期実績
流動比率	（流動資産÷流動負債）× 100	82％
固定比率	（固定資産÷純資産の部）× 100	241％
棚卸資産回転日数	平均棚卸資産÷ 1 日当たり売上高	45 日
受取勘定回転日数	受取手形・売掛金÷ 1 日当たり売上高	68 日
債務償還年数	期末有利子負債残高÷（営業利益＋減価償却費）	13.3 年

※「1 日当たり売上高」は、「年間売上高÷ 365 日」とする。

【当期（01 期）の貸借対照表要約】

科目	金額（万円）	科目	金額（万円）
（資産）		（負債）	
現金預金	11,000	支払手形・買掛金	25,000
受取手形・売掛金	52,000	短期借入金	90,000
商品	38,000	長期借入金	33,000
有形固定資産	41,000	計	148,000
投資等	25,000	（純資産）	19,000
計	167,000	計	167,000

【当期（01 期）損益計算書要約】

科目	金額（万円）
売上高	360,000
期首商品棚卸高	41,000
当期商品仕入高	288,000
期末商品棚卸高	38,000
売上原価	285,000
売上総利益	75,000
販売費及び一般管理費（うち減価償却費　1,200 万円）	66,000
営業利益	9,000

① 流動比率

② 固定比率

③ 棚卸資産回転日数

④ 受取勘定回転日数

⑤ 債務償還年数

解答：P.211

第28問　　　　　　　　　　　　　　　　　　　　　　（第77回）

　小売業であるD社の経営改善計画を策定するにあたり、下記【前記実績損益】及び【試算の前提】を参考にして、経常利益6,000万円となるための必要最小限の売上高として、正しいものを一つ選びなさい。なお、計算において1％未満及び1万円未満の数値は四捨五入するものとする。

【前期実績損益】

売上高	120,000万円
売上原価（商品代金）	75,000万円
売上総利益	45,000万円
販売管理費（変動費）	21,000万円
販売管理費（固定費）	20,000万円
営業利益	4,000万円
支払利息	2,200万円
経常利益	1,800万円

【試算の前提】

1. 売上原価はすべて変動費とする。

2. 限界利益率は実績と同じものとする。

3. 経費削減により、固定費を年間2,000万円削減するものとする。

4. 財務リストラによる負債削減により、支払利息は200万円減少するものとする。

① 130,000万円

② 150,000万円

③ 170,000万円

④ 190,000 万円
⑤ 210,000 万円

解答：P.212

━第3章の解答・解説━

【第1問】

正　解：②　　　　　　　　　　　　　　　　　　　　　**正答率41.9%**

① 社長の個人資産の把握は、企業の再生においても重要なことなので、しっかり把握する必要がある。よって不適切である。

② 適切である。

③ 支払手形の金額には、金利も含まれており、追加の負担がかかる。また、不渡りになると倒産の原因となるため、支払手形の利用は極力回避することが望ましい。よって不適切である。

④ 中小企業の再生では、債権放棄やDESは金融機関の負担が大きく、モラルハザードの問題もあり、容易ではないのでほとんど活用されていない。よって不適切である。

⑤ 場合によっては、資金繰りが厳しい債務者に対しては、運転資金として残すことも検討すべきである。よって不適切である。

【第2問】

正　解：⑤　　　　　　　　　　　　　　　　　　　　　**正答率60.1%**

① 経営再建の可能性を見極めたうえで、対応の可否を判断することが求められており、無条件ということではない。よって不適切である。

② 確実な売上げまで無視して作成する必要はない。それは算定に含めるべきである。よって不適切である。

③ 再生のため、必要な成長分野への投資は織り込み、認めてもらう必要がある。よって不適切である。

④ 未保全額の算定のため、担保評価をする必要があり、固定資産税評価、路線価、不動産鑑定士による鑑定評価など、評価方法によって評価額が変わることになり、未保全額の金額に大きく影響することになる。よって不適切である。

⑤ 適切である。

【第3問】

正　解：③　　　　　　　　　　　　　　　　　　　　　　　　　　正答率 46.7%

① 売買目的有価証券の他、満期保有目的や関連会社等に該当しない有価証券（その他有価証券）で市場価格のあるものは、時価評価となる。よって誤り。

② 無形固定資産は定率法の減価償却は認められていない。よって誤り。

③ 正しい。

④ ファイナンス・リース取引については、原則として売買取引に準じた処理を行うこととされており、通常の賃貸借取引に準じた処理も認められている。よって誤り。

⑤ 消費税の処理は税抜処理が一般的だが、免税事業者に限らず税込処理も認められている。よって誤り。

【第4問】

正　解：②　　　　　　　　　　　　　　　　　　　　　　　　　　正答率 22.1%

① 借入金の利息支払は、財務活動ではなく、営業活動によるキャッシュフローに反映される。よって誤り。

② 正しい。

③ 借入金の増減は財務キャッシュフローだが、貸付金の増減は投資キャッシュフローに分類される。よって誤り。

④ 受取利息、受取配当金とも営業キャッシュフローに含まれる。よって誤り。

⑤ 手形決済が翌期首になった場合、決算書上の負債が増加し、営業キャッシュフローにはプラスの影響がある。よって誤り。

【第5問】

正　解：①　　　　　　　　　　　　　　　　　　　　　　　　　　正答率 28.6%

A．破産債権（無担保債権）の配当原資

資産合計 50,000 －（相殺対象資産 5,000 ＋担保提供資産 10,000 ＋租税債務 5,000 ＋従業員給与・退職金債務 4,000 ＋清算費用見込 2,000）＝ 24,000 万円

※役員退職金債務は、労働債権に該当しないため、控除しない。

B．破産債権（無担保債権）の金額

負債合計 150,000 －（相殺対象資産 5,000 ＋担保提供資産 10,000 ＋租税債

務5,000 ＋従業員給与・退職金債務 4,000）＝ 126,000 万円

Ｃ．破産配当率＝Ａ÷Ｂ＝ 19%

　よって①が正解である。

【第6問】

正　解：③　　　　　　　　　　　　　　　　　　　　　　正答率 68.6%

　総資本経常利益率は分子と分母に売上高を介在させることによって下記の2つの比率に分解できる。

$$\text{総資本経常利益率} \left[\frac{\text{経常利益}}{\text{総資本}} \right] = \underset{\text{（売上高経常利益率）}}{\frac{\text{経常利益}}{\text{売上高}}} \times \underset{\text{（総資本回転率）}}{\frac{\text{売上高}}{\text{総資産（負債純資産合計）}}}$$

　すなわち、企業の経常的な収益力をみる経営指標である総資本経常利益率は売上高経常利益率と総資本回転率の影響を受ける。

　掲題の問題では、収益性低下の原因は売上高経常利益率の大幅な低下が主因ではあるが、総資本回転率も主因ではないが悪化傾向にあり、両面から収益性が悪化している。

　以上から、③が正解となる。

なお、総資本回転率は回転を求める指標であるので、求められた数字の単位は「回」で表わす。

【第7問】

正　解：③　　　　　　　　　　　　　　　　　　　　　　正答率 56.7%

日銀方式付加価値額＝（882 ＋ 576）＋ 63 ＋ 36 ＋ 270 ＋ 180 ＋ 63 ＝ 2,070 百万円

労働分配率（%）＝人件費／付加価値

$$\text{労働分配率} = \frac{882\,\text{百万円} + 576\,\text{百万円}}{2,070\,\text{百万円}} \times 100 = 70.4\%$$

　よって③が正解である。

【第8問】

正　解：④　　　　　　　　　　　　　　　　　　　　　正答率：71.7%

①　適切である。

②　適切である。

③　適切である。

④　風評被害を避ける方策は必要であるが、状況を勘案し、本社の売却が必要な場合には経営者は売却を決断しなければならない。よって、最も不適切である。

⑤　適切である。

【第9問】

正　解：③　　　　　　　　　　　　　　　　　　　　　正答率：48.9%

①　破産申立てのほか、任意整理という方法もある。よって、不適切である。

②　場合によっては、現経営者の退任を求めないこともある。よって、不適切である。

③　最も適切である。

④　再生手法としてLBOは利用できるが、再生対象企業では、資産は既に担保に取られており、キャッシュフローもプラスでないなど、実際にはLBOは難しいといえ、急増を推測できるまでのものではない。よって、不適切である。

⑤　DIPファイナンスは、法的整理による再生に利用されるファイナンスで、私的整理ガイドラインでは利用できない。私的整理ガイドラインでは、疑似DIPファイナンスがある。よって、不適切である。

【第10問】

正　解：②　　　　　　　　　　　　　　　　　　　　　正答率：57.7%

限界利益率＝1－変動費（売上原価32,000万円＋変動販売管理費12,000万円）÷売上高80,000万円＝45%

固定費＝40,000万円

①　（営業利益5,000＋固定費40,000）÷限界利益率45%＝<u>100,000万円</u>

②　（営業利益4,000＋固定費40,000）÷売上高80,000＝55%　⇒

現在より10%改善

③　（営業利益5,000 ＋ 固定費40,000）÷限界利益率50％（5％改善）＝ 90,000万円

④　売上高90,000×限界利益率45％－営業利益1,000＝固定費39,500万円　⇒ 現在より500万円削減

⑤　売上高120,000×限界利益率45％－固定費40,000＝営業利益14,000万円 以上より、誤っているのは②である。

【第11問】

正　解：⑤　　　　　　　　　　　　　　　　**正答率：34.1%**

①　資産の部は、流動資産、固定資産、繰延資産に区分され、固定資産は、有形固定資産、無形固定資産、投資その他の資産に区分される。よって、誤り。

②　繰延資産とは、すでに代価が支払われ、役務の提供も受けたが、代価の配分を数期間に行うために計上した資産であり、財産価値はないものである。よって、誤り。

③　自己株式は、純資産の部のうち「株主資本」から控除される。よって、誤り。

④　利益剰余金がマイナスになった場合は欠損金といい、さらに純資産の合計がマイナスになった状態が債務超過である。よって、誤り。

⑤　偶発債務とは、過去の取引に関連して将来において会社の負担となる可能性のある債務である。よって、正しい。

【第12問】

正　解：③　　　　　　　　　　　　　　　　**正答率：78.3%**

①　投資キャッシュフローに含まれる。よって、誤り。

②　財務キャッシュフローに含まれる。よって、誤り。

③　営業活動によるキャッシュフローに含まれる。よって、正しい。

④　財務キャッシュフローに含まれる。よって、誤り。

⑤　投資キャッシュフローに含まれる。よって、誤り。

【第13問】

正　解：②　　　　　　　　　　　　　　　　　　　　正答率：69.8%

所要運転資金　＝　売掛債権＋棚卸資産（製品＋原材料＋仕掛品）－買掛債務

　　　　　　　＝　32 ＋（30 ＋ 14 ＋ 20）－ 24 ＝ 72（百万円）

$$運転資金回転期間 ＝ \frac{所要運転資金}{月売上高} ＝ 72 \div 40 ＝ 1.8 カ月$$

　よって、②が正解である。

【第14問】

正　解：①　　　　　　　　　　　　　　　　　　　　正答率：24.5%

①　外部環境分析の目的は、将来にわたる「トレンド」を把握し、予測される環境変化の自社へのインパクト度合を評価することであり、「自社の実力の確認」は内部環境分析の目的である。よって、最も不適切である。

②　記述のとおりであり、正しい。

③　記述のとおりであり、正しい。

④　記述のとおりであり、正しい。

⑤　記述のとおりであり、正しい。

【第15問】

正　解：③　　　　　　　　　　　　　　　　　　　　正答率：56.1%

①　不適切である。利息だけでなく元本返済の延滞も該当する。

②　不適切である。自己資本とみなされる条件を満たす借入金だけが自己資本とみなされ、無条件にすべてが自己資本とみなされるわけではない。

③　適切である。

④　不適切である。明確に分けられない。再生対象企業では両方に問題を抱えているのが通常である。

⑤　不適切である。従業員も痛みを負わなければならず、再生に協力することが求められる。

【第16問】

正　解：②　　　　　　　　　　　　　　　　　　　　　　　正答率：47.7%

① 不適切である。税の軽減を受けるには税制適格分割である必要がある。

② 適切である。

③ 不適切である。事業の全部譲渡の場合には譲受企業においても特別決議が必要となるが、重要な一部の事業の譲渡では必要はない。

④ 不適切である。ＬＢＯは売り手企業の当該事業部門の資産だけでなく、稼ぎ出すキャッシュフローに基づき資金調達することもある。

⑤ 不適切である。再建計画の認可後ではなく、民事再生の申立て以後（認可後も含め）のファイナンスのことである。

1.　DIPファイナンス（アーリーステージ）

民事再生法等を申し立てた倒産企業が、申立直後から計画認可までの期間において、運転資金を調達できずに、事業の継続が困難な場合に、この事業の価値を維持させる一時的な運転資金融資

2.　DIPファイナンス（レイターステージ）

・再建計画実施に必要となるリストラ資金融資

・再生計画実施中の別除権の買い取り、設備投資に向けた中長期融資

・再生債権等をリファイナンスし、法的整理プロセスを早期に終結させるための融資（ExitFinance）

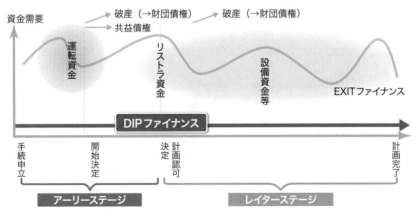

株式会社日本政策投資銀行

【第17問】

正　解：⑤　　　　　　　　　　　　　　　　　　　　　　正答率：37.6%

① 不適切である。すべてを返済に回してしまうことだけに固執せず、必要があれば、債務者の資金事情に配慮して、リストラ資金や運転資金に回すことを考えるのが望ましい。

② 不適切である。条件変更時の金利水準が金融機関の資金調達コストを下回る場合であっても、黒字化を織り込んだ収益改善計画が合理性、実現可能性が高いと判断できる場合には、要注意先（その他要注意先）と判断できる。

③ 不適切である。外部要因（外部環境）により一時的に経営改善計画が大幅に未達成（80％以下）となった場合でも、対策を実行し再び計画に見合った業績が見込まれる場合は、要注意先（その他要注意先）と判断できる。

④ 不適切である。債務者が実現可能性の高い抜本的な経営再建計画を策定していない場合であっても、債務者が中小企業であって、かつ、貸出条件の変更を行った日から最長１年以内に当該経営再建計画を策定する見込みがあるときには、当該債務者に対する貸出金は当該貸出条件の変更を行った日から最長１年間は貸出条件緩和債権には該当しないものと判断して差し支えないとされていることに留意する。

　　なお、「当該経営再建計画を策定する見込みがあるとき」とは、銀行と債務者との間で合意には至っていないが、債務者の経営再建のための資源等（例えば、売却可能な資産、削減可能な経費、新商品の開発計画、販路拡大の見込み）が存在することを確認でき、かつ、債務者に経営再建計画を策定する意思がある場合をいう。

⑤ 適切である。

【第18問】

正　解：⑤　　　　　　　　　　　　　　　　　　　　正答率：47.2%

① 不適切である。余裕の程度にもよるが、一般的には黒字が維持できる範囲での返済を行うべきで、それ以上返済するとまた赤字になってしまう。

② 不適切である。リスケをしても本業での再生は不可能なので、取引金融機関は回収を促進すべきである。

③ 不適切である。設備投資を行えば、当然資金繰りに影響する。

④ 不適切である。信用残プロラタではなく、残高プロラタにすれば一般的に担保を多く設定しているメインバンクに有利となる。

⑤ 適切である。3カ月以内に合意できなければ、銀行法上開示債権の要管理債権となるため、これは正しい。

【第19問】

正　解：②　　　　　　　　　　　　　　　　　　　　正答率：24.8%

① 不適切である。「借地権」は有形固定資産ではなく、無形固定資産である。よって誤り。

② 適切である。

③ 不適切である。繰延資産とは、既に支払が済んで役務の提供を受けたが、代価を数期間に配分するために計上する資産で、財産価値はないものである。よって誤り。

④ 不適切である。ファイナンス・リース取引については原則として売買取引に準じた処理を行うが、通常の賃貸借取引に準じた処理も認められている。よって誤り。

⑤ 不適切である。貸倒引当金は負債に属するのではなく、資産の部からマイナスされる。よって誤り。

【第20問】

正　解：② 　　　　　　　　　　　　　　　　　　　正答率：36.9%

① 不適切である。実態債務超過の基準となるのは、清算価値ではなく、事業継続を前提とした時価である。

② 適切である。破産配当率は、再生した場合と破産した場合を比較するためのものであり、清算価値によって計算する。

③ 不適切である。中小企業の実態財務内容については、法人だけでなく代表者個人と一体で判断するという考え方があり、代表者個人の資産負債を加算して財務内容を判断するケースもある。

④ 不適切である。EBITDAは、「税引前利益（税引後利益＋法人税等）＋支払利息＋減価償却費（＋特別損益)」で計算される。

　　EBITDA＝税引前当期純利益＋支払利息＋減価償却費

　　EBITDA＝営業利益＋減価償却費

　　EBITDA＝経常利益＋支払利息＋減価償却費

⑤ 不適切である。利益の黒字化基準における利益は、減価償却前経常利益ではなく、経常利益である。

【第21問】

正　解：④ 　　　　　　　　　　　　　　　　　　　正答率：58.1%

① 不適切である。買掛金の増加は、営業キャッシュフローのプラスとなる。

② 不適切である。自社株の買取をした場合は、財務キャッシュフローのマイナスとなる。

③ 不適切である。借入金の返済は財務キャッシュフローのマイナスであり、不動産の売却代金は投資キャッシュフローのプラスである。

④ 適切である。

⑤ 不適切である。貸付金の回収は、投資キャッシュフローのプラスとなる。

【第22問】

正　解：① 　　　　　　　　　　　　　　　　　　　　正答率：24.6%

・破産債権（無担保債権）の配当原資＝清算貸借対照表の資産 15,300 －（相殺預金 3,200 ＋担保提供不動産 7,200 ＋未払公租公課 800 ＋未払給与・退職金 1,300 ＋破産費用 700）＝ 2,100 万円

・破産債権（無担保債権）の金額＝清算貸借対照表の負債 39,900 －（相殺預金 3,200 ＋担保提供不動産 7,200 ＋未払公租公課 800 ＋未払給与・退職金 1,300）＝ 27,400 万円

・破産配当率＝ 2,100 ÷ 27,400 ＝ 7.6%（0.1% 未満切捨て）
　よって、①が正解となる。

【第23問】

正　解：③ 　　　　　　　　　　　　　　　　　　　　正答率：37.9%

① 適切である。

② 適切である。繰越欠損金：税務上、単年度の課税所得がマイナスとなり税務上の欠損金が生じた場合、その発生年度の翌期以降で繰越期限切れとなるまでの期間（「繰越期間」という）に課税所得が生じた場合には、課税所得を減額することができます。

③ 不適切である。要管理債権とは、要注意先に対する債権のうち「3カ月以上延滞債権（元金又は利息の支払が、約定支払日の翌日を起算日として3カ月以上延滞している貸出債権）及び貸出条件緩和債権」をいう。

④ 適切である。

⑤ 適切である。

【第24問】

① 不適切である。代表者の資産だけでなく、代表者の負債も合算してみる必要がある。

② 適切である。

③ 不適切である。この場合、実態は赤字である可能性大なので、しっかりチェックする必要がある。

④ 不適切である。拘束預金は、保全状況に関係するので、注意して見ておく必要がある。

⑤ 不適切である。偶発債務は、別途注記する必要があり、計算書の科目だけを見てもはわからない。

【第25問】

① 不適切である。価格の高低のみで決めるのではなく、サービサーの回収スタンス等他のサービサーの評判を把握して決める必要がある。

② 不適切である。キャッシュフローを生み出す収益性も確認して判断する必要がある。

③ 不適切である。代わるべき人材がいないため、現経営者が続投するケースもあり、認められる。

④ 不適切である。株主総会の特別決議が必要となるが、過半数ではなく３分の２超の賛成が必要となる。

⑤ 適切である。

【第26問】

正　解：②　　　　　　　　　　　　　　　　　　**正答率：88.0%**

① 不適切である。自社のみの作成では、安易な売上増など、甘い計画になる可能性があるので、場合によっては、外部専門家の活用も必要である。

② 適切である。

③ 不適切である。下位行は一般的に保全率が低く、問題なく了承するとは限らない。残高プロラタの場合は特に了承されない可能性がある。

④ 不適切である。損益計算上赤字であっても、減価償却費次第では資金繰りが回る可能性もあり、倒産するとは限らない。

⑤ 不適切である。これは残高プロラタではなく、信用残プロラタの場合である。

【第27問】

正　解：②　　　　　　　　　　　　　　　　　　**正答率：64.8%**

① 流動比率（高いほうがよい）＝（流動資産÷流動負債）× 100 ＝（11,000 ＋ 52,000 ＋ 38,000）÷（25,000 ＋ 90,000）× 100 ＝ 87.8%であり、前期の82%より改善している。

② 固定比率（低いほうがよい）＝（固定資産÷純資産）× 100 ＝（41,000 ＋ 25,000）÷ 19,000 × 100 ＝ 347.4%であり、前期の241%より悪化している。

③ 棚卸資産回転日数（短いほうがよい）＝棚卸資産÷ 1 日あたり売上高＝｛（41,000＋38,000）× 1/2｝÷（360,000 ÷ 365）＝ 40.0 日であり、前期の45日より改善している。

④ 受取勘定回転日数（短いほうがよい）＝受取勘定（売上債権）÷ 1 日あたり売上高＝ 52,000 ÷（360,000 ÷ 365）＝ 52.7 日であり、前期の68日より改善している。

⑤ 債務償還年数（短いほうがよい）＝期末有利子負債残高÷（営業利益＋減価償却費）＝（90,000 ＋ 33,000）÷（9,000 ＋ 1,200）＝ 12.1 年であり、前期の13.3 年より改善している。

【第28問】

限界利益率 = 1 −変動費（売上原価 75,000 万円 + 変動販売管理費 21,000 万円）
÷売上高 120,000 万円 = 20%

当期の固定費見込 = （前期固定経費 20,000 − 2,000） + （前期支払利息 2,200
− 200） = 20,000 万円

経常利益 6,000 万円のために必要な売上高 = （固定費 20,000 万円 + 目標利益
6,000 万円）÷限界利益率 20% = 130,000 万円

よって①が正しい。

第4章

事業再生手法

～学習の手引き（第4章)～

テーマ	80回	81回
1．財務リストラ		
（1）財務リストラのポイントと進め方		
（2）流動資産の問題点と改善策	①	
（3）固定資産のスリム化		
2．業務リストラ		
（1）業務リストラとは		
（2）原価の削減ポイント	②	①
（3）経費の削減ポイント	①	②
（4）アウトソーシング		①
（5）人事リストラ	①	
3．事業リストラ		
（1）事業リストラのポイントと進め方	①	①
（2）事業転換・事業撤退	①	
（3）M＆Aの各種の手法	④	③
（4）業務提携・資本提携		①
4．対象先の債務者区分と再生手法		
（1）債務者区分別に見た事業再生手法	②	②

※丸数字は出題数。

1．財務リストラ

・この分野の出題は多くないので、ポイントを押さえて学習したい。

2．業務リストラ

・「原価の削減」、「経費の削減」に関しては、毎回出題されているので、削減の着眼点・手法等について理解を深めておきたい。

3．事業リストラ

・「M＆Aの各種の手法」については、合併、会社分割などの各種の組織再編の手法について、意義、手続、メリット・デメリットなどについて理解しておくことが肝要である。

4．対象先の債務者区分と再生手法

・破綻懸念先など、再建手法の特徴や相違点などについて理解しておくこと。

第1節
財務リストラ

1. 財務リストラのポイントと進め方

> **学習のポイント**
> ● 財務リストラの考え方を理解する
> ● 財務リストラが必要となる場合や手法について理解する

（1）財務リストラとは

貸借対照表項目に関連する事項の処分やカット等による調整で、財政状態を改善することをいう。つまり、その実施結果が損益計算上特別損益になってしまうような行為を指し、不動産の処分やM&A、会社分割、事業譲渡等の処理を実施することも、また債務免除を受けることも原則としては財務リストラとなる。その他、事業リストラの一貫としても財務リストラが必要であり、両者は密接に関連してくる。

具体的には、遊休資産や不稼動資産の圧縮、持ち合い株式や本社ビルの売却等も考慮すべき場合もある。また、中小企業の場合には、（連帯保証人である）経営者の資産についても同様の考え方が必要になる。一方で、売掛債権のサイト短縮や在庫の圧縮に努めるなど、金のかからない体質へ変更していくことが重要である。

（2）財務リストラの手法

財務リストラとは、前述したように、財務諸表項目の処分等による対策であり、これにより有利子負債の削減や資本充実を目指すものである。事業自体を再建したところで、過剰債務が解消できず、資金繰りに窮していたのでは再生を果たすどころか、常に倒産という不安を抱えることになる。したがって、財務リストラは短期間で達成しなければならず、キャッシュフローの状況を直接改善させる効果を持つ。

具体的には、以下のような方法が考えられる。

ア．フリーキャッシュフローを増加させる

イ．不要な資産・事業等を外部に売却する

ウ．増資する

エ．劣後債や優先株などのメザニンデットに切り替える

オ．債務免除を受ける

　実際の事業再生のプロセスでは、ほとんどのケースで上記の方法が検討され、実行される。

2. 流動資産の問題点と改善策

> **学習のポイント**
> ● 粉飾・逆粉飾決算の抱える問題点を理解する
> ● 売掛金や棚卸資産等、「管理」の重要性を理解する

（1）粉飾・逆粉飾決算

　売掛金や棚卸資産の部分が貸借対照表中で最も「粉飾決算」「逆粉飾決算」の材料として使われやすいといえる。

　わが国の企業会計原則は、適正な期間損益計算を目標として組み立てられているため、毎期の「計算上の損益」を算出するには非常に適しているが、その反面効果として、必ずしも「実際の損益」とは一致しなくなるという弱点を持つ。

　企業会計原則は、費用は「発生主義」、収益は「実現主義」を採用しているので、例えば「売上」であれば、実際に商品が買い主の手に渡り、売買代金が売り主の手に渡った時点で初めて「現金／売上」として計上される（現金主義）のではなく、商品等の販売又は役務の給付が完了した時点で、「売掛金／売上」として計上される。

　そうすると、仮にその売買契約は成立したものの、結果的に現金回収に至らなかった取引であったとしても一時的には「売掛金／売上」として計上されることになるので、そこに「架空売買」という粉飾決算を行う余地が出てくるのである（これと全く逆に「架空仕入」を「仕入／買掛金」として計上すれば「逆粉飾決算」ができる）。

　そして同じような考え方から、「架空在庫」「架空経費」等々を計上する不正行為も当然あり得るので、提出された決算書をそのまま分析していたのでは、正しい数字ではないものを分析にかけることになり、実は本当の意味を持たな

いのである。

（2）与信管理、債権管理

　意外に見落とされがちなのであるが、中小・零細企業においては、本来キャッシュであるべき部分が例えば棚卸資産になって不良在庫化していたり、回収不能の売掛金や未収金になっていたりすることにより、貸借対照表上では資産計上されていながら、時価評価に引き直した際には大きく数字が下がるというケースが見られる。

　不良在庫や未回収債権には必ずその発生原因があり、それを解消し、かつ今後の発生を予防することが、大きなキャッシュフロー改善への力となるのである。

　中小・零細企業でよく見られるのが、未回収もしくは回収不能の売掛金がいわゆる「額面金額」でいつまでも処理されずに計上されていることである。

　売掛金とは「債権」であるから、時価評価を行う際には、当然のことながら、その回収可能性を判断したうえで再評価しなければならず、回収不能債権であれば評価額はゼロになってしまう。

　では、「どうしてそのように未回収もしくは回収不能の売掛金が多くなってしまうのか？」という根本的な問題から見直してみることが必要となるが、そこで出てくるテーマが、売掛金の発生プロセスが適正で、かつその回収に関する管理ができているか（債権管理）ということと、そもそもその売掛金を発生させるべきであったのか否か、すなわち当初からそんな相手に売るべきであったか否か（与信管理）ということである。

①　与信管理

　最低限新規取引先に関しては、その会社登記簿謄本を提出させたり、相手方に出向いて会社の状況を見たり、経営者や経営幹部と面談したり、関係者からヒアリングを行ったりといった、ごく一般的な調査くらいは済ませておき、その結果により、場合によってはその取引先への「与信枠」を設定して、それ以上の売掛金を計上することがないようにするという経営判断が必要である。

②　債権管理

　最初に、各売掛金ごとに回収可能性を評価し、ある程度のランク付けをすることから開始し、次に各売掛金の未回収原因を調査、そして実際の回収作業に入るのが一般的な作業内容である。しかし、中小・零細企業においてよく見ら

れる傾向として、未回収原因が相手方の信用問題というような大袈裟なことではなく、単に回収姿勢が甘いだけというケースが意外に多い。

実際のところ、すでに不良債権化してしまった売掛金の回収は非常に困難であると言わざるを得ない。もちろん、債権種類別の時効期間確認、内容証明郵便の送付、支払督促や民事訴訟等々の手段はあるが、費用対効果の観点から、実際にはあまり実効性のあるものとは思えず、やはりこの問題は「与信管理」というそもそも論を大切にしながら、社内の組織改革および意識改革を進めることが最も重要な課題となるであろう。

▌3. 固定資産のスリム化

> **学習のポイント**
> ● 固定資産のスリム化について考えるためには、まずは、資産の適正な換価価値を把握することが大切であることを理解する
> ● 収益還元法の精度を高めるため、総収入、総費用、還元利回りの適正な把握および査定が必要であることを理解する
> ● アセットマネジメントの概念について知ることが重要であることを理解する

（1）固定資産のスリム化

固定資産のスリム化は、財務リストラの中心的な作業である。

固定資産のスリム化について考えるには、まずは、資産の適正な換価価値を把握できるよう、不動産の評価手法を知り、また、事業の継続のために保有継続の優先度が高い資産とそうでない資産の合理的・客観的な見極めができるよう、アセットマネジメントの概念について知ることが重要である。

（2）不動産の評価手法

① 不動産の評価手法

不動産の主要な評価手法としては、原価法と収益還元法がある。

原価法とは、簡単に言うと、主に取引事例を基に比準することによって導き出した土地価格と再調達価格を基に導き出した建物価格を合計し、あるべき価格を理論的に説明しようとするものである。

それに対し、収益還元法は、対象不動産から生み出される収益を期待利回り

で割り戻すことによって、その不動産の投資価値を判定するものである。すなわち、それは、投資家が対象不動産の取得を検討しようとする場合の標準的な購入可能額を示すものであり、マーケットバリューであるものと言える。

ここでは、不動産の鑑定評価手法のうち、最も精度の高い手法の1つと位置付けられるDCF法について解説する。

② DCF法

DCF法とは、純収益を生み出す不動産について、将来の継続的な純収益の流れのうち、一定期間（保有期間）における純収益の流れを分析するもので、このキャッシュフローには分析期間以降の純収益の合計額である復帰価格を含み、分析期間中の一連のキャッシュフローと分析期間末の復帰価格をそれぞれ現在価値に割り引き、それらの合計した価格をその不動産の現在の価格とする手法である。

③ IRRとNPV

そして、このDCF法の考え方を用いて、投資機会を評価する具体的な計算方法として、IRR法（内部収益率法）とNPV法（正味現在価値法）がある。

ⅰ）IRR（内部収益率）

IRRとは内部収益率と言われ、すべての正のキャッシュフローの現在価値とすべての負のキャッシュフローまたは資本的支出の現在価値が等しくなるような割引率である。言いかえれば、投資から得られるすべての収益を初期投資額に見合うように割り引く率である。

IRRは、投資家が投資の実行可能性を判断する一つの指標であり、下式の関係で示すことができる。

割引率＜IRR⇒投資可能

割引率＞IRR⇒投資不可能

ⅱ）NPV（正味現在価値）

NPV（ネットプレゼントバリュー）は正味現在価値といい、投資期間内の各年度のキャッシュフロー（入金額）の現在価値の合計額から投資額を控除したもの、すなわち正味の投資効果額である。NPVがプラスになればこの投資は採算に合い、マイナスになれば投資の実行は難しいと判断される。

（3）アセットマネジメント

事業の継続のために保有継続の優先度が高い資産とそうでない資産の合理

的・客観的な仕分けをするためには、アセットマネジメントの概念について知ることが重要である。

アセットマネジメントとは、広義には、資産を最適なポートフォリオによって運用することに関するコンサルティング全般であり、一言で言えば、資産経営に関するコンサルティングであると言えるが、不動産に関するアセットマネジメント業務としては、主に、資産経営の一環として、保有している不動産の資産価値の向上を目的とする以下の業務であると定義される。

ア．保有不動産の収益向上のための企画コンサルティングおよび経営判断業務

イ．不動産投資（土地の新規取得もしくは建物の築造など）にあたっての企画コンサルティングおよび経営判断業務

ウ．遊休もしくはリストラ対象不動産の処分あるいは組み替えに関する企画コンサルティングおよび経営判断業務

このうち、企業の再生にあたり債務者所有不動産の仕分けを検討するために必要なアセットマネジメント業務は、特に、ア．の「保有している不動産の収益向上を目的とした企画コンサルティングおよび経営判断業務」とウ．のうち「不動産の処分に関する企画コンサルティングおよび経営判断業務」であると整理できる。

また、企業の再生にあたり業務用施設の移転を要し、その際に新たに建物の新築もしくは増改築などの設備投資が必要となる場合や保有している不動産の収益向上のために相当の改修工事を要する場合は、イ．のうち「建物の築造などにあたっての企画コンサルティングおよび経営判断業務」が必要となることも想定される。

（4）ＳＰＣとノンリコースローン

リストラの必要な資産について第三者売却を意思決定することが難しい場合には、ＳＰＣ（Special-Purpose Company）もしくはＳＰＶ（Special-Purpose Vehicle）を活用したオフバランススキーム（資産の流動化）が有効である。この手法は不動産の証券化を応用した手法であるといえる。

①　ＳＰＣ（ＳＰＶ）活用による資産の流動化

ｉ）財務リストラと資産流動化

財務リストラは、収益を生み、キャッシュフローを生み出すための構造改革

といえる。中小企業において過去の過大資産購入によって借入金利・固定資産税の負担・維持費・減価償却費等の経費の増大に悩み、資金繰りを圧迫し、損益分岐点を押し上げ、売上げを伸ばさないと保有が困難な状態となっていることが多い。このような簿価を割り込み、かつ不要な資産は思い切って売却することを企業再建では進められることが多い。なぜなら借入金の返済によって資金繰りの圧迫感から解放され、高収益体質構造への第一歩を踏み出すことが可能となるからである。このように企業再建スキームにおいて、資産流動化は重要なキャッシュフロー改善策である。

　証券化によってより早く、より高く資産のキャッシュ化が可能となり、売却後も当該物件を賃貸することによって利用することが可能となる。

　すなわちＳＰＣ等の証券化スキームを活用したセールアンドリースバック等の手法により、財務体質が悪く社債による調達コストが高い企業であっても、自社ビルを証券化して低いコストにて資金調達し、オフバランス効果を実現でき、さらに将来の値下がりリスクからも回避することが可能となる。このＳＰＣスキームを利用する上で欠かせないファイナンス手段がノンリコースローンである。

　②　ノンリコースローンのしくみ

　ノンリコースローンの説明の前にその対局に位置するリコースローンについて説明する。

ⅰ）リコースローン

ａ．定義

　リコースとは、「遡及される」という意味である。従来から日本国内で採用されてきた融資制度では、不動産担保融資で担保物件を売却しても債権額に満たない場合、担保物件以外からも返済義務が生じる。具体的には時価＜ローン残高となった場合に、担保物件を売却してもローン残高が残る場合には個人又は企業が引き続き残債務を返却していかなければならない。このような遡及権を持つローンはリコースローンと呼ばれる。

ｂ．問題点

ア）デフレ経済への対応

　従来型の融資制度の背景には、土地は長期的には右肩上がりで値上がりを続けるという土地神話があったが、現況ではデフレ経済が長期化し、少子化・高

齢化も相俟って不動産市況も長期低迷が予測されるようになってきており、従来型の担保制度では安定的融資を得られにくくなってきている。

イ）資金調達の限界

　企業信用力が低く、格付け等が劣る場合には社債等の資金調達することが困難となる場合が多い。

ウ）オフバランスへの非対応

　通常のローンは、バランスシートの「負債の部」に短期借入金・長期借入金として計上される。将来的な時価主義会計制度・減損会計制度への適応が叫ばれ、各企業とも有利子負債の圧縮を進めているが、従来型の担保物件融資ではオフバランスができない。

エ）借り手側の一方的なリスク

　債務不履行に陥った場合の個人や零細企業の負担（リスク）が大きすぎる。

　例えばリストラとなり、ローン未払いが続きやむを得ず自宅を任意で売却する場合に、地価下落等により時価＜ローン残高の場合には債務の一部しか弁済できず、賃貸住宅に住みながら売却済みの住宅のローンを支払いつづけなければならない。

　借り手のリスクと貸し手のリスクと比較して、貸し手側のリスクは分散されており、一部の損失のリスクを吸収できる。

　③　ノンリコースローン

ｉ）定義

　ノンリコースとは、「遡及しない」という意味である。融資に伴う求償権の範囲を物的担保に限定するため担保物件以外には遡及されないローンで、担保物件を売却して債権額に満たない場合でも、それに対する一切の債務から免責される。

ｉｉ）導入されてきた背景

　金融機関はリスクの一部を負担する見返りに通常金利よりも高めにすることが一般的である。今まで借り手側の事情として、リコースローンであれば低金利で借り入れができたために、債務不履行リスクなどがスプレッドとして上乗せされた高い金利で資金調達を行うニーズがほとんどなかったためと考えられる。しかし、最近の信用収縮を背景に金融機関の融資選別が進む中、信用リスクの高い企業では優良な不動産の収益力に基づく資金調達が模索されるように

なった。不動産証券化はこのようなニーズを満たす直接金融の仕組みであるが、間接金融の仕組みとしてこのノンリコースローンが挙げられる。

④　**ノンリコースローンの活用と課題**

ⅰ）企業再生スキームとノンリコースローン

　企業再生に即して述べると、ノンリコースローンは資産所有と事業経営を分離するために、資産保有リスクと事業経営リスクを分離するシステムといえる。具体的には資産保有を事業会社（もしくはオーナー）が直接行うのではなく、ＳＰＣを設立し、そのＳＰＣが資産を取得し、事業会社（もしくはオーナー）がＳＰＣの株式を取得するシステムである。その際、ＳＰＣはオーナーからの出資とともに資産購入のためのファイナンスを実施するが、その際にノンリコースローンを利用して金融機関から融資を受ける。

　金融機関にとっては値下がりリスクを負うことになるが、リスク回避のための手段が用意されているため（後記レンダーのメリット参照）に、金融機関が相次ぎ参入してきた。貸し出し実績を伸ばす必要があるために、今後もノンリコースローンは増えるであろう。

第4章

第2節
業務リストラ

■ 1. 業務リストラのポイントと進め方

> **学習のポイント**
> ● 業務リストラの考え方を理解する
> ● 業務リストラを行うための準備作業を理解する

（1）業務リストラとは

　業務リストラとは要するに合理的な経営を目指すことであり、そのメインテーマは「営業利益の拡大」＝「健全に稼げる企業への脱皮」である。売上の向上と売上原価の圧縮・経費の削減による営業利益の増大を図る取組みのすべてを含む作業であり、その一環として人件費の削減である人事リストラが包含されている。

　売上の向上のためにはマーケット戦略や新規事業への進出が、売上原価の圧縮のためには仕入先の見直し、経費の削減のためには一般管理費の合理化等が考えられ、目先の利益改善を図るだけではなく、将来に向かっての企業の体質改善を考慮したうえで行わなければならない。

（2）業務リストラを行うための準備作業

　ここでは、合理化の必要性を見極める前の段階として、実際に利用されている損益計算書の問題点を指摘し、業務リストラを行うための準備作業について提案しておきたい。

①　損益計算書の科目の見直し

　一般的な損益計算書は、その作成目的を「法人税計算」のための基礎データとすることに置いており、その勘定科目について、必ずしも本格的な経営分析に向いた構成にはなっていない。例えば「売上原価」と「販売費・一般管理費」の区別であるが、経営分析を容易にするという立場から考えれば、前者が全額「変動費」で後者が全額「固定費」であることが望ましいところ、現実の中小・零細企業の決算書における勘定科目分配は必ずしもそうはなっていないのが通常である。

また、「販売費・一般管理費」として区分されている中に、減価償却費のように実際には過去の経費であるにも関わらず、税務上の理由でここに掲載されているもの、すなわち本年度のキャッシュアウトがない経費や、役員報酬のように会社がその事業成績自体に関係なく自由にその額を決定できる可能性のある経費が混入されていたりすることを、最初に問題視しなければならない。

②　変動費と固定費の峻別

①で示したように、「売上原価」と「販売費・一般管理費」を「変動費」と「固定費」とに明確に分類することが、損益分岐点計算をはじめとする損益管理の基礎である。

ここで最も大切なことは、ここでの損益計算書は税務申告のための数字を正確に計算するためのものではなく、あくまでも経営分析の指標としての情報を得るための手段であるという認識を常に持っておくことである。また、ここでは正確な「分類」を行って精緻な「計算書」を作成することが目的ではなく、企業全体としての大きな「流れ」を鳥瞰的に把握するための指標を得ることが最も重要な目的なのである。

したがって、業務リストラのための経営分析の第一歩とは、税務申告用に1円単位まで記入された損益計算書を、例えば100万円未満切り捨てという位まで大胆に簡略化し、かつその後に経営分析に向く内容に勘定科目を置換えるという作業なのであり、ある程度の誤差があることを前提として分析するという発想の転換なのである。

③　販売費・一般管理費の再分類

これも①で示したように、一般的な損益計算書の目的は法人税の計算であるため、販売費・一般管理費に振り分けられている勘定科目を見直す必要がある。

最初に分離すべきは、減価償却費等のキャッシュアウトを伴わない経費と役員報酬等の業績に直接関連性のない経費である。特に役員報酬については、再生対象企業においては、必ず何等かの減額措置を講じなければ、結果的に従業員や関係者の人心が経営者について行かなくなり、単に業務リストラだけではなく、企業全体の再生可能性を低下させることになる。

また、給与および福利厚生費等の周辺経費については、役員報酬とは全く逆の作用があることにも注目しなければならない。

これは人事リストラにも繋がることであるが、費用対効果の低い人件費につ

いては単なる「経費」として考えれば良いが、そうではない人件費については「経費」という以上に「設備投資」という意味があると考えるべきである。もちろん、これの数字的な峻別は容易なことではないが、理念としては人件費には２種類の性質があることを認識しておくことが必要であろう。

■ 2. 原価の削減

> **学習のポイント**
> ● 損益計算書における原価削減策は、顧客別や製品別の損益計算書をもとに、ポイントを絞って進めていく
> ● 原価改善活動を進めていく場合、コストダウンとコストカッティングとを混同しないこと、また、コスト・リダクション活動とコスト・キーピング活動とを効率的に組み合わせていくことである

（1）原価低減策展開時の着眼点

効率的にコスト改善策を展開していくためには、売上高の増加策も必要であるが、売上高は外的要因に左右されやすく、自助努力だけではどうにもできない要素も多い。しかし、業績悪化企業には、時間的な余裕はなく、その優先順位は、まずは自らが完全にコントロールできるものからということになる。これが、コスト削減を基準に業務リストラが求められている背景であり、以下で、「製造原価」に該当する部分について解説する。

（2）コストダウンとコストカッティング

原価改善活動を始める段階で、まず意識しておかなければならないことは、コストダウンとコストカッティングとを混同してはならないということである。コストダウンとは、原価低減活動のことであり、品質は保ちつつ、コストを引き下げることをいうのに対し、コストカッティングとは、品質を無視した原価の切り詰めのことをいう。

（3）コスト・リダクションとコスト・キーピング

コストダウン活動を進めていくうえで、次に必要となるのが、コスト・リダクションとコスト・キーピングの違いを認識しておくことである。

原価低減活動（コスト・リダクション活動）とは、現在用いられている方法やシステムに比べてより経済的な方法やシステムを見つけ出し、それらの代替

案の採用可能性を見出す活動である。これに対して、原価維持活動（コスト・キーピング活動）とは、現在用いられている方法やシステムのもとではどうしても発生することになる原価と実際に発生している実績原価とを比較して、標準という期待値を超えないように管理していく活動である。

3. 経費の削減

> **学習のポイント**
> ● 損益計算書における経費削減策の入り口は、販売費と管理費を区分することである
> ● 販売費と管理費の性質の違いを、しっかりと踏まえてコスト削減活動に取り組まないと、その効果は半減する

（1）販売費と管理費を区分する

中小・零細企業の財務諸表では販売費と一般管理費とは明確に区分されておらず、どちらも経費として一括りにされているケースが多い。財務諸表上の事務作業の手間を考えた場合、これらの経費が明確に区分されていないことは致し方ないことである。

しかしながら、経費の削減を効率よく進めていくためには、少なくとも管理上は、これらの経費の色分けをしておく必要があり、それを明確にしないまま経費の削減策を検討していくと、思うようにコストが減らせず失敗してしまうことが多い。実際、経費の削減活動は、どうしても、これまでの企業活動の方法に制約をかけることが必要になるため、後ろ向きの活動になりやすい。

景況感が芳しくない以上、これは致し方ないことなのだが、「前向きに攻めていくための経費」はきちんと確保しておかないと、かえって企業活動が停滞してしまうことになる。

経費の削減を進めていくためには、このような事態に陥ることだけは回避する必要があり、そのためには、上記のように、少なくとも管理上は、販売費と一般管理費とは明確に区分しておく必要がある。

（2）企業活動の実態からみた場合の販売費と一般管理費の定義

会計上の定義から離れて、企業活動の実態から販売費と一般管理費との違いを定義してみると、以下のとおりとなる。

① 販売費

管理的な側面から考えた場合、販売費とは「一定の支出でできるだけ高い効果を狙うためのコスト」と定義される。したがって、やみくもに削減を進めることは、必ずしも効果的ではなく、その支出が、当該企業の競争優位に働いているかを考えて支出可否を決定するのが原則である。

② 一般管理費

管理的な側面から考えた場合、一般管理費とは「一定の効果をできるだけ少ない支出で維持するためのコスト」と定義される。つまり、一般管理費を企業活動を行うためのインフラコストとして考えるわけである。

まずは、必要な機能やサービスがどのようなものなのかをきちんと自社で定義する。次に、それを提供可能な複数の業者から相見積もりをとり、その中で最も価格の安いものを採用するという管理方法をとっていかないと、コストダウンを図ることは難しい。

▌4. アウトソーシング

学習のポイント
- 業務リストラにおけるアウトソーシングの効果を理解する
- アウトソーシングの形態を理解する
- アウトシーシングの活用のポイントと留意点を理解する

(1) アウトソーシングとは

直訳すれば「外部委託」であるから、本来は非常に幅広い概念を持った言葉であるが、わが国においては、以前はコンピューター用語であったらしく、企業や官庁が、一般人では不可能なコンピューターシステムの設計や管理を外部の専門家に委託することを指していたようである。

しかしその後、例えば経理の記帳や給料計算その他の事務を専門の会社や会計事務所に依頼することもアウトソーシングと称せられるようになり、最近では経理関係に限らず、企業が行う各種の業務の一部を他社に請負わせたり、さらに進んで他社の労働者が自社の設備を使用して作業を行うという形態も登場し、非常に多様な意味を持つ言葉となってきている。

（2）アウトソーシングの分類

アウトソーシングの形態を分類すると、以下のようになる。

① 専門職委託型アウトソーシング

② 特定業務委託型アウトソーシング

③ 労働力供給型アウトソーシング

④ 経営判断補助型アウトソーシング

（3）アウトソーシング活用の目的

近年、アウトソーシング活用の目的は多種多様となってきており、ますますその利用が増えていくことと思われる。

しかし、アウトソーシングに限らず、企業にとって新しいシステムを導入しようとする際には、必ずその経営判断の前に、企業全体についての詳細かつ綿密な業務分析を実施し、必要性と重要性をチェックしたうえで、メリットとデメリットをそれぞれ摘出し、徹底的に比較検討しておく必要がある。

特に企業再生のために経営改善を実行する中小・零細企業の場合には、使用できる経営財源や判断に要する時間的余裕が少ないこともあり、キャッシュアウトが伴う改革に関して一度でも判断の失敗があった際には、基本的にやり直しがきかないと考えるべきであり、極めて慎重な対応が求められる。

5. 人事リストラ

> **学習のポイント**
> ● 人件費における「投資的人件費」と「費用的人件費」の分類を理解する
> ● 人事リストラの目的と前段階における各種取組みの重要性を理解する
> ● 最終的に人員整理を実行する場合における手法について理解する

（1）投資的人件費と費用的人件費

同じ人件費にも「投資的人件費」と「費用的人件費」の区別が潜在的に存在しているという前提で考えた場合、いかにしてその両者を峻別し、かつそれぞれについて最大限の費用対効果を生み出すことが可能であるかを検証する必要がある。

最初に投資的人件費に区分される人件費であるが、これはその企業にとって「人材（人財）」としての価値を明確に見出せる労働者のみを対象とするもので

ある。

　人材の選別という作業は、実際には非常に困難なことであり、ここで少ない
スペースを使って語りきれるものではないが、再生対象企業においては必ず実
行しなければならない作業である。なぜなら、こういった「人材（人財）」の
喪失こそが、何よりも企業力の低下を招き、企業再生の実現を妨げるばかりで
はなく、最終的に破綻を早める原因となるからである。

　すなわち、安易に「人事リストラ」として「人員整理」を実行しようとした
場合、多くのケースでこういった有能かつ有望な人材から最初にその企業に見
切りを付けて去って行くということを決して忘れてはならず、優秀な人材は特
に手厚く待遇して企業に残ってもらえるような対策を取ることはもちろん、あ
る程度の賃金を負担してでも他から有能な人材を雇用するという選択肢も考慮
に入れておかなければならない。

　次に費用的人件費に区分される人件費であるが、これはいろいろと削減の方
法が考えられる。

　例えば各職場の職務分析を詳細に実行してみると、多くのケースで人件費と
仕事内容が合致していない労働時間が相当に存在しているものである。

　そういった場合には、そのような単純労働については、パート・アルバイト
あるいは派遣労働等を活用することによって賄い、賃金の高い労働者には、そ
れに見合った内容の仕事をさせるような労務管理を行うことが必要となってく
るであろう。

　また、雇用管理によって、今後は単純労働については、最初から全て流動性
のある雇用形態の労働者に任せて、常勤労働者については、賃金に見合うだけ
の高度な仕事内容を要求するというシステム構築に向かうべきでもある。

　こういったシステム構築に役立つ手法として「ワーク・シェアリング」「コ
ンピテンシー」等々の考え方が存在している。

（2）人員整理実施の手法

　人員整理にあたっては、下記の点に留意して実施する必要がある。

　　ア．人員整理目標の設定

　　イ．労働組合との協議と説明

　　ウ．希望退職者の募集

　　エ．割増退職金の支給

オ．募集人数に満たないときの対応

カ．再就職の斡旋

キ．法令の再確認

なお、人員整理を急ぐあまりに労働トラブルが発生しがちなので、注意しておきたい。

最近では「整理解雇」に関しては「解雇必然性」「解雇回避努力」「対象者への説得・協議」「人選の客観的合理性」といった要件を全て満たすことによって容認するということになっているが、現実にそれら全ての要件を満たすような解雇は、少なくとも法的処理を伴わない自主再建の局面において発生するとは考え難いと思っておくべきである。もし「不当解雇」とされた場合には、一般的に裁判所は労働者保護を中心に審理を進めるものであるから、地位保全の仮処分が認められて賃金の仮払いが命令されたり、企業にとっては非常に厳しい状況に陥るということを忘れてはならない。

第4章

第3節
事業リストラ

1. 事業リストラのポイントと進め方

学習のポイント
● 事業リストラの考え方を理解する
● 事業リストラに至るまでの分析プロセスについての考え方を理解する

（1）事業リストラとは

　事業リストラとは要するに損益計算書の再編であり、そのメインテーマは「事業の選択と集中」＝「売上主義から利益主義への脱皮」である。

（2）事業リストラに至るまでの分析プロセス

①　部門別・事業別・店舗別損益計算書の作成

　一般的な損益計算書は税務申告を目的として作成されており、必ずしも経営分析には向いていない構造となっている。

　ことに事業リストラを実行しようとする際、1枚しかない税務申告用の損益計算書では全く役には立たないので、最初にその分離作業を行わなければならない。

　もちろん、ある程度大きい企業であれば、部門別会計を採用しているケースも見られるが、そこでも企業全体の経営分析を行おうとする目的よりも、例えば営業職員等の人件費の算定データとしての活用レベルに止まっている場合も多く、ここではあくまでも経営分析を目的としたものとして見直す必要がある。

　そのため、分析用の損益計算書を作成することになり、結果として左右の合計数字が合わないものができ上がってくることもあり得るが、経営分析とはそういった枝葉末節を見るのではなく、全体を鳥瞰する発想が必要であるということを、ここで再度意識しておかなければならないのである。

②　各種経営指標との比較

　部門別・事業別・店舗別損益計算書が作成された後に行うべき作業は、各種経営指標との比較検討であろう。

　近年では書籍ばかりではなく、インターネット上において各種の団体や企業

が業種・業態による特殊事情も含めた情報提供を行っているので、第三者的な視点で外部からの情報を整理、そのうえで対象となる再生企業の実情やその地域の事情を加味して「選択と集中」の判断材料とする必要がある。

③　関係者の意識の確認

もちろん各種リストラは、経営指標等による客観的な分析結果が優先されるべき作業ではあるが、中小・零細企業の場合には「ヒト」が企業を動かしている要素がその事業規模に反比例して強くなるため、ここで関係者との十分な意見交換と対話を重視する必要性を強く意識しなければ、正しい結果に導くことが困難になるという事実を認識しておかなければならない。

特に事業リストラは、多くの場合に一部事業の撤退や工場の閉鎖等々、人の気持ちを後ろ向きにさせる要素を含んでいるので、何等かの影響を受ける従業員や関係者一人ひとりの気持ちにまで配慮した行動が必要である。

2. 事業転換・事業撤退

学習のポイント
● 事業転換戦略の策定および実施の際のポイントを理解する
● 事業を撤退する際の見極めと実施プロセスを理解する

（1）事業転換の選択

経営不振企業の再生戦略の中で、事業構造の転換は重要な戦略的課題となる。なぜなら、激変する市場での競争条件へ適応して機敏に事業構造を転換することができなかったことが経営不振の主要な原因である場合が極めて多いからである。

資本主義的市場経済システムの中では、企業の存続そのものが事業活動の主要な目的となる。このために、どのような企業でも規模を拡大し、単一の事業から複合的な事業へと業態を転換しながら、生存と成長への努力を継続していく。

しかし、市場での競争条件・企業経営の内外環境は急激に変化していく。そして、個別企業と商品には、それぞれに、成長の速さや寿命の長さなどの異なった「ライフサイクル」がある。

このため、どれほど優れた企業経営であっても、衰退し縮小を続ける市場の

第4章

なかで長期にわたって事業活動を継続することには限界がある。このことは、日本の「経済成長を支えた諸制度の仕組みが疲弊し、新しい時代の要請に対応できなくなった」（中谷巌「日本経済の歴史的転換」東洋経済新報社）ことがその背景にあり、経済構造が「歴史的転換」を進めていることの表れであると考えられる。

経済構造の歴史的転換の中では、市場構造の変化への対応の遅れから多くの経営不振に陥る事業が出てくる。そして、このとき、企業の存続を図るための企業再生リストラクチャリングの一環として、事業構造の戦略的転換が次の2つの理由から選択される。

　ア．成長のための新しい事業機会への進出

　イ．事業存続の危機への対応

（2）業務の転換

①　業務の種類（業種）の転換

業種の転換は、異なる市場への進出であり、新しい事業分野への経営資源の投入である。例えば、卸売業者が小売業へ業種を転換する場合である。しかし、従来の事業を継続しながら、兼業としてまったく異なる事業分野に参入する場合もある。

新しい市場への参入は「参入障壁」も高く、リスクも大きいが、成功すればリターンも大きい。

②　業務の形態（業態）の転換

従来の業種の枠内で、事業活動の仕方（事業の形態）を転換する場合である。例えば、製造業者が事業再生の資金を調達するために工場を売却して、従来の得意先や販売網を維持しながら、ＯＥＭ調達に切り替えてファブレス経営（工場を持たない製造業）へ転換する場合、あるいは住宅建築業者が住宅リフォーム専門業に転換する場合などがある。

業態の転換は、企業の既存の経営資源を転用できる範囲が広く、追加投資も少ないので、新規参入コストも低く、リスクも小さい堅実な転換の方法である。

③　業種と業態の複合・兼業

事業転換は、実際には前記の2つの転換が重なって実施されることが多い。

3. M&A（広義）の各種の手法

> **学習のポイント**
> ● 合併の意義、手続、メリット、留意点等について理解する
> ● 事業譲渡の意義、メリット、手続、留意点等について理解する
> ● 株式交換・株式移転の意義、メリット等について理解する
> ● 会社分割の意義、メリット、労働契約承継法等について理解する
> ● MBO・LBOの意義、メリット等について理解する
> ● DCF法による評価を中心に、企業価値評価について理解する

（1）合併

① 合併の意義と種類

　会社の合併には、1つの会社が存続して残りの会社が解散する吸収合併と、合併する2つの会社がいずれも解散して新たに会社を設立する新設合併の2種類がある。このうち新設合併は、手続面や営業上の許認可、費用等制約が多く、ほとんど利用されていない。

　吸収合併を行うには、合併する会社相互で合併契約を締結し、双方の株主総会において承認を得なければならない。被合併会社の株主には、合併会社の新株が割当てられる。被合併会社は、登記により合併の効力を生じると同時に清算手続を経ることなく解散し、合併会社に一切の資産や負債、権利義務を包括的に引継ぐことになる。

② 合併のメリット

ア．組織全体を統合して企業の規模、販売チャネルや顧客基盤を拡大することにより、競争力を強化し、交渉力が強化される。

イ．対象会社の資産やノウハウも共に引継ぐことができるため、新事業への進出を目的として、現在持たない経営資源を補完的に利用するとともに、資金や時間を節約することができる。

ウ．重複した拠点や施設設備を統廃合したり、研究開発費の負担を節減したりできる等、経営の合理化を実現することも可能となる。

エ．株式取得による買収とは異なり、現金を用意することなく組織を統合することができる。

オ．包括承継のため、個別の対抗要件の具備が不要となり事業譲渡と比べて

第4章

移転手続が容易である。

③　合併の留意点

ア．合併相手を嫌気したり、サプライヤーの集中を避けたりするため、従前からの顧客を失うおそれがある。

イ．合併比率について留意する必要がある。合併比率とは、一株あたりの価値の比率のため、企業価値評価を前提に決まる。

ウ．合併は特に双方の株主や債権者に及ぼす影響が多大であることから、厳密な法的手続が定められており、合併書類の備置期間等相当期間を置かなければならない。

エ．会計・税務的側面からは、合併における会計処理の方法および合併による損益や譲渡益や株主に対する課税に配慮する必要がある。

オ．経営統合後は、制度やシステムについても統合した方が効果を発揮しやすいものの、組織・文化の統合と同様、摩擦や抵抗は避けられず、大きな課題となる。

④　合併の法的手続

合併の手続は、大きくは以下の流れで進んでいく。

1）合併契約の締結

2）株主総会の承認：合併当事会社の株主総会において、特別決議による承認をえなければならない。合併に反対する株主は、原則として株式の買取りを請求することができる。

3）債権者保護手続：消滅会社等は債権者に対して、異議がある場合には一定期間内に申出るべき旨を公告し、かつ知れている債権者に対しては個別に催告しなければならない。債権者は、異議を述べることにより現実の弁済を受けるか、弁済のための担保を提供してもらうことができる。

4）株式割当の準備

5）合併期日の到来による実質的な合体：合併期日が到来することにより、合併する会社同士が実質的に合体し、解散する会社の財産・従業員等が存続する会社に移転する。また、合併会社の株式が、解散する会社の株主に割当てられる。

6）合併登記による合併効力の発生

⑤　合併比率

合併比率とは、合併法人が合併により株式の交付を受けるにあたり、被合併会社の株式1株に対し、何株割り当てるか、という比率をいう。

合併比率の算定方法は、通常の企業価値評価の方法で算出した上で、一株あたりの価値を算出する。企業価値の評価対象には、法人の有する資産価値や収益力をはじめとして、人的資産やノウハウ等の非定量的要素も含まれる。実際にはDCF法、類似企業比較法、類似取引比較法等いくつかの方法により算定し、最終的には当事者双方が納得する値を出すことになる。

（2）事業譲渡

①　事業譲渡の意義と目的

事業譲渡とは、一定の営業目的のために組織化された有機的一体として機能する有形、無形の財産を一括して譲渡することをいう。工場の設備や建物のみを譲渡することは事業譲渡にあたらず、従業員、ノウハウ、顧客リスト等の無形資産も含めて一体として譲渡される場合に事業譲渡といわれる。

事業譲渡の主な目的として、まず特定の事業に重点を置くため、経営統合や事業縮小、撤退による経営の効率化を図る場合がある。また、他社と提携して合弁会社を設立する際や、グループ内で複数の事業を営む会社が、事業ごとの責任を明確化するための手法として用いることもある。最近では、経営再建または清算時に、他社に事業の一部を譲渡して事業の存続を図るケースも増えている。

②　事業譲渡のメリット

ア．事業譲渡においては、合併と異なり取引の対象とする資産、負債を特定するため、売り手としては自社に必要な事業の範囲を選択して、譲渡することができる。一方買い手としては、引継ぎ対象とする債務を特定できるため、予期せぬ債務を負うおそれは低い。

イ．事業譲渡は、株主総会による承認が不要であれば取締役会決議のみで足り、合併等に比べて比較的短期間で実行することができ、個々の資産・負債の引継ぎ期間や事業の開始に必要な期間があれば足りる。

ウ．合併と異なり、取引相手は法人である必要がなく、個人事業を譲り受けることができるため、取引の対象となる事業を幅広く捉えられるというメリットがある。

エ．法的整理に移行した会社に対しては、通常よりさらに簡単迅速な法的手続や税務上の特典が認められており、このような制度を活用することで、スポンサー企業へ事業の一部を譲渡して、一度失った信用を補完する機能を持たせ、優良事業だけでも生き残らせることができると期待されている。

④ **事業譲渡の留意点**

ア．事業譲渡の対象資産・負債の評価額は、資産・負債とも個別に算定することになる。経済的合理性がある方法で適正に評価されていれば、基本的には会計上も税法上も問題はないが、恣意的に評価額が操作されているような場合には問題となり得る。

イ．手続についても個別移転となるため、大規模な事業譲渡を行う場合には、事業を構成する個々の財産・契約ごとに移転手続や第三者対抗要件の具備が必要となり、手続が煩雑になるおそれがある。

ウ．譲渡対象となる事業を担当する従業員も、譲渡の対象となることがある。この場合は、いったん譲渡会社を退職して、譲受会社に就職することになるため、転籍にあたっては従業員の個別の同意が必要となる上、退職金や賞与の引継ぎ方法等、配慮が必要である。

⑤ **事業譲渡の手続**

事業譲渡会社においては、事業の全部の譲渡や重要な一部の譲渡をするには、株主総会の特別決議が必要とされる一方、事業譲受会社においては、事業の全部の譲受をする場合にのみ、株主総会の特別決議が必要とされている。もっとも、会社の規模に比べて小規模な事業譲渡などは、簡易な処理が考慮され、株主総会決議を省略できることとされている。

また、事業譲渡をする場合には、反対株主は事業譲渡をする株式会社に対して、自己の有する株式を公正な価格で買い取ることを請求することができる。合併や会社分割とは異なり、事業譲渡には、債権者保護手続が規定されていない。これは、個別の債権者の同意がなければ、債務を移転する契約をしても法律上移転の効力が生じないからである。

（3）株式交換・株式移転

① **株式交換・移転の意義**

1997 年に純粋持株会社が解禁されたことを受け、完全親子会社関係の構築を容易かつ円滑に行うために、99 年には株式交換、株式移転制度が創設された。

　株式交換とは、ある会社を完全子会社化するための制度である。完全子会社となる会社の株主が、保有する株式を完全親会社になる会社に拠出する代わりに、新株の割り当てを受け、完全親会社の株主となる手続である。

　株式交換の実施後には、完全親会社と完全子会社という簡潔な資本関係を実現できることから、複雑な株主の関係を整理し、グループ経営を効果的、効率的に行うための手法として利用できる。また、グループの会社を完全子会社にする場合には、資金を用意することなく買収することが可能である。

　他方、株式移転とは、会社がその完全親会社を設立するための制度である。完全子会社となる会社の株主が、完全親会社となる会社を新設するために、保有する株式を拠出し、その代わりに新設会社の株式の割当てを受け、完全親会社の株主となる。株式移転を実施することにより、グループ内純粋持株会社の設立や、事業統合における兄弟会社化に活用することができる。

②　株式交換・移転のメリット

　株式交換・移転では、完全子会社となる会社の株式を拠出させ、完全親会社となる会社の新株を対価として割り当てることから、多額の資金調達が不要となり、財務比率を悪化させることなく対象会社を子会社化することができる。特に、完全子会社となる会社の株価水準が高い場合には、有効な手段となる。

　また、完全親会社となる会社にとっては、株主総会の特別決議が得られれば、反対する株主がいたとしても、発行済み株式全部を強制的に取得できる。

　次に、合併と異なり組織財産を包括承継するわけではなく、完全親会社となる会社とは別会社として存在するため、異なる組織文化や制度の統合による摩擦や、完全親会社となる会社が直接簿外債務を負うリスクを避けることができる。

（4）会社分割

①　会社分割の意義

　2001年、企業グループの再編を行えるようにといった経済産業界の強い要望から、商法改正により会社分割制度が施行された。

　会社分割制度とは、既存の会社（分割会社）の事業の全部または一部を他の会社（承継）に包括的に承継させる制度である。営業を譲り受ける会社がすでに設立されている場合を吸収分割といい、新設される場合を新設分割という。また、事業を譲り受ける承継会社は対価として新株を発行するが、制定当初（商

法）は分割会社自体に割り当てる（分社型）ことができるほか、分割会社の株主に割り当てる（分割型）ことができるようになっていた。しかし、会社法では、分割型分割は廃止されている。

② 会社分割のメリット

会社分割のメリットとしては、まず、権利義務の包括承継が可能になったことが挙げられる。従来、事業部門を分割して営業譲渡する場合には、個別の債権者や契約当事者の同意が必要であったが、会社分割の制度によれば、分割計画書（または分割契約書）の記載に従って、包括して承継させることができるようになった。また、現物出資による分社を行う場合には、検査役の検査が義務付けられていたが、会社分割においては必要ない。さらに株式の交付が行われるために資金が不要であることなどがメリットとして挙げられる。

これにより企業は不採算部門を完全に切り離したり、異なる企業の同一部門を分離統合する場合や持株会社化などに活用するなど、事業再生・リストラの手段として活用された。

③ 労働契約承継法

また、労働者の権利保護の観点から、会社分割に伴う従業員の転籍をルール化した労働契約承継法も制定された。

この法律により、労働者が承継会社へ移転するかどうかは、「労働者が承継される営業に主として従事しているか」「分割計画書（吸収分割の場合は分割契約書）に転籍する旨の記載があるか」によって決まることになった。

(5) MBO・LBO

① MBOの意義

MBO（Management Buy-Out、マネジメント・バイアウト）とは、現経営陣が企業の所有者から株式等を買い取り、経営権を取得することをいう。「のれん分け」に近いものとして、比較的受け入れられやすいこともあり、近年急増しているM&Aの手法の一つである。

MBOでは、自己資本購入のため自分の信用で調達できる資金が限られていても、買収先企業の資産やキャッシュフローを担保に融資を受け、買収資金を調達することができる点、経営者自身が買収に参加するため親会社や従業員の抵抗が少なく、事業を継続できる点から、有効活用されている。

また、経営権を取得する主体によって、現経営者の代わりに従業員が中心と

なって経営権を取得するEBO（Employee Buy-Out、エンプロイー・バイアウト）、対象会社内に事業を引継ぐ意思または能力がない等の事業がある際に、外部から能力のある経営者を迎えるMBI（Management Buy-In、マネジメント・バイイン）等の類型がある。

②　MBOのメリット

ⅰ）売り手（企業側）のメリット

　　ア．生き残るためには、経営資源をコア事業に集中する必要がある。そのために、多少利益を生んでいてもグループ全体の経営効率からは分離した方がよい子会社や事業部門を売却し、その資金をコア事業に投資することができる。

　　イ．後継者がいない、相続税が払えない等の事情により事業承継できないオーナーが、専務や常務といった右腕に事業を譲渡することが考えられる。オーナーとしては、よく知った相手に経営を譲渡する安心感が得られる。

　　ウ．第三者に事業を売却するのではなく、既存の経営陣、従業員による経営が継続することから、取引先に与える影響は少ないと考えられる。また、雇用関係についても従来のまま維持することが可能となり、従業員・労働組合との合意も取りやすいといえる。

ⅱ）買い手（マネジメント）のメリット

　　ア．MBOの対象となる会社は、すでに事業基盤がある会社である。経営陣は、オーナーや親会社の方針や戦略に縛られず、自由に経営手腕を奮い、思い切った改革を行い会社を成長させる機会が与えられる。

　　イ．起業家精神を持っている経営者にとっては、サラリーマン経営者であっても、金融機関等からの資金提供によって、少ない資金リスクで、すでに社会的信用や財務力のある会社を経営することができる。

③　LBOの留意点

　MBOを実施する場合、サラリーマン経営者が会社を買収するような資金を持っていることは多くないので、ファンド等が大きな自己資本を提供してくれない限り、多額の借入が必要になり、MBOは、買収対象企業の資産ないしキャッシュフローを引当とする借入を利用して行われる、LBO（Leveraged Buy-Out　レバレッジド・バイアウト）の形態になる。LBOを実施する上では、対象となる会社の事業基盤が確立しており、将来のキャッシュフローがある程

度安定して見込まれることが望ましい条件の一つであり、また、調達した有利子負債を早期に削減することも大きな課題となる。

（6）企業評価と企業価値の算定

　企業の再生可能性の判断に当たっては、現在および再生後の姿としての企業価値の算定が必要になる場合もある。また、再生の手法としてM＆Aを検討する場合には、様々な方向からの企業価値評価を検討しなければならない。

　以下では、定量分析の一環として、主にDCF法（Discounted Cash Flow method）による評価を中心に、企業価値評価について解説する。

①　DCF法

　DCF法（Discounted Cash Flow method）は、将来獲得するであろうキャッシュフローに時間価値概念を導入し、割引率で現在価値へ還元して算出する方法である。

　投資評価の方法としては正味現在価値法、内部利益率法、投下資金回収法等が、このDCF法に含まれる。

　正味現在価値法（Net Present Value method）は、将来の各年度におけるネットキャッシュフロー（キャッシュの入金から支出を差引いた純入金額）を割引率で現在価値に割り引いた現在価値の合計額から、初期投資額を差し引いた値がプラスであるときに、その投資案を採用するという投資評価基準である。

　正味現在価値を求める算式は、

$$N P V = C_0 + \frac{C_1}{(1 + r)} + \frac{C_2}{(1 + r)^2} + \cdots + \frac{C_n}{(1 + r)^n}$$

　NPV＝正味現在価値（Net Present Value）
　C_0, C_1, C_2, …, C_n＝各年度の（ネット）キャッシュフロー
　r＝割引率

となる。

　例えば、ある投資を1,000した場合に、翌年から200のネットキャッシュインフローが10年間ある場合、割引率を8％とするとNPVは以下のように計算される。

$$-1,000 + \frac{200}{(1 + 0.08)} + \frac{200}{(1 + 0.08)^2} + \cdots + \frac{200}{(1 + 0.08)^{10}} = 342$$

　このように、NPVは342となる。NPV＞0のときは、投資を上回るリター

ンが期待できることになり、このプロジェクトは採用すべきということになる。

　上記のＮＰＶの計算式からも明らかなように、各年度のネットキャッシュフローがどの程度になるのか、また、割引率（通常は資本コスト）をどの程度に考えるかにより大きく変化する。

②　資本コスト

　ＤＣＦ法を適用する場合の割引率には、資本コストが使われる。資本コストとは、借入や増資等で資本を調達するために必要なコストのことである。企業は、外部から株式、社債や借入金で資本を調達し、これを事業に投下することにより、利益を獲得することができる。この外部からの資本は、借入金、社債等には利息を支払い、また、株式に対しては配当を支払うことにより調達することが可能になる。利息や配当金というリターンがなければ、投資家等は資本を提供することはない。借入金、社債等いわゆる他人資本といわれているものは、原則としてその元金の回収が約束されているため、比較的調達コストを低くすることができる。反対に、自己資本といわれる株式は、株主にとってその元金の回収が原則約束されているものではないため、元本の返済が約束されている他人資本よりもリスクが大きいため、大きなリターンが求められる。他人資本のリターンは利息だけであるが、株式からのリターンは配当金はもちろん企業価値の増大によるキャピタルゲインを含めて投資家は期待しているのである。配当金とキャピタルゲインとの合計が株式の調達コストとなり、借入金等に比較し大きな金額が期待されている。

③　CAPM法

　自己資本の資本コストを算定する方法としてCAPM（Capital Asset Pricing Model）がある。投資を考えたときに、そこから期待されるリターンはどのようにして決定されるのであろうか。国債に投資した場合と投資不適格である社債に投資した場合にその期待されるリターンが同じであれば、誰もが国債に投資することになる。国債に投資をせずに投資不適格債に投資をするとすれば、当然大きなリターンを期待してということになる。このようにリスクが大きい投資のほうが小さい投資よりも多くのリターンが期待されるということがわかる。期待される利回りの差は、その内在するリスクの大きさを表しているのである。安全資産の利回りをリスクフリーレートと呼んでおり、通常、長期の国債利回りがリスクフリーレートとされている。そして、リスクの程度はこのリ

スクフリーレートからの乖離の度合いによって判断され、その投資の利回りとリスクフリーレートの差をリスクプレミアムといっている。

　自己資本の資本コストは、以下の式で表される。

　　$E(r) = r_f + \beta \{E(r_m - r_f)\}$

　　$E(r)$：自己資本コスト

　　r_f：リスクフリーレート

　　β：ベータ（個別銘柄の市場全体の変動率に対する感応度）

　　$E(r_m - r_f)$：マーケットリスクプレミアム（市場全体の投資利回り
　　　　　　　　　とリスクフリーレートの差）

　自己資本コストは、上記リスクフリーレートにリスクプレミアムを上乗せしたものとして表される。リスクプレミアムはマーケットリスクプレミアムに対し個別銘柄がどのように反応するかによって計算される。

　ここで β は、株式市場が、1%変動したときに、その株式が何%変動するかを表すものである。一般的に景気変動を受けにくい業種については、β は低くなり、景気変動の影響を受けやすい業種については、β は大きくなる傾向にある。つまり、景気変動等のリスクが高くなると β も高くなることになり、β はリスクの度合いを表しているといえる。

　また、マーケットリスクプレミアムは、市場全体の投資利回りとリスクフリーレートの差である。この意味するところは、リスクフリーの投資を選択せずに、あえて市場変動のリスクをとることに対するリターンである。

④　WACC

　企業の資本コストとしては借入金等の他人資本コスト、株式の自己資本コストとを加重平均し、企業全体の資本コストとして捉えることができる。一般に、ＷＡＣＣ（Weighted Average Cost of Capital）といわれるもので、

$$\frac{D}{(D+E)} \times (1 - t) \times r_d + \frac{E}{(D+E)} \times r_e$$

　　D：長期負債（Debt）の時価

　　E：株主資本（Equity）の時価

　　t：実効税率

　　r_d：負債のコスト

　　r_e：自己資本コスト

で表される。

4.　業務提携・資本提携

> **学習のポイント**
> ● 再生企業における業務提携の留意点を理解する
> ● 再生企業における資本提携の留意点を理解する

（1）業務提携の形態と種類

①　アライアンス

　会社分割や事業譲渡などの手法は、企業のある部分の事業の運営を完全に放棄して他者に売却するものであって、売却後の事業の成否に関しては、元の企業は一切関知しないという形態である。

　そこで、もう一つの考え方として出てくるのが、ある部分の事業に関して、その全体を他者に譲渡してしまうのではなく、その事業運営の全部または一部を他者に任せる、あるいは共同して実行するにとどめ、元の企業も一定の影響力と責任を保持しておくことによって、もし将来利益が発生した際には、元の企業が一定の利益を享受できるようにするスタイルであり、これを具体化する手法が「アライアンス」である。

　アライアンスにはごく単純な業務提携による営業や広告宣伝の共同化から、本格的なアライアンス契約を締結して開発・製造から販売までの共同関係を構築するものまで、多種多様な方法が考えられる。

②　OEM供与

　一般的に用語として使用されている「OEM」（Original Equipment Manufacturing）であるが、業務提携の一環として活用しようとする場合、自社の製品や半製品、あるいは部品を他社に供与して、これを他社が自由に仕様変更したり、組立てたりして、自社製品として販売することを指し、この手法を便宜的に「OEM供与」と称することにする。

　事業再生にこの手法を用いるとすれば、売上の向上を目指す「業務リストラ」の一環として、これまで地域限定的なマーケットを対象に販売してきた商品を他の地域にも拡販しようとする場合、既に他の地域での販売網を持っている他社にOEM供与することによって商品普及を図る手法ということになり、販売委託の変形とも解釈できるものになるのであろう。

（2）資本提携の形態と種類

① 合弁事業

アライアンス方式をさらに進めた形態、あるいは事業譲渡・会社分割方式の一類型として、複数の企業が共同で別の組織体を作って、ある特定の事業を遂行する形態を「合弁事業」という。

海外進出の際の海外企業との合弁会社設立が最も典型的なケースであるが、企業再生の局面の中で、国内において他社との合弁会社を設立、ある事業をそれに移管し、本体企業は他のメイン業務に専念しながら、合弁会社に対する一定の支配権と利益享受の権利を確保しておくという形態が考えられるであろう。

② 資本参加

資本参加とは、ある会社に対して他の会社が何等かの形で資本を注入し、その見返りを期待する手法であり、一般的には資本金の増資に応じて株主となる方法が採られるが、直接株主にはならずに新株予約権付社債の募集に応じることによって、間接的に資本参加する方法や、一般社債の募集に応じることも広い意味での資本参加と解釈することができる。

資本参加をする際の、参加側企業の求める見返りとしては、ア．株主としての支配権、イ．株主としてのインカム・ゲイン（配当）期待権、ウ．株主としてのキャピタル・ゲイン期待権、などが考えられる。

第4節
対象先の債務者区分と再生手法

1. 債務者区分別にみた事業再生手法

> **学習のポイント**
> ● 要注意先に対する再生の考え方と手法を理解する
> ● 要管理先に対する再生の考え方と手法を理解する
> ● 破綻懸念先に対する再生の考え方と手法を理解する

　第4章では、ここまで事業再生手法について、財務リストラ、業務リストラ、事業リストラの3つに分類して、その再生手法の考え方やポイントを解説してきたが、以下では、再生対象企業が要注意先、要管理先、破綻懸念先といった債務者区分にある場合、それぞれどのような再生手法を用いればよいか、基本的な考え方をまとめて解説した。

（1）要注意先に対する再生の考え方と手法

① 要注意先とは

旧金融検査マニュアルの債務者区分において「要注意先」を整理すると、

ア．業況が低調ないし不安定な債務者（恒常的赤字）

イ．財務内容に問題のある債務者（実質債務超過）

ウ．金利減免、棚上げを行っているなど貸出条件に問題のある債務者（貸出条件緩和債権）

エ．元本返済もしくは利息支払が事実上延滞しているなど履行状況に問題がある債務者（延滞債権）

ということになる。このうちア．とイ．が要注意先（その他要注意先）、ウ．とエ．が要管理先となる。

② 要注意先の中小企業再建計画の目標と考え方

ア．売上は、前年と同水準もしくは過去3〜5年で一番低い水準とする。

イ．経常利益の必要額やキャッシュフローは「債務超過額÷3年」、「借入金÷10年」を比較し決定する。

（2）要管理先に対する再生の考え方と手法

①　要管理先とは

　要管理先債権は貸出条件緩和債権と３カ月以上の延滞債権であり、業績が低調（恒常的赤字）であったり、財務内容に問題を内包（実質債務超過）していることに加え、返済条件や支払債務等の履行に対しキャッシュフロー不足の状態に陥っている債務者である。

②　要管理先に対する再生の手法

　ア．要管理債権に対する再生は、抜本的な"改革"である。

　イ．要管理債権に対する再生の手法は、実態的調査をし、利益目標を定めたうえで、業務リストラ・財務リストラ・事業リストラの観点から抜本的かつ総合的に改革していくことである。

（3）破綻懸念先に対する再生の考え方

①　破綻懸念先とは

　破綻懸念先とは、現状事業を継続しているが、実質債務超過の状態に陥っており、業況が著しく低調で貸出金が延滞状態にあるなど、元本および利息の最終の回収について重大な懸念があり、したがって損失の発生の可能性が高い状態で、今後経営破綻に陥る可能性が大きいと認められる債務者をいう。

②　破綻懸念先に対する再生の手法

　ア．破綻懸念先については債権のオフバランス化を常に念頭におくことが肝要であり、様々な手法の組合せが必要となる

　イ．破綻懸念先の再生のためには、債権者としても相当の金融支援を行う必要がある。

　再生の方法としては、民事再生法による法的整理、事業再生ＡＤＲ、私的整理ガイドラインに基づく再生などが考えられる。債権者としての金融支援には、債権放棄、ＤＥＳ、ＤＤＳ、ＤＩＰファイナンスなどがある。また、再生の選択肢としては、Ｍ＆Ａ（会社売却）、事業譲渡、会社分割、ＬＢＯ、ＭＢＯ、ＥＢＯなどがある。破綻懸念先の再生手法は、これらの組合せである。いずれにしても、破綻懸念先の再生においては、財務内容がかなり悪化していることから、債権放棄などの金融支援も含め抜本的な再建スキームを構築することが必要となる。

第4章の出題

■ 第81回関連出題 ■

第1問 (第81回)

　ある企業では、投資収益性計算を行うために、ＷＡＣＣ（加重平均資本コスト）を算出しようとしている。この企業の各種財務比率は次の通りである。この時、この企業のＷＡＣＣとして、次のうち最も適切なものを一つ選びなさい（小数点第2位を四捨五入）。

$$WACC = \frac{D}{(D+E)} \times (1-t) \times r_d + \frac{E}{(D+E)} \times r_e$$

D：長期負債の時価

E：株主資本の時価

t：実効税率

r_d：負債のコスト

r_e：自己資本コスト

・株主資本利益率：12%

・借入金利子率　：4％

・有利子負債比率：60%（総資本に対する有利子負債の比率）

・株主資本比率　：40%（総資本に対する株主資本の比率）

・法人税率　　　：50%

① 4.8%

② 5.4%

③ 6.0%

④ 7.2%

⑤ 8.0%

解答：P.267

損益計算書の経費削減に関する以下の記述のうち、最も適切なものを一つ選びなさい。

① 経費には後ろ向きの経費と前向きの経費とがあるが、広告宣伝費は前向きに攻めていくための経費であるから、削減されることはあってはならない。

② 販売手数料や交際費などの営業関連経費は、本来、「買ってくれる余地の大きい顧客」に対して、重点的に配分されるべきものである。

③ 物流コストの引下げを検討する際の着眼点としては、梱包形態の見直し等の自助努力に対してよりも、輸送の請負価格（運賃）に重点を置かなければならない。

④ 再生過程にある企業が費やす販売費は、「受注を獲得するために直結するためのコスト」というよりも、「モノを売るために費やしたコスト」として捉え、一律に削減していく方が費用対効果は高い。

⑤ 一般管理費に区分される経費は、「予算を消化しなければ、来期は支出できない」と考えることが多いため、その点を厳しく管理しなければ、経費支出は永久に減らないという悪循環を描いてしまいやすいが、これを防止するためには、「マイナスベース予算」といわれる予算編成手法が有効となる。

解答：P.267

人事リストラを展開していく場合の留意点に関する次の記述のうち、最も適切なものを一つ選びなさい。

① 役員報酬であろうと従業員の賃金であろうと、そのいずれもがいわゆる労働の対価であり、赤字企業であっても削減を前提とした事業計画を作るべきではない。

② 再生対象企業の場合、ほとんどのケースで余剰人材を抱えていることは明らかである。また、わが国の場合は、最低賃金法に守られ人件費がもともと高いという事情もあるから、その経営改善計画の立案にあたっては、人員整理計画を最優先に考えるべきである。

③　人件費には、同じ人件費でも、投資的人件費と費用的人件費という2つの概念が潜在的に存在しているが、それぞれの効果は、労働分配率や労働生産性により判定する。

④　万が一、整理解雇を検討しなくてはならない場合には、3つの要件を満たしているかを確認する必要があり、その3つの要件とは、解雇回避努力、対象者への説得・協議、人選の主観的合理性のことを指す。

⑤　退職に関する事項（解雇の事由を含む）は就業規則の絶対的必要記載事項に該当するが、退職手当に関する事項は就業規則の相対的必要記載事項に該当する。

解答：P.267

第4問 （第81回）

会社分割は、組織再編の手段の1つとして活用されているが、これに関する次の記述のうち、**最も不適切なもの**を一つ選びなさい。

①　会社分割とは、既存の会社（分割会社）の事業の全部または一部を、他の会社（承継会社）に包括的に承継させる制度である。

②　会社分割においては、事業譲渡のような、個別資産の譲渡手続や契約についての対抗要件の具備が必要ないので、引継ぎにかかる労力や費用を節約できる。

③　会社分割においては、権利や義務を含めて全体として包括的に承継することが可能であるため、状況によっては簿外債務の発生もあり得るので、こうした点を理解しておく必要がある。

④　労働契約の承継において、従業員が承継会社に移転するかどうかについては、分割計画書または契約書にその旨が記載されているかどうか、また労働者が承継される事業に主として従事しているかどうか、などにより決定される。

⑤　会社分割においては、会計上の処理と税務上の取扱いについて、別個の基準があり、税制適格として課税繰延措置を受ける場合、資産は時価で移転されるため、譲渡損益が発生する点に留意しておく必要がある。

解答：P.268

業務提携や資本提携に関する次の記述のうち、正しいものを一つ選びなさい。

① ＴＯＢとは、ある部分の事業運営を全部他社に任せて（売却して）事業を立て直していくような再生手法に対し、もう少し緩やかな方法論の総称のことであり、事業運営の全部または一部を他社に任せる、あるいは共同して実行していくことにより事業を立て直していこうとする、業務提携手法である。

② 業務提携契約は、何らかの形で第三者に利益を供与し、利益を享受する相対契約であるが、その効果が発動されるまでには一定の時間が必要となる。よって、その契約内容は、１年契約の自動更新としておけば、ほとんど問題はない。

③ 業務提携契約は、双方の信頼関係の上に成り立っていくものであるから、契約条文中に様々な違約事項を盛り込むようなことは、信義則の問題として、すべきではない。

④ 複数の企業が業務提携を進め、その効果が確認できるようになった状態で、それぞれの企業が事業譲渡や会社分割などのスキームを使って、１つの会社（組織体）を作って、ある特定の事業を遂行する形態を「合弁事業」という。

⑤ アライアンスとは、ある会社に対して他の会社が何らかの形で資本を注入し、その見返りを期待する手法の総称である。

解答：P.269

■ 第80回関連出題 ■

在庫管理のあり方に関する次の記述のうち、最も適切なものを一つ選びなさい。

① 在庫を削減していくにあたって、現状の在庫品の状態を３つに区分していくことが多いが、この３つの区分とは、デッドストック、ディライトストック、デイリーモーションストックのことであり、その頭文字をとって在庫の３Ｄと言われる。

② 一般に、デッドストックとは、品質上の問題はないが、長期間にわたって

保管され、荷動きの鈍い在庫品のことを言う。

③　過剰在庫は、デッドストックが多いことに起因して生まれていることが多い。よって、日々の在庫管理の基本は、いわゆる不良品の排除に重点を置くことが望ましい。

④　企業が在庫削減を進めなければならない理由は、それが多くなると借入金がかさみ、財務体質が悪化してしまうためであり、在庫の削減を進めたからといって、生産効率が上がり、原価が下がるわけではない。

⑤　比較的長期間滞留してしまった在庫品を処分する際には、その取得原価にこだわりすぎてはならない。換金が可能なら販売価格を切り下げるなど、臨機応変に対応していくことが肝要である。

解答：P.269

第7問　　　　　　　　　　　　　　　　　　　　　　　　（第80回）

　複数の事業を営む企業においては、将来性に乏しい事業については整理していく必要があるが、その評価は管理会計を用いて行う。その評価の進め方に関する次の記述のうち、最も適切なものを一つ選びなさい。

①　最も基礎的な利益単位である限界利益とは、売上高から原材料費等の変動費と代表的な固定費である管理部門の人件費を差し引いた段階の利益のことをいう。

②　管理可能利益は、限界利益から管理可能固定費を差し引いた段階の利益のことであるが、一般にこの段階での利益が確保できていない事業については、撤退の検討対象となる。

③　事業部が個別に専有している設備等に関連して発生する減価償却費や保険料、租税は、管理可能固定費とされるコストの代表的なものである。

④　事業の整理判断は、管理会計の結果だけに委ねるべきであり、その事業に関する将来性や成長性についての見通しは主観的判断が加わるため、考慮すべきではない。

⑤　新規事業については、既存事業と同じ土俵で判断するためのデータがなく、事業を推し進めることの合理的な判断ができないため、撤退対象としなければならない。

解答：P.269

事業撤退、事業承継等に関する次の記述のうち、最も適切なものを一つ選びなさい。

① 中小企業は、大企業に比べると知名度が低く、経営資源も乏しい。このため、いったん獲得した従業員は貴重な戦力であるから、彼らをつなぎとめておくためにも、事業の将来性が多少厳しかったとしても、事業からの撤退は考えるべきではない。

② 事業撤退の手法の1つである売却には、事業を続けながら売却可能性を探る通常売却と、操業停止等、事業活動を停止して売却可能性を探る特別売却という2つの手法がある。

③ 清算は、事業価値が乏しく債務超過状態にある企業において採用されることが多いが、その場合、最も多く使われている手法が、会社法に定める特別解散の手続である。

④ 社長年齢別の後継者の有無について、（株）帝国データバンク「全国・後継者不在企業動向調査（2019年）」によると、60歳代では約半数、70歳代は約4割、80歳代は約3割で後継者が不在となっており、経営者年齢の高い企業においても、後継者が不在の企業が多く存在することが分かる。

⑤ 売却は、事業活動を継続しながら事業部や子会社といった事業単位で第三者に譲渡する方法であるが、中小企業の場合、事業部等の独立性が低いため、事業部門や子会社の個別の資産価値や事業価値を算出することが極めて難しい。このため、実務ではほとんど行われていない。

解答：P.270

M＆A実施の際のプロセスにおいて、留意すべき点に関する次の記述のうち、最も不適切なものを一つ選びなさい。

① M＆A実施の際に、売り手が買い手に対して、どの程度まで情報を開示するかが争点となりがちで、買い手にとっては、不良資産の有無などのM＆Aに伴うリスクを検証するためにもできるだけ多くの情報開示を求めるので、

売り手がそれにどう対応するか的確な判断が求められる。

② M&Aにおける価格交渉では、企業価値や事業価値の評価が重要になるが、M&Aの取引対象が事業の場合には、DCF法は価値評価の有効な手段の一つになるが、M&Aの取引対象が株式の場合、DCF法では正しい価値評価にならないので、別の価値評価方法を使うべきである。

③ M&Aの条件交渉段階においては、デューデリジェンスの結果に基づいて、買い手は買収後に発生する可能性がある財務リスクや法務リスクに関して、売り手に保証や責任分担を求めるのが一般的である。

④ M&Aを実施する際には、経営管理面についても対応しておくべきであり、M&Aによる統合効果の分析および課題抽出においては、シナジー効果とコスト面についての分析が非常に重要になる。

⑤ M&Aを行った場合の事業売却損益の計算では、グループ経営を行っている場合、親会社の単体ベースではキャピタルロスが生じていても、連結会計ベースではキャピタルゲインになることもあり、この場合、単純に売却価格から単体の投資価格を引いて事業売却損益を算出するような方法では、通常、正しい損益とはならない点に留意すべきである。

解答：P.271

■ **第78回関連出題** ■

第10問 （第78回）

流動資産のスリム化等に関する次の記述のうち、最も適切なものを一つ選びなさい。

① わが国の企業会計原則は、適正な期間損益計算を目標として組み立てられているため、毎期の「計算上の損益」を算出することに適しており、また、「実際の損益」と一致しなくなるという弱点がない。

② 中小・零細企業においては、与信管理や債権管理に問題を抱えているケースが多いが、これは、発生主義による会計処理がなされていることが原因である。

③ 与信管理を強化するためには、帳簿上に記された債権残高のチェック（回収可能性の再評価）が欠かせないが、このような対応をとっていれば、不良

債権の発生を防止することができる。

④ 不良在庫はいったん発生させてしまうと、換金処理などの対応が非常に困難となるので、在庫管理体制や仕入業務のあり方については、常に業務体制の見直しを行うなど、意識改革が必要である。

⑤ 与信管理の最も有効な対策は、資本金の規模に応じて取引先をランク付けし、管理していくことである。これは、資本金が大きい方が、財務基盤が安定しているからである。

解答：P.271

第11問　　　　　　　　　　　　　　　　　　　　（第78回）

在庫管理のあり方に関する次の記述のうち、最も適切なものを一つ選びなさい。

① 在庫削減を進めていく場合、在庫品の3類型を意識する必要があるが、このうち、デッドストックとは、「品質上は問題ないが、長期保管され荷動きの乏しいもの」や「他の製品からの流用在庫」のことをいう。

② 在庫削減を進める場合、ランニングストック以外のものについては、正常価格での販売は難しいため価格を引き下げる必要があるが、いずれも一定の資金を投下して製造したものであるから、廃棄処分をするようなことがあってはならない。

③ 過剰在庫を生む原因は、企業が抱えるデッドストックよりも、ランニングストック側にある場合が多い。このため、ランニングストックの管理を徹底していかない限り、過剰在庫問題は解消しない。

④ 過剰在庫を防止する方法の一つとして、生産方法のあり方を見直していくことが挙げられるが、その生産方法については、セル生産方式よりもライン生産方式をとった方が、在庫削減への寄与率が高い。

⑤ 過剰在庫を抱えている企業の場合、その解消を進めることにより相当の資金繰りの改善効果が見込める。しかし、その効果は製造原価（コスト）の削減にまでは及ばない。したがって、在庫削減の取組みを進めても、生産性の改善にはつながらない。

解答：P.271

第12問　　　　　　　　　　　　　　　　　　　　　（第78回）

　売上高の増加策の展開方法等に関する次の記述のうち、最も適切なものを一つ選びなさい。

① 　企業が不振に陥っている背景には、これまで販売してきた製品の機能が不十分であったことが大きく影響している。よって、新製品の投入を軸とした基本戦略を織り込んだ再生計画が最も実効性が高い。

② 　再生ステージから劇的な回復を遂げた企業は、これまで展開してきた製品や事業とは全く関連性のないことに取り組んでいることが多い。したがって、売上高を劇的に改善させるには、既存事業との相乗効果には、あまり関心を払う必要がない。

③ 　再生計画の立案にあたっては、コストダウン策の展開も重要だが、それには膨大な時間を要し非効率である。よって、即効性のある売上高増加策の展開、中でも新製品の市場投入による挽回策の打ち出しを中心に据える方法論が最も成功確率が高く、実効性が高い。

④ 　業績不振に至った各種要因の整理を怠り、「目につく事象」を単発的に取り上げ、やみくもに販促策を講じたり、コストを抑え込んでしまったりすることは、逆に、その企業が再浮上する芽を摘んでしまうことにもなりかねないので慎重に対応すべきである。

⑤ 　今後の販売戦略を立案していく際には、顧客別や製品別等の売上高のランキング表や損益計算書を分析することが重要となるが、これらの補助資料は、税務申告時に添付される確定損益計算書と完全に一致していなければならず、そうでないもので分析しても無意味であり、販売戦略立案時の根拠資料（材料）とすることはできない。

解答：P.272

損益計算書における販管費（経費）の削減ポイントに関する次の記述のうち、最も適切なものを一つ選びなさい。

① 交際費などの営業関連経費は、これまでの累積取引高が最も大きな顧客に対して、重点的に配分していくことが望ましい。

② 経費の削減は、削減目標額を定めて展開するのが鉄則であり、その作業を行っていく際には、特にコストの性格までは考慮する必要はない。どのような支出目的の経費であろうと、一律で削減していくべきである。

③ 経費の削減を広く販管費の削減ととらえた場合、経営者に対する役員報酬もその一つとなるが、再生計画を立案するステージにある企業の場合、現状比で50％以上の削減効果が得られるものでなければ意味がない。

④ 経費の削減活動を進める場合、事務所の家賃などは、長らく継続契約にあったため、今さら価格が下がらないと考えてしまいがちだが、家賃は景況感を映す鏡のようなものであるため、あきらめずに引き下げ交渉を行ってみるべきである。

⑤ 中小・零細企業では、販売費と一般管理費とを明確に区分していないことが多いが、それを区分する場合、一般管理費は、「一定の支出で、できるだけ高い効果を狙うためのコスト」と考えるとよい。

解答：P.272

■ 第77回関連出題 ■

事業転換の必要条件に関する次の記述のうち、最も不適切なものを一つ選びなさい。

① 事業転換は、ある意味では事業の創業と同じ位置付けになるものであり、経営者や中核幹部が強いリーダーシップを発揮することが必要である。

② 事業転換は必ず相当なリスクを伴うので、経済合理性のみを追求し短期間で達成するのではなく、状況を見ながら徐々に行わなければならない。

③ 事業転換後も地域社会と共存できる企業価値を持っているか、雇用の維持

ができるかといった要素も重要である。

④　事業転換にあたっては、ヒト・モノ・カネ及び情報という、経営に関係するあらゆる要素を経営資源として投入することを検討する必要がある。

⑤　主要な関係者（ステーク・ホルダー）のコンセンサスが重要である。また、従業員の協力も不可欠な要素となる。

解答：P.273

第15問　　　　　　　　　　　　　　　　　　　　　　　　　　（第77回）

　事業撤退の際に行うべき事業選別の判断等に関する次の記述のうち、最も不適切なものを一つ選びなさい。

①　事業の評価では、このまま対策を講じなかった場合に自社の事業がどうなるかといった予測も重要である。

②　事業ドメインの仮説構築では、事業ドメインに入る事業とそうでない事業とを選別する。

③　撤退障壁とは、既存企業に業界内からの撤退を拒む要因である。例えば、その業種用に特化された資産は、撤退障壁の典型である。

④　ある業界に既に参入している企業同士の競争関係では、撤退障壁が小さいほど競争状態が激化し、その結果、価格競争になる。

⑤　撤退事業の決定では、企業理念・経営ビジョンの見直し、事業ドメイン、コストベネフィット分析などの整合性を確認し、最終的に撤退する事業を決定する。

解答：P.273

第16問　　　　　　　　　　　　　　　　　　　　　　　　　　（第77回）

　外注費管理のあり方に関する次の記述のうち、最も適切なものを一つ選びなさい。

①　製造業の場合、顧客から見た場合の自社の評価を決めるのは価格対応力であり、技術力であるから、いかなる業種であろうとも、本来は、外注せずに、すべての工程を内製（内作）により対応していくことが望ましい。

② 自社の能力的制約から外注業者を利用する場合、検討すべき最重要事項は、自社の労務管理基準と外注先企業の労務管理基準との違いについてである。

③ 企業が外注を利用する最大の目的は、コストダウンのためであり、特定の工程を外注に出すことによって、品質が低下したとしても、そのことは許容しなければならない。

④ 外注工場の評価基準には、納期や品質、相手企業の経営安定度などのように客観的なものと、経営者の人柄や自社への協力姿勢などのように心理的なものとがある。

⑤ 優秀な外注先を選別していくためには、外注業者の能力等をまとめた管理表を作っていく必要があるが、その評価尺度は価格面に関するものを中心に構成すべきである。

解答：P.274

第17問　　　　　　　　　　　　　　　　　　　　　　　　　　（第77回）

MBOに関する次の記述のうち、最も不適切なものを一つ選びなさい。

① MBOは、自分の信用で調達できる資金が限られていても、買収先企業の資産やキャッシュフローを担保に融資を受け、買収資金を調達できる点などから、有効活用されている。

② MBOの類型として、経営権を取得する主体により、現経営者の代わりに、従業員が中心となって経営権を取得するMBIや、対象会社内に事業を引き継ぐ意思又は能力がない等の事情がある場合に、外部から能力のある経営者を迎えるEBO等がある。

③ MBOは、日本の「のれん分け」に似ており、日本人になじみやすい友好的なM&Aの手法として注目されている。売り手（企業側）のメリットとしては、ノンコア事業からの撤退・事業の分離、事業継承による後継者問題の解決、雇用・取引関係の維持などが挙げられる。

④ MBOの買い手（マネジメント）のメリットとしては、オーナーや親会社の方針や戦略に縛られず、自由に経営手腕を奮い、会社を成長させる機会が与えられること、成功すれば大きなリターンが期待できることなどが挙げられる。

⑤　ＬＢＯ（レバレッジド・バイアウト）を成功させるためには、はじめから無理な借入はしないこと、計画に従い早急に負債比率を削減すること、金融機関・ファンド等をパートナーとして活用すること等がポイントとして挙げられる。

解答：P.274

■ 模擬問題 ■

第18問　（模擬問題）

不動産の評価における直接還元法とＤＣＦ法に関する以下の記述のうち、誤っているものを一つ選びなさい。

①　原則として一般不動産は直接還元法に、投資用不動産はＤＣＦ法に適している。

②　直接還元法は、様々は変動要因を価格に織り込むことができ、規則的または不規則的な純収益の変動を分析することに適した手法である。

③　直接還元法もＤＣＦ法も、いずれも収益還元法の中の一分類である。

④　収益還元法の精度を高めるためには、総収入、総費用、還元利回りの適正な把握および査定が必要である。

⑤　収益の求め方については、直接還元法においては損益主義、ＤＣＦ法においては現金主義を採用している。

解答：P.274

第19問　（模擬問題）

不動産評価手法に関する以下の記述のうち、正しいものを一つ選びなさい。

①　不動産鑑定の評価方式には、費用性からのアプローチ（原価方式）、市場性からのアプローチ（比較方式）、収益性からのアプローチ（収益方式）があるが、中でも収益方式の一手法であるＤＣＦ法が最も優れている。

②　収益還元法には、直接還元法とＤＣＦ法があり、細かい点は異なるものの、基本的な考え方は同一である。

③　ＤＣＦ法の適用の際、復帰価格を求めるに際して、現在の価格に変動率を

乗じる考え方があるが、この方法よりも転売時以降の純収益を平準化して永久還元する方が優れている。

④ 収益還元法の適用に際して、重要な利回りはディスカウントレート、ターミナルレート、キャップレートがあるが、これらは別の概念であり相関関係は特にない。

⑤ 戦後ほぼ半世紀にわたるわが国の不動産取引および不動産評価の基準は、もっぱら過去の収益還元価格に基づくものであった。

解答：P.275

第20問 （模擬問題）

不動産の有効活用に関する以下の記述のうち、正しいものを一つ選びなさい。

① 事業受託方式とは、土地所有者が不動産開発業者等に、土地有効活用のための調査・企画から完成後の運営・管理までを全ての作業を委託する方式であり、この場合の事業主体は土地所有者ではなく、受託した不動産開発業者等となる。

② 土地信託方式とは、土地所有者が自己所有の土地を信託銀行等に信託し、信託銀行が土地所有者に代わって有効活用を行う方式であるが、土地登記簿上の所有権名義は土地所有者のままである。

③ 等価交換方式とは、土地所有者の土地上に不動産開発業者等が建物を建て、完成後の土地・建物の所有権を両者で分け合う方式であるが、土地の全部をいったん譲渡し、完成後の土地共有持分付きの建物所有権を取得する「全部譲渡方式」のみが現在認められている。

④ 定期借地権方式とは、借地借家法の規定に基づき定期借地権契約を締結することによって、一定期間に限定して土地を賃貸する方式であるが、一般定期借地権・建物譲渡特約付借地権・事業用借地権の3分類があり、それぞれ契約期間や契約方法等について法律上の差異がある。

⑤ 不動産共同投資事業方式とは、単独の投資家から資金を集めて特定の不動産の事業化を行う方式である。

解答：P.275

第21問 （模擬問題）

不動産証券化に関する以下の記述のうち、正しいものを一つ選びなさい。

① 不動産の証券化とは、投資家に対して不動産そのものを小口に共有持分化して販売する仕組みであり、抵当証券なども含めて様々な形態がある。

② 不動産証券化によって不動産を売却すれば、譲渡価格に関係なく、簡単にオフバランスが実現できる。

③ 不動産証券化における受け皿会社は、資産流動化法による特定目的会社に限定されている。

④ ＳＰＶ設立の独立性確保や、倒産リスク等の影響を排除するための手続を「倒産隔離」という。

⑤ 「オフバランス」処理をするには、オリジネーターからＳＰＶへのリスク移転の割合を概ね10％以内としなければならない。

解答：P.276

第22問 （模擬問題）

原価低減に関する以下の記述のうち、誤っているものを一つ選びなさい。

① 原価率を維持・改善させるためには、仕入先等の関係者に対して積極的に価格交渉をすることが必要である。

② 原価低減のポイントは、労働生産性の向上であり、労務費・仕入・外注費の低減に着目することが重要である。

③ 経営状態が厳しい企業の中には、原価管理すらできていないところも少なくない。

④ 取引業者の入替えや新規業者の導入を図ることは、仕入費用をより低減させるために効果がある。

⑤ 売価交渉を行って原価率を向上させることは、その後の顧客との取引に悪影響を与える危険性の方が強いので、極力避けるべきである。

解答：P.276

アウトソーシングのメリット、デメリットに関する次の記述のうち、正しいものを一つ選びなさい。

①　経営サイドから見た場合のアウトソーシングの魅力の一つは、「固定費の変動費化」にある。したがって、単純労働のように社内の人材にその業務を行わせた場合、様々な意味で割高感を感じてしまう業務において利用すると、効果が発揮されやすい。

②　単純業務であろうとなかろうと、その迅速性と確実性という意味では、社内人材に勝るものはなく、アウトソーシングよりも社内の人材を使っていくことこそ、正しい経営姿勢である。

③　社内業務においてトラブルが発生し、顧客に対し何らかの被害を生じさせた場合、通常、専門的なノウハウ等を有するはずのないアウトソーシング先に、その負担を求めることは難しい。したがって、アウトソーシングしても、責任所在の明確化にはつながらない。

④　アウトソーシングの実施可否判断には、常に機密保護問題がつきまとう。しかし、通常は必ず守秘義務契約を結んでいるため、仮にトラブルが生じても、それは金銭で解決されるから、その危険性は小さいといえる。

⑤　アウトソーシングの特徴の一つに「容易にやり直せること」がある。したがって、一度選択したアウトソーシング先が十分な能力を有していなかったとしても、容易に他の取引先に変更することができる。したがって、アウトソーシング先の選択にあたっては、慎重を期して動かないよりも、まずは行動してみることが肝要である。

解答：P.276

事業の撤退を検討していく過程について述べた次の記述のうち、正しいものを一つ選びなさい。

①　事業の撤退判断は、人員に余裕はあるが、機動性に乏しい大企業が考えるべきものである。中小企業の場合は、機動力があるため、事業の撤退判断に

ついては、それほど深刻に考える必要はなく、小規模でもニッチな事業領域を狙い、様々な事業を展開していくことこそが、その成長性を確保し続ける唯一の事業戦略である。

② 事業の撤退判断において最も重要なことは現時点での収益性である。したがって、事業部別あるいは製品別の損益計算書を作成し、赤字となっている事業については、原則撤退すべきである。

③ 事業の撤退を考える場合、他の事業とのシナジー効果も考慮すべきであるが、当該部門の担当者だけによる協議では、その事業への思い入れ等、抽象的な議論に陥りやすい。このため、この作業は、経営コンサルタントなど客観的な評価を下せる第三者を交えながら、具体的なシナジー効果を測っていくことが望ましい。

④ 非公開の中小企業とはいえ、企業は経営陣と従業員の合議により営まれているものである。したがって、企業の撤退判断も合議により決定すべきであり、そこにトップの決断が作用してはならない。

⑤ 事業の撤退を考える際、自社が有する技術力を守るという観点からも検討する必要があるが、その際は、これまでの事業経営を通じて蓄積してきたものを優先すべきであり、それが、将来にわたって使えるかということについては、それほど考慮する必要はない。

解答：P.277

第4章

第25問　　　　　　　　　　　　　　　　　　　　　　　　　**（模擬問題）**

事業転換の必要条件に関する次の記述のうち、最も適切なものを一つ選びなさい。

① 事業転換においては、債権者や取引先が変更される場合も多くなるので、既存の債権者や取引先の同意や意向にとらわれることなく、思い切った経営判断が優先されるべきである。

② 金融機関は多くの場合に最大の債権者となるが、事業転換の局面においては、債権者・債務者の関係であると同時に、再生企業の有力な支援者としての立場となる場合もあり得る。

③ 事業転換においては、創業とは異なり、起業家精神やリーダーシップより

も冷静沈着な分析力を持ち、企業内慣習をよく理解した人材を中核とする方が効果的である。

④　事業転換の目的は、短期間の経済合理性追求よりも、むしろ長期的な事業存続の実現にあるため、企業再生時における事業転換においても、短期間での再生目標の達成を目指してはならない。

⑤　事業転換において、経営諸資源のうちの資本と情報は絶対に必要なので惜しまず投入するべきであるが、人材に関してはキャッシュアウトリスクを伴うことなので、対応は避けるべきである。

解答：P.277

第26問　　　　　　　　　　　　　　　　　　　　（模擬問題）

M＆Aの類型について述べた次の記述のうち、正しいものを一つ選びなさい。

①　事業譲渡とは、会社そのものを売買するのではなく、当該企業が営む事業のすべてあるいは一部を、第三者に対して譲渡することである。会社法では、事業譲渡に反対する株主は、原則として株式買取請求権を有するが、債権者保護手続は規定されていない。

②　合併とは、2社以上の会社が契約により1つの会社になることであるが、その形態には、新設合併と吸収合併とがある。このうち、実際の合併の場面において、あまり採用されないのは、吸収合併の方である。

③　新株発行は、個人もしくは法人が所有する売り手会社の株式を、買い手に譲渡することにより、その支配権を移転させるM＆A手法である。

④　株式移転は、特定子会社の株主が、その保有する株式を特定親会社に提出し、この拠出する株式に見合う特定親会社の新株の割当てを受けるものである。

⑤　株式交換は、特定子会社の株主が、特定親会社を新設するために保有する株式を拠出し、新設会社から株式の割当てを受けるものである。

解答：P.278

─第４章の解答・解説─

【第１問】

正　解：③　　　　　　　　　　　　　　　　　　　正答率 45.9%

平均資本コスト＝｛0.04 ×（1 − 0.5）× 0.6 + 0.12 × 0.4｝× 100 ＝ 6.0%
　よって、③が正解。

【第２問】

正　解：②　　　　　　　　　　　　　　　　　　　正答率 56.4%

① 　広告宣伝費には費用対効果が測りにくいという問題点があるため、再生計画立案中は総額削減の方向性で検討していくことが望ましい。よって不適切である。

② 　正しい。

③ 　物流コストの引き下げ策は、梱包形態の見直しなどの自助努力と業者に対する輸送価格の引き下げ交渉を同時並行的に展開することが望ましい。よって不適切である。

④ 　再生過程にある企業が費やす販売費は、単に「モノを売るためのコスト」とみるのではなく、「受注獲得に直結するコスト」として捉えるべきである。よって不適切である。

⑤ 　選択肢に掲げる方法論は、ゼロベース予算といわれるものである。よって不適切である。

【第３問】

正　解：⑤　　　　　　　　　　　　　　　　　　　正答率 66.3%

① 　本来、役員報酬は経営成績を上げた役員に対する一種の成功報酬であり、企業にとっては利益処分と同義であるから、利益を出せていない企業の場合、本来は、役員報酬を支出すること自体に無理がある。したがって、赤字企業の場合は、原則として、削減方向で検討すべきである。よって不適切である。

② 　人員整理は一時的にはコストダウンやキャッシュフローの改善につながるが、長い目で見た場合には、有能な人材を喪失し、残った人材のモチベーシ

ョンダウンやモラルダウンが進みやすいため、企業力が低下しないよう慎重に対処すべきである。よって不適切である。

③ 投資的人件費の効果は、営業利益との対比で考えるべきであり、必ずしも労働分配率や労働生産性で、そのすべてを測ることはできない。労働分配率や労働生産性の「人件費」や「従業員数」については、単純に総額を算入するだけだから、投資的人件費と費用的人件費を区別する発想にもとづいていない。よって不適切である。

④ 整理解雇を行う場合、満たさなければいけない項目は、（ア）解雇必然性、（イ）解雇回避努力、（ウ）対象者への説得・協議、（エ）人選の客観的合理性の4項目全てを満たさなければならない。よって不適切である。

⑤ 就業規則に記載する事項には、労働基準法（昭和22年法律第49号。以下「労基法」といいます。）第89条により、必ず記載しなければならない事項（以下「絶対的必要記載事項」といいます。）と、各事業場内でルールを定める場合には記載しなければならない事項（以下「相対的必要記載事項」といいます。）がある。このほか、使用者において任意に記載し得る事項もある。よって適切である。

【第4問】

正　解：⑤　　　　　　　　　　　　　　　　　　　　　　　　　　正答率34.6%

① 適切である。

② 適切である。事業譲渡の手続と比べ、債権者の個別の同意を得ずに債権（債務）を移転できるなど、煩雑な手続が不要であり、迅速な企業再編が可能である。

③ 適切である。

④ 適切である。

⑤ 不適切である。税制適格の場合、資産は帳簿価額で移転し、したがって譲渡損益の発生はない。

【第5問】

正　解：④　　　　　　　　　　　　　　　　　　　　正答率77.6%

① 誤り。選択肢は、アライアンスについて説明しているものである。

② 誤り。業務提携の場合、中途で解約しなければならない事由が発生する可能性が一般的な契約よりも高いので、その終了に関する条項を入れておくのが望ましい。

③ 誤り。②と同じであり、あらゆるケースを想定した違約時の対応をしておく方が、契約に対する信頼性の確保につながる。

④ 正しい。

⑤ 誤り。選択肢は、資本参加（資本提携）について説明しているものである。

【第6問】

正　解：⑤　　　　　　　　　　　　　　　　　　　　正答率：87.9%

① 在庫品の3類型とは、デッドストック、スリーピングストック、ランニングストックの3区分のことである。よって、不適切である。

② デッドストックは陳腐化したり、劣化した在庫品を表す言葉であり、題肢の状態は、スリーピングストックという方が適切である。よって、不適切である。

③ 過剰在庫を生む原因は、デッドストックよりもランニングストック側にあることが多く、不良品の排除だけに重点を置いていたのでは、過剰在庫状態を解消していくことはできない。よって、不適切である。

④ 前半は正しいが後半が誤っている。在庫管理を強化する意味は「在庫は生産性低下に関する様々な問題点を覆い隠してしまう」ためである。過剰在庫は、財務面の問題を引き起こしているのみならず、間違いなく生産性を悪化させてしまっているのである。よって、不適切である。

⑤ 正しい。

【第7問】

正　解：②　　　　　　　　　　　　　　　　　　　　正答率：59.9%

① 限界利益は売上高から変動費だけを差し引いた段階での利益である。よって、不適切である。

② 正しい。※事業部管理可能利益（売上高からすべての変動費と事業部管理可能固定費を控除して計算）。

③ 事業部固有の設備に関連して発生するコストは、管理不能個別固定費と呼ばれる。よって、不適切である。

④ 管理会計の結果は重要な要素ではあるが、それだけで、事業の撤退を判断することは望ましくない。将来性や成長性も合理的に判断できるものならば、検討材料とすべきである。よって、不適切である。

⑤ 新規事業については投資が生み出す収益力を評価する必要があり、必ずしもすべての事業が撤退対象となるわけではない。よって、不適切である。

【第8問】

正　解：④　　　　　　　　　　　　　　　　　正答率：66.2%

① 中小企業は経営資源に限界があるがゆえに、人的資源や資金を中核事業や将来性のある事業に振り向けるべきである。よって、不適切である。

② 売却に通常売却や特別売却といった違いを示す用語はない。よって、不適切である。

③ 債務超過状態にある企業が、事業から撤退するということは、一般に会社を解散するということであり、その場合にとられる手続は、特別清算と破産のいずれかである。特別解散という用語はない。よって、不適切である。

④ 経営者の高齢化が進むと、年齢を理由に引退を迎える経営者が増えると予想されるが、企業がこれまで培ってきた事業や貴重な経営資源を次世代の経営者（後継者）へ引き継いでいくことは重要である。そこで、社長年齢別に後継者の有無について確認すると、60代では約半数、70代は約4割、80代は約3割で後継者が不在となっており、経営者年齢の高い企業においても、後継者が不在の企業が多く存在することが分かる。

⑤ 中小企業であることを理由に、事業部門や子会社の個別の資産価値等が算出できないということはない。また、事業等の売却は頻繁にみられる事例である。よって、不適切である。

【第9問】

正　解：②　　　　　　　　　　　　　　　　　　　　　正答率：77.5%

① 適切である。

② M&Aの取引対象が事業（事業譲渡など）であれ株式（株式譲渡など）であれ、DCF法は有効な価値評価の手段の一つである。よって、不適切である。

③ 適切である。

④ 適切である。

⑤ 適切である。

【第10問】

正　解：④　　　　　　　　　　　　　　　　　　　　　正答率：91.8%

① 不適切である。わが国の企業会計原則は、適正な期間損益計算を目標として組み立てられているため、毎期の「計算上の損益」を算出することには適しているが、反面、必ずしも「実際の損益」と一致しなくなるという弱点を持つ。企業会計原則は、現金主義ではなく、費用は発生主義、収益は実現主義を採用しているため、ずれが生じるし、粉飾決算を行う余地がある。

② 不適切である。問題を生じさせている主要因は、「売上偏重主義」である。

③ 不適切である。与信管理を強化するためには、取引開始前の段階で会社の状況を確認したり、経営者ヒアリングを行ったりといった対策が必要であり、帳簿管理だけを強化しても不良債権の発生は防止できない。

④ 適切である。

⑤ 不適切である。資本金の大きさと当該企業の安全性とには、何ら因果関係はない。

【第11問】

正　解：③　　　　　　　　　　　　　　　　　　　　　正答率：66.3%

① 不適切である。スリーピングストックの説明である。デッドストックとは、陳腐化してしまったり、劣化してしまった在庫品のことである。

② 不適切である。生産現場の能率を高めるという観点に立てば、デッドストックやスリーピングストックについては、思い切って廃棄処分してしまうこ

とが望ましい。

③　適切である。

④　不適切である。ライン生産方式は、長い動線を確保する必要があることに
加え、分業化率も高まるため、セル生産方式に比べれば、工程内の必要在庫
量が多くなりやすい。

⑤　不適切である。過剰在庫は資金繰りにも影響を与えるが、生産管理の観点
からみれば、過剰在庫は、「生産性低下に関する様々な問題点を覆い隠して
しまう」ことに問題がある。在庫削減活動はこのためにも行うものであり、
生産性改善に大きく寄与する。

【第12問】

正　解：④　　　　　　　　　　　　　　　　　　　　正答率：97.8%

①　不適切である。業績不振と製品の機能不足との間に直接の因果関係はない
し、再生ステージにある企業の場合は、資金をはじめとする種々の経営資源
が不足している場合が多いので、まずは既存製品の販売戦略の見直しを軸と
していくべきである。

②　不適切である。成功する新製品や新事業には、既存事業との間での相乗効
果が働いている場合が多く、その点を無視した販売戦略を構築すると失敗す
る可能性が高い。

③　不適切である。再生計画の立案時に販売戦略を見直すことは重要だが、売
上高は外的要因に左右されやすく、自助努力だけではどうにもできないこと
が多い。特に新製品にはそれが顕著に表れやすい。

④　適切である。

⑤　不適切である。現状の趨勢把握が主目的であり、今後の方向性が見えてく
ればよいので、意思決定上、問題がない範囲ならば多少ずれていても全く問
題はない。

【第13問】

正　解：④　　　　　　　　　　　　　　　　　　　　正答率：91.8%

①　不適切である。営業関連経費は、「買ってくれる余地の大きい顧客」に対
して重点的に配分されるべきであり、累積売上高の大きな顧客に対する既得

権のような使い方をすべきではない。

② 不適切である。経費の削減はメリハリをつけて行うべきものであり、少なくとも「前向きに攻める」ためのコストだけはしっかりと確保しておかないと、経費削減活動全般が停滞しやすい。

③ 不適切である。経営責任を鑑みた場合、役員報酬は削減すべきだが、そこに絶対的な数値ハードルがあるわけではない。

④ 適切である。

⑤ 不適切である。管理的に見た場合、一般管理費とはインフラ関連コストのことであり、それがゆえに「一定の効果をできるだけ少ない支出で維持する」という発想がなければならない。

【第14問】

正　解：②　　　　　　　　　　　　　　　　　正答率：81.6%

① 適切である。

② 不適切である。事業転換にはスピードが要求されるので、綿密な計画に従った迅速な実行が不可欠である。

③ 適切である。

④ 適切である。

⑤ 適切である。

【第15問】

正　解：④　　　　　　　　　　　　　　　　　正答率：73.1%

① 適切である。

② 適切である。ドメイン＝事業を展開する領域。ドメインを決定するときは、製品軸、市場軸などから定義する。

③ 適切である。撤退障壁とは、既存企業に業界内からの撤退を拒む要因である。たとえば、その業種用に特化された資産は、撤退障壁の典型である。ポーターは、この撤退障壁と、先にふれた参入障壁とをセットでとらえている。すでに業界に参入している企業にとっては、「参入障壁大、撤退障壁小」という環境が、最も都合が良いということになる。

④ 不適切である。ある業界に既に参入している企業同士では、撤退障壁が大

きいほど競争状態が激化し、その結果、価格競争になる。

⑤　適切である。

【第16問】

正　解：④　　　　　　　　　　　　　　　　　　　　　正答率：97.1%

①　不適切である。少品種大量生産型の製品は内製化度を高めていくことが望ましいが、多品種少量生産や個別受注品に近い性格の製品の場合は、過度に内製化度を上げるのではなく、上手に質の高い外注業者を活用していくことが望ましい。

②　不適切である。自社の能力的制約から外注業者を利用する際の最重要検討項目は、外注先の技術力や設備の能力等に関することである。

③　不適切である。品質を下げずに価格を下げることがコストダウンの基本であり、価格が下がっても、品質が伴わないものは意味がない。

④　適切である。

⑤　不適切である。評価尺度は品質や技術力、納期等、様々な要素に及ぶべきであり、価格だけが唯一無二の評価尺度となるわけではない。

【第17問】

正　解：②　　　　　　　　　　　　　　　　　　　　　正答率：58.1%

①　適切である。

②　不適切である。ＭＢＩとＥＢＯの説明が逆である。

③　適切である。

④　適切である。

⑤　適切である。

【第18問】

正　解：②　　　　　　　　　　　　　　　　　　　　　（模擬問題）

　②は、ＤＣＦ法の説明であり、誤り。

　収益用不動産の評価にあたって、直接還元法は将来の収益や元本の変動予測を織り込むことが難しいので、これらの予測が重視される不動産の査定はＤＣＦ法との併用が望ましい。

収益還元法には「直接還元法」と「ＤＣＦ法」という２種類の計算方法がある。このうち、直接還元法は不動産から得られる純収益を還元利回り（キャップレート）で割ることで計算される。同じ収益還元法の計算手法であるＤＣＦと比較して計算が容易である。

【第19問】

正　解：②　　　　　　　　　　　　　　　　　　　　（模擬問題）

① 各手法は、対象不動産の類型（自己使用の住宅、投資用賃貸ビル、大規模な建売用地等）によって、重視すべき手法はそれぞれ異なる。したがって、各手法に優劣はない。よって、誤り。

② ＤＣＦ法は直接還元法で考えている期間（永久）の一部の期間（7〜15年程度が一般的である）のＣＦの出入りを精緻にしたものであるが、復帰価格の査定では直接還元法を用いることが多いこと、どちらも将来の純収益の総和を求めるものであること等から、基本的な考え方は同一と考えてよい。よって、正しい。

③ 復帰価格については、既述の直接還元法でも変動率を乗じる方法でもよく、優劣はない。土地価格の変動がしばらく続くのか、当分横這いでみられるのか、ＣＦの変動はどうなのかケースバイケースで選択すればよい。よって、誤り。

④ これらの各利回りは密接に関連し様々な要因によりいずれかが高くなったり低くなったりする。よって、誤り。

⑤ 収益還元価格ではなく、取引事例価格が正しい。よって、誤り。

【第20問】

正　解：④　　　　　　　　　　　　　　　　　　　　（模擬問題）

① 事業受託方式の場合、不動産開発業者等は請負契約による事業パートナーに過ぎず、事業主体はあくまでも土地所有者である。よって、誤り。

② 土地信託を実行するには、信託登記という所有権移転登記を経ることを要するので、土地所有権名義は信託銀行等に移転する。ただし、この所有権移転は形式上の移転とされ、税務上での移転には当たらないとされている。よって、誤り。

③　全部譲渡方式以外にも「部分譲渡方式」と呼ばれるスキームも認められている。よって、誤り。

④　設問記述のとおり。

⑤　単独ではなく、複数が正しい。よって、誤り。

【第21問】

正　解：④　　　　　　　　　　　　　　　　　　　　　　　　　（模擬問題）

①　証券化は、不動産をペーパーカンパニー（ＳＰＶ）に移し、ＳＰＶが発行する有価証券に対して投資を募る仕組みである。よって、誤り。

②　オフバランス処理をするには、当事者の意思や譲渡価格の適正さ等の観点から真正売買性を確保する必要がある。よって、誤り。

③　証券化において用いるＳＰＶとしては、資産流動化法による特定目的会社のほか株式会社などが用いられる。よって、誤り。

④　設問記述のとおり。

⑤　オフバランス処理の目安とされるオリジネーターからＳＰＶへのリスク負担の移転は、概ね５％以内でなければならない。よって、誤り。

【第22問】

正　解：⑤　　　　　　　　　　　　　　　　　　　　　　　　　（模擬問題）

　まずは自社内において仕入価格の低減や工程改善によってコストダウンを行うことがスタートである。これによって適正な粗利益が達成されない場合は、顧客にその状況を明確に伝え、納入価格の見直しを要請する必要がある。よって、⑤は誤り。しっかりした原価資料に基づいての要請であれば、その後の取引に悪い影響を与えることは現実には少ないと思われる。

【第23問】

正　解：①　　　　　　　　　　　　　　　　　　　　　　　　　（模擬問題）

①　業務の増減、景気変動、さらに繁閑期などに応じて柔軟に人員の調整ができるため、固定費の変動費化が可能。よって、正しい。

②　アウトソーシング先はいろいろな意味での専門性を保持しているものなので、社内にある人材やノウハウを一から作り上げるよりも迅速性や確実性の

面で有利である。よって、誤り。

③　アウトソーシング先は、国家資格者等の専門家により構成されていることが多く、業務に関する各種契約を正確に期待することによって、万一のトラブルが発生した場合でも責任ある対処が期待できる。よって、誤り。

④　金銭的な損害賠償ではとても済まないような大きな信用毀損行為が発生する危険性もあるため、アウトソーシング先の選定は、慎重に行うべきである。よって、誤り。

⑤　業務の性質上、一度決定したアウトソーシング先を変更することは難しいため、また変更できたとしても、その引継時間に業務が停滞するため、最初からしっかりと情報を集め、慎重に検討すべきである。よって、誤り。

【第24問】

正　解：③　　　　　　　　　　　　　　　　　　　　　　（模擬問題）

①　中小企業の場合、資金力や人材など持てる経営資源に限界がある。だからこそ、不採算事業からは早期に撤退し、経営資源を中核事業や将来性のある事業に集中させていくことが重要となる。よって、誤り。

②　従来のコア事業が将来にわたってその企業のコアでありえる保証はなく、その事業が赤字であるということだけで撤退判断を下すことは望ましくない。よって、誤り。

③　設問記述のとおり。

④　事業の撤退判断はタイミングを逸することがあってはならない。したがって、中小企業の場合、最終的には経営トップの決断が重要である。よって、誤り。

⑤　事業撤退の際に、考慮しなければならない技術力は、コア事業の弱体化につながらないものであり、単に守りたい技術かどうかということだけで、安易に判断すべきではない。よって、誤り。

【第25問】

正　解：②　　　　　　　　　　　　　　　　　　　　　　（模擬問題）

①　事業転換の局面であったとしても、既存の債権者や取引先の同意や積極的な協力を得られない内容の経営判断を強行することは許されない。よって、誤り。

②　設問記述のとおり。

③ 事業転換は新しいビジネスモデルの創造と考えられるので、創業と同様に独創的で企業内慣行に囚われない人材を中核とする方が良いと考えられている。よって、誤り。

④ もちろんケースバイケースではあるが、企業再生時における事業転換は、従来の事業では不可能であった経営資源の運用効率の飛躍的向上を目指し、企業再生プログラムの短期間達成を目指すべき手法である。よって、誤り。

⑤ 有効かつ必要な経営諸資源では、人材の投入も重要な視点であり、積極的に検討すべきである。よって、誤り。

【第26問】

正　解：① (模擬問題)

① 記述は正しい。

② 合併の場合、許認可の継続性やコスト面の理由から、吸収合併を採用するケースが多く、新設合併がとられるケースは極めて稀である。よって、誤り。

③ 問題文は、買い手に対して既存の保有株式を売買で移転させていることから、これは、株式譲渡に関する記述である。新株発行の場合は、売り手の会社が買い手の会社に対して新株を発行することになる。よって、誤り。

④ 問題文は、特定子会社の株式を拠出する見返りとして受け取ったものが、すでに存在する特定親会社の株式であるから、株式交換に関する記述である。よって、誤り。

⑤ 問題文は、特定子会社の株式を拠出する見返りして受け取ったものが、新設される特定親会社の株式であるから、株式移転に関する記述である。よって、誤り。

第5章

再建計画策定

~学習の手引き（第5章)~

テーマ	80 回	81 回
1．再建計画書の策定		
（1）再建計画書の策定	①	①
（2）再建計画策定時の税務問題	①	①
2．再建企業への再生支援・金融支援		
（1）債権譲渡による再生支援		
（2）リスケジューリング		①
（3）DES／DDS	②	①
（4）債権放棄	①	①
（5）再生ファンド		
（6）DIPファイナンス		

※丸数字は出題数。

1．再建計画書の策定
・再建計画書の策定については、毎回1～2問程度、出題されている。
・再建計画策定時の税務問題は、毎回1～3問、出題されている。法人と役員
　等についてそれぞれ出題があるが、いずれも税務の基礎的レベルの出題であ
　り、基本のマスターが欠かせない。

2．再建企業への再生支援・金融支援
・「DES／DDS」は毎回、「リスケジュール」「債権放棄」はほぼ2回に1
　回の頻度で出題されている。
・それぞれの支援手法について、意義、要件、メリット・デメリットなどを理
　解しておきたい。

第1節
再建計画の策定

1．再建計画の策定

> **学習のポイント**
> ● 再建計画の策定で重要なことは、具体的なリストラ策の策定である
> ● 再建計画は、実現可能性の高い抜本的な計画でなければならない
> ● 再建計画は、債務者区分が「正常先」（あるいは計画終了後に自助努力により事業の継続性を確保できる見通しが立つのであれば、「要注意先」でも差し支えない）になるような基準を満たすものでなければならない

（1）再建計画策定の留意点

　再建計画策定に当たっての留意点について述べる。再建計画策定の目的は、金融機関における債務者区分の正常先への上位遷移を果たすことなどにより、今後も金融機関の継続的支援を得るためのものである。

　したがって、再建計画は金融機関が受入れられる、「実現可能性の高い抜本的な経営改善計画」でなければならない。

　実現可能性の高い計画とは、

　・計画の実現に必要な関係者との同意が得られていること

　・計画における債権放棄などの支援の額が確定しており、当該計画を超える追加的な支援を見込まないこと

　・計画における売上高、費用および利益の予測等の想定が、十分厳しいものとなっていること

であり、抜本的な計画とは、

　・おおむね3年後に債務者の債務者区分が正常先となること

　・各金融機関の取引の総合的な採算を勘案して、貸出金に対して基準金利と同等の利回りが確保されていること

である。

　再建計画は、以上のすべての要件を満たしたものであることが求められてい

第5章

る。再建計画策定に当たっては、このことに留意して策定しなければならない。

　ただし、旧金融検査マニュアルにより、条件緩和が行われており、融資先からの返済猶予等に際して策定する再建計画の要件も緩和されている。

　また、中小・零細企業等の場合、大企業と比較して経営改善に時間がかかることが多いことから、「合理的かつ実現可能性の高い経営改善計画」が策定されている場合には、当該計画を「実現可能性の高い抜本的な経営改善計画」とみなして差し支えないとされている。

（2）再建計画策定の手順

①　スキームとリストラ策の策定

　デューデリジェンスにより実態把握をし、課題を整理したあと、経営としての取組方針を明確にして、再建の全体スキームを構築する。全体スキームとは、事業再構築として事業の撤退・縮小、手法としての会社分割、事業譲渡、債務圧縮のための不動産などの資産売却、資本増強のための増資、スポンサーによる再建・金融支援が得られる場合には債権放棄、ＤＥＳ・ＤＤＳ等、また再生ファンドの活用など全体的な再建の枠組のことである。

　そのうえで、個々のリストラ策の策定を行う。事業リストラとして、ある事業をいつ、どのような形で撤退するか、また別の事業を営業ネットワーク強化により売上を増強するなどである。業務リストラは、生産工程の見直しにより合理化を図り生産性を高める、仕入先の見直しにより仕入れコストを削減するなどの方策を立てることである。財務リストラとしては、本社ビルの売却、リースバックなどにより負債の圧縮を図る、第三者割当て増資の実行による負債の削減・資本の充実を図るなどである。

　何度も言うようであるが、再建計画の策定にあたり具体的なリストラ策、「何を、どのようにして、どう結果を出すか」が重要である。そしてそれが実現性の高いものでなければならないことは、もちろんのことである。

②　再建計画表の策定

　全体スキームに沿って、再建計画表（予想損益計算書）を策定する。再建計画は、通常５年ないしは10年の長期計画を作成する。

　全体の計画を策定するため、まず事業別や店舗別、単独事業の場合には製品、商品の分野別の計画を策定する。それを集計、総合したものが全体計画となる。実現可能性の高い計画であるためには、この事業別などの計画を綿密に策定す

ることが求められる。

　計画において売上を毎期3%増やすというのが全く金融機関から見て無意味といわれるのは、個々の事業において、何をどうすることによって売上を伸ばし、何をどう改善してコスト削減を図るのか具体策がないからである。しっかりとした具体的な改善策を明確にして、それを実行すればこういう効果・結果が期待できるというものを、十分な根拠を示して、それを個々の事業計画などに反映させる。それを集約・総合したものが全体計画になる。

　全体事業計画（予想損益計算書）を策定したあと、キャッシュフロー計算書、貸借対照表、資金繰表、借入金返済表などを作成する。ただし、キャッシュフロー計算書、資金繰表などは金融機関が求めなければ、作成しないこともある。

2.　再建計画策定時の税務問題

> **学習のポイント**
> ● 法的整理・私的整理・経営改善型自主再建における税務問題を理解する
> ● 自主再建等で障害となる税務問題を理解する

（1）再建計画策定と税務上のポイント

① 法的整理

　経営破綻に陥った企業が、再生するためには、財務リストラ・事業リストラ・業務リストラのすべてが不可欠である。特に財務リストラにより、資産の売却、圧縮および債務の免除等により、債務（負債）を圧縮しなければならない。会社更生法や民事再生法の整理手続は、法的規律の下に、財務リストラを促進し、早期の再生を目指す方法といえる。

② 私的整理

　整理手続のもう一つの方法が、私的整理である。私的整理は、法律の規定によらず、裁判所が関与せず、債権者と債務者が話し合いで行う整理手続である。私的整理のうちで、「私的整理ガイドライン」、ＲＣＣスキーム、各県の中小企業再生支援協議会スキームなどの一定の債務処理基準を厳格に持つ私的整理は、所定の要件を満たす整理手続として、税務上も再生支援の対応をしている。いわば法的整理の民事再生手続に近い位置づけを与えている。

　すなわち財務のリストラによる負債の圧縮が行われるときに、債務免除益、

私財提供益に原則どおりの課税が行われないように、再生支援の観点から、評価損益の計上認容、特例欠損金の繰越控除など、法的整理に準じた取扱いを認めている。しかし、一定の私的整理の対象となるのはほんの一握りで、大多数の中小零細企業は、活用対象外であるのが実態である。

③ 法的整理と私的整理の税務上の取扱い

法的整理や一定の私的整理の税務上の取扱いをまとめると、後出の図表のようになる。通常の青色欠損金・災害損失金の繰り越し控除の他に、特例欠損金の損金算入、資産の評価損益の認容、等の特例を活用できる企業は、債務免除益課税を回避しながら負債を圧縮して、弁済可能な債務額となり、債務超過企業から強制力をもって脱出できる。

そのあとは、事業のリストラ、業務のリストラにより、採算性のあるキャッシュフロー経営に移行して再生が図れる。しかし、結果的には、残念ながら大多数の企業は、その他の私的整理の道を歩まざるを得ないのが実態である。

④ 経営改善型自主再建

その他の私的整理は、倒産処理と再生対応に分かれる。

再生対応として経営改善型自主再建を実行する場合は、なんら正常な企業の取扱いと、一部を除いて変わらないのである。言い換えると「経営改善型再生である自主再建」のための再生計画策定は、大多数の再生企業のものであり、まさに企業再生のプロセスの最重要ポイントであり、中小企業再生アドバイザーの活躍の場でもある。その場合策定時の税務対応を誤れば画竜点睛を欠くことになり、再生の現場では、税務問題がネックとなり、再生計画が頓挫するケースが意外に多い。

（2）法的整理と私的整理の税務上の取扱い

法的整理と私的整理の税務上の取扱いについて、次ページの表にまとめたので参照されたい。

なお、特例欠損金の損金算入について、民事再生法、一定の私的整理において評価損益が計上される場合は、債務免除益等から期限切れ繰越欠損金部分を青色欠損金に先立ち、優先控除する。評価損益が計上されない場合は、青色欠損金を優先控除する。

法的整理・私的整理・経営改善型自主再建の税務上の取扱い

	会社更生法	民事再生法	一定の私的整理(私的整理ガイドライン／ＲＣＣスキーム／中小企業再生支援協議会スキーム)	経営改善型自主再建
繰越欠損金	○損益算入	○	○	○
特例欠損金(期限切れ繰越欠損金)	○損益算入優先的に	○	○	△合理性のある私的整理であれば適用(法基通12－3－1)
資産の評価益	○益金算入	○	○	×益金不算入
資産の評価損	○損金算入	○	○	×損金不算入
債権放棄額の損金算入	○損金算入	○	○	△
債務免除益と相殺する順番	①特例欠損金②資産の評価損③繰越欠損金	①資産の評価損②特例欠損金③繰越欠損金	①資産評価損②特例欠損金③繰越欠損金	○繰越欠損金

（3）再建計画策定時の税務の基礎知識

① 私財の提供・債務免除と特別な経済的利益

　自主再建型の再建計画策定で重要なポイントは、私財の提供と債務免除である。なぜなら、返済原資の確保、弁済債務の圧縮減少につながるからである。いずれも受贈益である。また、特別な経済的な利益の供与を受けている場合はどのように考えるべきなのだろうか。例えば、無利息または低利融資を受ける場合、無償または低額で賃貸を受ける場合、通常の資産の譲渡ではなく高額譲渡、無償または低額での資産の譲受など、正常な経営時にはあまり発生しない事案が出やすい。

　企業が役員等から私財の提供を受けたり、債権者から債務の免除を受けた場合等は原則として、その利益を受けた額は、利益の引渡しを受けた日または免除の効力の発生した日の事業年度の益金の額に算入する(法人税法22条2項)。

　この益金につき、当期損失も繰越欠損金もなく、相殺されず課税されたとすれば、せっかくの好意が生かされず、資金繰りの圧迫要因となる。なぜなら、債務の免除は、キャッシュの増加につながらない名目的な収益の計上であり、私財の提供も、換金性の有無、換金のタイミング等の問題もあり、納税資金の

別途調達ともなれば、私財の提供・債務の免除の趣旨に反することになる。

当期損失との相殺、青色繰越欠損金、災害繰越欠損金の損金算入の関連を計画的に、タイミングを間違わずに行う必要がある。法的整理、一定の私的整理では、特別欠損金、資産の評価損との相殺を認めている。

② 資産の譲渡

財務のリストラで効果が高いのは、不動産や有価証券などの資産の譲渡である。総資産の圧縮策は再建の基本となる戦略である。対価の獲得できる資産の譲渡は、キャッシュフローの改善、債務の圧縮、金利の減少、維持保有コストの軽減等々、B／S（貸借対照表）・P／L（損益計算者）・C／F（キャッシュ・フロー計算書）の改善に直結する。

譲渡対価である譲渡収益と譲渡原価であるB／S上の帳簿残高との差額が、譲渡損益として認識され損金・益金額に算入される。その場合、他の当期損益があれば通算される。その金額はあくまで譲渡対価の総額ではなく、差額概念の損益である。

③ 欠損金のある場合

法人税法では、利益や欠損の発生状況によって法人税の税負担の不均衡が起きないように数年度の損益を通算できる制度、つまり原則である単年度課税の例外措置として、欠損金の繰越制度と欠損金の繰戻還付制度がある。企業再建に活用できる重要な制度の、前10年以内の青色欠損金の繰越控除と青色欠損金の繰戻還付制度の理解は必要である。欠損金と債務免除の通算のタイミングや納税資金の問題が、実務では重要な税務対応となる。

青色申告に基づく欠損金は、複式簿記による記帳要件を満たしたものである。「欠損金の生じた事業年度で青色申告書である確定申告書を提出している場合に、（以後連続提出）各事業年度開始の日前10年以内に開始した事業年度に生じた青色欠損金は、当期の所得の計算上損金の額に算入される」（法人税法57条1項）。

欠損金の繰戻還付は、青色申告書を提出する法人が青色欠損金を生じた場合、その欠損金を生じた欠損事業年度前1年以内の事業年度に繰り戻し、その欠損金に相当する所得金額に対応する法人税額を還付請求により還付する制度である（法人税法80条）。

繰越控除と繰戻還付の選択は、原則自由である。

④　親子関係会社取引と寄付金認定課税

特別な利害関係のない第三者間の、合理性ある取引と異なり、とりわけ親子会社間のように意思決定に相当の影響を持ち合う関係者の行為は、恣意性が介入しやすく、経済合理性から問題がある場合に、寄付金の認定課税が行われる場合がある。寄付金は損金算入に限度計算があり、課税所得に加算される。

ⅰ）子会社債務の肩代り、子会社の不良資産（債権・在庫）の買取り

　ア．子会社債務の肩代り

　単なる肩代りは、その債務の弁済が回収の見込めないことを了解した債務肩代りとなり、債務の肩代り弁済時に取得した債権（保証債務履行の場合は求償権）を当初から放棄する意図での債務肩代りとして、寄付金の認定課税を受けることになる。

　イ．子会社の不良資産の買取り

　業績不振の子会社の不良債権や不良在庫を子会社の帳簿価格で買い取った場合には、その譲渡は時価で取引されたものとして扱われる。時価と簿価との差額は益金の額に算入され（法人税法22条2項）、同時にその差額相当額を寄付金として処理されることになる。

ⅱ）子会社に対する無利息融資または低利融資

　無利息または低利融資の場合、通常の金利との差額が寄付金認定課税の対象となる。

ⅲ）子会社に対する無償譲渡または低額譲渡

　無償譲渡または低額譲渡は、無償または低廉部分の金額のうち、時価との差額が益金の額となり、実質的に贈与したと認められる金額が寄付金の額に含まれる。

⑤　再生を阻害する債務免除益課税への税務対応

企業再生において、負債の圧縮や債権者による債権放棄により、債務免除益が発生すると、原則は、その債務免除益は法人税の課税所得の計算上益金の額に算入され、その債務免除益にかかる課税が行われる。結果、このキャッシュアウトが、再生の障害となってしまう。したがって、債務免除益課税の回避のため、債務免除益に相当する損金の額を発生させることにより、課税所得を、圧縮させる必要がある。

法人税上の損金として対応できるのは、通常の当期課税所得での損失の他に

287

次の３つの規定による税務対応が考えられる。

　　ア．期限切れ繰越欠損金（特例欠損金）についての損金算入（法人税法59
　　　　条2項）

　　イ．資産の評価損益についての、損金算入・益金不算入（法人税法25条3項、
　　　　33条3項）

　　ウ．過去10年間に発生した青色欠損金の繰越控除損金算入（法人税法57条）

第2節
再建企業への再生支援・金融支援

1. 債権譲渡による再生支援

学習のポイント
● 直接償却の各種手法とその中における再生型債権譲渡スキームの重要性について理解する

（1）直接償却による不良債権処理

　直接償却による不良債権処理の政策的要請に対して、選択可能な直接償却の方法は、大きく、①会社更生、民事再生、破産など裁判所の関与のもとに回収不能額を確定する法的整理、②私的整理などを利用した債権放棄および③対象債権を第三者に売却する債権譲渡、の3つに集約される。

　上記の3つの方法のうちいずれを選択すべきかは、不良債権の内容、貸出を行う金融機関のポジション、債務者企業の経営内容や再生可能性等の各種事情を勘案し、個別に決定されるべきことはいうまでもない。

　しかし、債権放棄については、金融機関の側では、株主代表訴訟等のリスクを排除するために当該債権放棄の正当化に十分な検討を要すること、この点に関する私的整理ガイドラインが実際的に適用され得る案件が少ないことなどの課題がある（その他、私的整理については、債権放棄において金融機関側が自機関で負担できる範囲内に放棄額を抑える可能性、安易に債権放棄を期待する債務者企業側のモラル低下、債権放棄を受けずに自力で融資を返済している企業に対する実質的な競争条件の不公平などの問題点が指摘される）。

　他方、法的整理、特に破産などの清算型の手続については、債務者企業の取引先や労働者への影響（連鎖倒産や雇用機会の喪失）、法的手続に伴う債権価値の大幅な劣化と債権回収のコストの増大など、マイナスのインパクトが大きい。

（2）債権譲渡による直接償却

　これに対して、債権譲渡による不良債権処理は、第三者が関与してアームズ・レングス取引が行われ、価額設定その他の譲渡条件に合理的に合意されるので

あれば、簡易かつ迅速に不良債権をバランスシートから切り離すことが可能である。

しかし、従来から行われてきている不良債権のバルクセールや整理回収機構（略称：ＲＣＣ）への債権の売却等は、不動産担保付債権が中心であり、実質的には担保となっている不動産の売買ということができる。それゆえ、対象企業は、破綻懸念先や実質破綻先・破綻先が中心であり、企業再建という観点からは重要な機能を果たしているとはいえなかった。他方、金融機関としても、従来型の債権譲渡スキームは、原則として不動産の清算価値をベースにするもので、企業再建によるゴーイング・コンサーン・バリューを期待することはできない。また、投資対象として、債権を譲り受ける民間の投資家としても、従来型の債権譲渡では投資妙味のある案件が先細りしていくことが見込まれる。

そこで、企業再建型の債権譲渡スキームが、不良債権のオフバランス化と企業再建を両立させるアプローチとして、重要な役割を担っている。

2. リスケジューリング

> **学習のポイント**
> ● 金融機関の行うリスケの様々な手法について理解する
> ● 中小企業の事業再生においては、金融支援の手法として、リスケが大部分を占める現状を理解する

（1）リスケジュール

通常「リスケ」と言われているリスケジュール（Reschedule）あるいはリスケジューリング（Rescheduling）とは、当初約定された債務の返済条件を見直すことであり、具体的には、債務返済履行期限の延長、債務返済繰り延べのことである（以後、リスケジュールあるいはリスケジューリングをリスケとする）。

実際に事業再生支援の金融機関の行う金融支援手法としてのリスケには、様々な方法がある。債務返済繰り延べについては、①返済期間を延長して１回あたりの返済額を減額する、②元本返済を一定期間猶予する、③返済期間は変更せずに１回あたりの返済額を減額し、バルーンという形で期限に残債を一括弁済する、④返済期間を延長し、１回あたりの返済額を減額するとともに、バルーン返済も行うなどがある。

リスケを受ける債務者の多くは、債務者区分でいうと要注意先である。過剰債務の状況にあり、収益弁済が困難になっている債務者の救済のために行われる金融支援手法である。

3. DES／DDS

> **学習のポイント**
> ● DESの意義、メリット・デメリットを理解する
> ● DESに関する債権者および債務者の税務について理解する
> ● DDSの意義、メリット・デメリットを理解する
> ● DDSのタイプと要件を理解する

（1）DESとは

DES（Debt Equity Swap）とは、債務（デット）の一部または全部を株式（エクイティ）に転換（スワップ）することをいい、「債務の株式化」といわれる。

債権者からみれば、債権の一部が再生企業の株式に代わることになり、債務者企業にとっては、借入金等の債務が資本に代わることになる。結果として、企業の過剰債務を解消し、財務内容の改善を図ることができ、事業再生においては、債権放棄と並ぶ抜本的な金融支援の一手法として利用される。

債務者企業側のメリットとデメリットは以下のとおりである。

① **債務者企業のメリット**
・債務が株式に転換されることによって、有利子負債の削減を図ることができる。
・金利負担、元金返済負担が軽減され、利益、キャッシュフローが改善する。
・債務が資本に振り替わることによって、純資産が改善し、早期の実質債務超過解消が可能となる。

② **債務者企業のデメリット**
・債権者である金融機関が株主となるため、経営の自由度が低くなる。
・増加する株式に対する配当負担が増加する。
・増加する株式に取得条項などを付している場合、将来の株式取得資金負担が発生し、実質的に要償還債務が残ることになる。

・資本金が増加するため、税務面などで中小企業特例が受けられなくなる可能性があり、この対策が必要となる。

③　DESの方法と税務

　DESの方法としては、債権を現物出資する「現物出資方式」と現金を払い込んで株式を取得する「金銭出資方式」が用いられる。「金銭出資方式」は「擬似DES」いわれることもある。

　債権者は、DESによる現物出資が「税制適格」に該当しない場合には、債権の「時価」で株式を取得したものとされ、券面額と時価の差額が譲渡損失となる。金融機関によるDESは通常、税制適格現物出資に該当しない。

　また債務者側は、現物出資が「税制適格」に該当しない場合には、債務消滅益として課税対象とされる。なお、これについては、一定の要件を満たせば企業再生税制の適用がある。

（2）DDSとは

　DDS（Debt Debt Swap）とは、債権者である金融機関が債権の一部または全部について、返済順位を劣後する債権に振り替えることであり、「債務の劣後化」といわれる。

　DDSは、もともと2003年7月に中小企業の財務再構築の手法として明らかにされたものであり、2004年2月の金融検査マニュアル改定によって、一定の要件を満たす場合には、債権者である金融機関は、DDS対象部分を資本とみなすことができるとされた。

　また、2008年3月には、従来のDDSに加えて、償還条件や金利等の条件から、「十分に資本的性質が認められる劣後ローン」を資産査定において資本とみなすことができる旨の金融検査マニュアルの改定が行われ、その後、日本政策金融公庫の「挑戦支援資本強化制度」による劣後ローン、中小企業再生支援協議会版の「資本的借入金」が、これに該当するものとされた。

　現在の金融検査マニュアルにおいては、「早期経営改善特例型」、「准資本型」という分類がある。

　2011年11月には、金融庁によって「資本性借入金」に関する金融検査マニュアルの運用明確化が行われるなど、東日本大震災や急激な円高に対する企業の資本不足対策として、DDSの積極的な活用が期待されている。

　具体的には償還条件が「5年超」、金利設定が「事務コスト相当の金利」設

定が可能となったこと、一定要件の場合、担保付であっても資本性借入金とみなすことができることなどである。

　資本性借入金は、原則として、長期間償還不要な状態であることが必要である。したがって、償還まで相当の期間（5年以上）を有する負債は全額を資本とみなすのに対して、残存期間が5年未満となった負債は、資本とみなす部分を1年ごとに20％ずつ逓減させることになる。

　なお、債務者企業側のDDSのメリットとデメリットについては以下のとおりである。

① **債務者企業のメリット**

・借入金の一部が劣後化されるため、元金返済キャッシュフローが改善する。また、准資本型DDSで金利水準が下がれば、金利負担が軽減される。

・DDS部分が旧金融検査マニュアル上資本とみなされることにより、債務者区分が引き上げられる可能性があり、金融取引の改善が期待できる。

・債権放棄、DESと違い、法的に債務が消滅しないので、債務免除益課税の問題が発生しない。

② **債務者企業のデメリット**

・債権放棄、DESと違い、法的な債務は残るので、DDS部分は決算書上負債に計上され、決算書上の財務内容は改善されない。

・劣後化期間後は返済義務が発生する。

4. 債権放棄

学習のポイント
- 債権放棄のメリット・デメリットを理解する
- 債権放棄を行うには、債権者から見た経済合理性の基準が求められる
- 債権放棄のスキームについて理解する
- 債権放棄に関する債権者・債務者に関する税務を理解する

（1）債権放棄の効果

　再生を目指す企業が大幅な実質債務超過であったり、過剰債務が大きくキャッシュフローによる計画的な返済が困難な場合などは、自助努力による再生が難しいケースもある。

このような場合、スポンサーなどの第三者に支援を求める他、金融機関など
の債権者に金融支援を求めなければならず、債権者は支援をしない結果、企業
が破綻するケースとの比較で、どの程度の金融支援をするかを判断することに
なる。

　金融支援には、リスケジュールのように当面の返済キャッシュフローを緩和
するものやDES、DDSといった一歩踏み込んだ支援策もあるが、最も抜本
的で財務改善効果が高いのが債権放棄である（債務者から見ると「債務免除」
だが、以下では「債権放棄」という用語で統一する）。

　債権者から見ると、放棄した分だけ債権が減少し、その分の損失が確定する。
債務者から見ると、放棄を受けた分だけ過剰債務である有利子負債が削減され、
財務内容（純資産）が改善するという効果がある。その後の再生計画において
は、金利負担と要償還債務の減少により、利益とキャッシュフローが改善する
とともに、早期の債務超過解消が可能となる。

（2）債権放棄のスキーム

　既述のとおり、各種の金融支援手法の中でも債権放棄は最も抜本的で効果が
高いものである反面、デメリットや実行におけるハードルも高い。民事再生手
続等の法的整理によらない中小企業の再生計画で、債権放棄を伴う金融支援が
実行されるのは、以下のようなケースが一般的である。

　　ア．私的整理における直接債権放棄

　　イ．直接放棄に代わる第二会社方式

　　ウ．M&Aによる第二会社方式

　　エ．再生ファンドの活用

（3）債権放棄に関する税務の概要

　債権放棄が行われる場合、債権者と債務者双方において、税務の問題がつき
まとう。債権者にとっては、債権放棄による貸倒損失が寄付金と認定されずに
税務上の損金と認められる必要がある。債務者である企業にとっては、債権放
棄相当の債務免除益が発生し、これに対する課税を回避しなければならない。
以下、詳細な適用要件があるものや、税制改正によって変更となる事項もある
ため、実際の事案では、税理士などの専門家も交えて、十分に検討しなければ
ならない。

①　債権者に関する税務

　私的整理で債権放棄が行われた場合、債権放棄額は寄付金として損金算入が制限されることになる。ただし、合理的な再建計画に基づく債権放棄であること等、法人税基本通達9－4－1および9－4－2に該当する場合は、寄付金とされないというのが原則的な取扱いである。これに関して、国税庁との間の照会・回答という形で、以下の各私的整理手続による債権放棄は、法人税基本通達9－4－2に該当し、寄附金に該当せず、税務上損金算入されることが確認されている。

- ・私的整理ガイドラインによる私的整理
- ・中小企業再生支援協議会関与によるモデルケースに該当する私的整理
- ・ＲＣＣ企業再生スキームに基づく私的整理
- ・事業再生ＡＤＲ手続に従った私的整理
- ・地域経済活性化支援機構関与による私的整理

②　債務者に関する税務

　債務者が私的整理によって債権放棄を受けた場合の税制上の取扱いは、平成17年度税制改正で大きく改正された。平成17年度税制改正前は、私的整理においては法的整理で認められている資産評価損益計上はできず（産活法の場合のみ可）、私的整理ガイドライン等一定の要件を満たす場合には、期限切れ欠損金の控除ができるというものであった（ただし青色欠損金で足りない場合であり、期限切れ欠損金の優先控除は不可）。

　これに対して、平成17年度税制改正で、「一定の私的整理」に該当する場合、資産評価損益計上、期限切れ欠損金の優先控除が可能となった（詳細な適用要件については要確認）。この「一定の私的整理」について、国税庁との間の照会・回答という形で、以下の各私的整理手続が該当する旨、確認されている。

- ・私的整理ガイドラインによる私的整理
- ・中小企業再生支援協議会関与案件のうち「中小企業再生支援協議会の支援による再生計画の策定手順」による私的整理
- ・ＲＣＣ企業再生スキームに基づく私的整理
- ・事業再生ＡＤＲ手続に従った私的整理
- ・地域経済活性化支援機構関与による私的整理

第5章

5. 再生ファンド

● ファンドの仕組みと投資対象による性格の違いを理解する
● 再生ファンド活用の留意点を理解する
● 再生ファンド活用における基本的な再生スキームを理解する

（1）再生ファンドの理解

　再生ファンドには、かつての産業再生機構や現在であれば地域経済活性化支援機構など公的な性格をもつものと、バイアウトファンドやプライベートエクイティと呼ばれる純粋な民間投資ファンドが再生市場において活躍するものとに大きく分けることができる。この「ファンド」とは何もので、どのような仕組を持つ組織なのか、あるいは再生場面においてリスクマネーを投資する主体としてどのように活用すべきなのかをよく理解しておく必要がある。実際に再生ファンドを活用して事業再生に有効に役立たせることは非常に重要なことであり、再生ファンドや、再建企業に対する正しい説明方法について理解できるようにしたい。

（2）各種ファンドの形態・得意分野・支援スキーム

　再生ファンドとひとくちに言っても前述したように、様々な成立経緯をもち、その形態や対象分野、金融支援のスキームの違いなどが顕著である。したがって、それらのファンドを活用する際には再建企業が置かれた状況と将来における事業継続の具体的な方法を踏まえて、どのような再生ファンドに依頼をすればよいのかをよく吟味しておく必要がある。その手順と考え方を以下に示しておく。

　ア．総合的なデューデリジェンスの結果を踏まえ、どのような金融支援が必要か、特に資本増強がどの程度必要なのかを把握しておく。

　イ．事業価値向上を図る方法として、ハンズオンを得意としているのかあるいは外部委託が原則となっているかを検討する。業種によっては必ず外部の運営受託会社に任せる必要性があるので、必ずしも全部ハンズオンで支援するというファンドを使うべきではない場合もありうる。

　ウ．ファンドを活用する目的を明確にしておき、その目的にあった投資スキームを活用するファンドを用いないとミスマッチとなるケースがある。例

えば、株式の引受が必要な場合に債権買取りしかできない再生ファンドを活用することは無意味である。

エ．以上のような点を総合的に勘案して使うべき再生ファンドを決定する必要があるが、場合によっては、メイン銀行が系列の再生ファンドを使うことしか容認しないケースもありうるため、常にメインの金融債権者とのコミュニケーションを欠かせてはならない。

6．DIPファイナンス

学習のポイント
- 再建企業への新規融資の可能性を見極める際の留意点を理解する
- DIPファイナンスの特徴および問題点を理解する
- DIPファイナンスを実行する際の各種留意点を理解する
- 私的整理におけるDIPファイナンス活用の可能性を理解する

（1）DIPファイナンスとは

DIPファイナンスとは、わが国では一般的に、再建型法的倒産手続（会社更生、民事再生）の申立をした企業に対する、申立後手続終結まで（再生計画等の認可後も含む）の融資をいう。

わが国においては、DIP型の再建手続である民事再生法が施行され、管財人型の強力な再建手段である会社更生法も改正されて使いやすい手続となるなど、企業の円滑な再建を図るための再建型の法的倒産手続が注目され、活用されている。それにしたがって、再建企業の資金ショートを防止するための有効な手段としてDIPファイナンスの必要性についての認識が高まり、実務上、相当数の金額のDIPファイナンスが実行されるようになっている。

なお、再建型法的倒産手続である再生手続等を申し立てていない企業は本来のDIPの定義に当てはまらないが、各地の中小企業再生支援協議会が支援する再建中の企業にまで拡大するなど、DIPファイナンスは私的整理企業に対する融資にまで広がりを見せている。

（2）DIPファイナンスの特徴と問題点

①　DIPファイナンスの特徴

DIPファイナンスを実行したことによる金融機関の再生会社等に対する債

権は、「共益債権」として手続申立前に発生した債権よりも優先して弁済を受けることができる。また、更生会社、再生会社が再生に失敗し、破産に移行した場合を含めて、共益債権を全額弁済できなかった例はほとんどない。

②　ＤＩＰファイナンスの問題点

　ＤＩＰファイナンスは、再生会社等に対する新規融資であるため、再生手続等に対する一定程度の知識・理解が必要である。

　また、既存の融資先にＤＩＰファイナンスを行う場合、ＤＩＰレンダーとしての立場と再生手続等申立前の債権者としての立場が相反する可能性があり、一定の配慮が必要である。

第5章の出題

■ 第81回関連出題 ■

第1問 　　　　　　　　　　　　　　　　　　　　　　　　　　　（第81回）

再建計画策定に関する次の記述のうち、正しいものを一つ選びなさい。

① 　貸借対照表（B/S）計画は、計画期間の決算との比較等の観点から、財務調査に基づく実態修正項目をすべて決算に反映させたうえで、実態ベースの計画値との検証を行うことが一般的である。

② 　利益計画において、売上については、直近の実績推移を念頭に施策の効果を見極めつつ、極力保守的に計画すべきであり、必要な利益やキャッシュフローの確保のために、原価や費用をいかに削減していくかという考えを持つべきである。

③ 　再建計画における返済原資の指標である、EBITDAとは、税金控除後の利益に減価償却費を加算したものである。

④ 　資金計画で重視されるフリー・キャッシュフローとは、営業キャッシュフローと投資キャッシュフローの合計に借入金等の資金調達額を加えて算出される。

⑤ 　私的整理においては、債務免除の対象となるのは一般的に金融機関のみであるが、民事再生手続、会社更生手続の場合は、仕入先等の一般債権者や従業員の未払給与も減額の対象となり、一般債権者や従業員にも影響が及ぶことになる。

解答：P.311

第2問 　　　　　　　　　　　　　　　　　　　　　　　　　　　（第81回）

再建計画策定に関する税務問題に関する次の記述のうち、正しいものを一つ選びなさい。

① 　経営者など、法人債務の連帯保証人となっている個人が資産を譲渡し、譲渡代金で保証債務を履行した場合や譲渡代金を債務履行のために法人に提供

した場合には、一定の要件の下で、譲渡所得税を非課税とする所得税の特例
がある。

②　建物に減価償却不足がある場合、特例税制の適用がなければ過去の償却不
足分を一括で損金とすることはできず、建物を譲渡した場合、過去の償却不
足分は譲渡損失に計上できないため、減価償却は適正に計上すべきである。

③　財務リストラの一環として不動産を売却する場合、不動産取得税や所有権移
転に関する登録免許税が多額になる場合があるが、これらは売主が負担するこ
ととなるのが一般的であるため、当該費用を計画に入れておく必要がある。

④　含み損のある不動産を関連会社に売却する形でタックスプランを検討する
場合、グループ法人税制が適用され、譲渡損失が繰り延べられてしまう可能
性があるが、対象となるのは100％グループ内の法人間なので、例えば持株
割合が90％の子会社への売却であれば、損失計上が繰り延べられることは
ない。

⑤　租税債務は法的整理では免除の対象となるが、私的整理では免除されない
ため、滞納している場合、なるべく早期に清算するとともに、決算書上も簿
外債務とせず、未払計上すべきである。

解答：P.311

第3問 (第81回)

C社は、経営改善計画に基づく借入金返済のリスケジュールを要請すること
を検討している。下記前提事項を参考に、C社のリスケジュールについて、誤っ
ている記述を一つ選びなさい。なお、各選択肢の金額の記載については、万円
未満の数値は四捨五入するものとする。

【前提】

1．借入金残高の内訳　　　　　　　　　　　　　　　　　（単位：万円）

金融機関	借入金残高	うち保全額	現在の年間約定返済額
甲銀行	10,000	7,000	1,500
乙銀行	8,000	0	1,000
丙信用金庫	7,000	3,000	700
計	25,000	10,000	3,200

2．C社の経営改善計画に基づく当面の借入金返済可能額は、年間2,000万円である。資産売却による返済は考慮しないものとする。

① 信用プロラタによる返済計画における甲銀行への返済額は、年間400万円である。

② 残高プロラタによる返済計画における丙信用金庫への返済額は、年間560万円である。

③ 信用プロラタによる返済額が残高プロラタによる返済額を上回るのは、乙銀行のみである。

④ 残高プロラタ、信用プロラタのいずれで計算しても、全ての金融機関で、現在の約定返済額を下回ることになる。

⑤ 借入金元金返済額を5年目まで2,000万円とし、6〜10年目の返済額を一定とする場合、10年間で完済できる計画にするには、6年目以降の返済額を3,000万円に増額しなければならない。

解答：P.312

第4問 　　　　　　　　　　　　　　　　　　　　　　　（第81回）

　再建企業への金融支援である債権放棄に関する次の記述のうち、正しいものを一つ選びなさい。

① 私的整理は通常、金融債権者のみが債権放棄の対象となるが、民事再生手続等の法的整理では一般債権者も債権放棄の対象となるため、金融機関にとっては、法的整理のほうが債権放棄額は少なくなる。

② 債権放棄は、債権者にとって経済合理性のあることが必須である。具体的には、金融機関の債権総額に破産配当率を乗じた破産時回収見込額と債権放棄後の債権額を比較して、経済合理性を判断することになる。

③ 債権放棄の対象となるのは非保全債権であるが、担保不動産の売却を予定していない場合には、対象不動産の帳簿価額によって保全相当額を算定することが一般的である。

④ 債権者において、法的整理や一定の私的整理以外の計画で、債権放棄に経済合理性がないと判断されると、法人税法上、債権放棄の損失は寄附金と認定され、全額が損金不算入となるので、留意が必要である。

⑤　債務免除益が発生する場合、私的整理ガイドラインやREVICのような準則型の私的整理である、いわゆる「一定の私的整理」に該当すれば、事業再生の特例税制の適用対象となり、期限切れ欠損金の控除の他、資産の評価損益の計上が可能である。

解答：P.313

■ 第80回関連出題 ■

第5問　　　　　　　　　　　　　　　　　　　　　　　　　　　　（第80回）

再建計画策定に関する次の記述のうち、正しいものを一つ選びなさい。

①　企業の実態把握において、複数の事業部門がある場合、決算書から把握できる範囲で、事業別の損益を把握すればよく、これによって事業リストラの参考とできる。

②　事業性の判定にあたっては、事業の実績にもとづいて財務指標の期間別、業種別比較を行うが、計画の実現可能性判断のためには、将来の改善見込み等の不確実な内容は、排除して評価すべきである。

③　再建計画においては各種のリストラクチャリング（リストラ）を検討する必要がある。このうち業務リストラ、事業リストラは自助努力による収益、キャッシュフローの改善であるのに対して、財務リストラは金融機関等の債権者による債務の圧縮が中心となる。

④　中小企業では、決算書を消費税抜処理しているケースや消費税込処理で作成しているケースがあるが、キャッシュフローとの兼ね合いから、損益計画は消費税込数値で作成すべきである。

⑤　再建計画において債権放棄等の抜本的な金融支援を要請する場合は、株主責任の明確化など経営者責任も問われることになるが、中小企業では経営者交代は慎重に判断する必要があり、外部人材の登用によるガバナンス構築等の施策を検討することが望ましい。

解答：P.313

第6問 （第80回）

再建計画策定に関する税務問題に関する次の記述のうち、正しいものを一つ選びなさい。

① 法人税法上、資本金1億円以下の法人（資本金5億円以上の法人の完全子法人を除く）は、年間800万円までの所得に対する税率が低く設定されているので、資本金が1億円超の法人は減資して資本準備金に振り替えることで資本金を1億円以下にすると、税負担が減少するメリットがある。

② 過去に粉飾決算（仮装経理）によって過大な税金を納めている場合、粉飾決算をした年度の修正申告書を提出したうえで、税務署長による減額更正を経て還付を受けることになる。

③ 経営不振企業では、決算で減価償却費を過少に計上する結果、過去の償却不足で固定資産の帳簿価格が過大になっている場合がある。この償却不足額は、過去5年分までは更正の請求によって税金の還付を受けることができるが、5年より前の分は還付の対象外である。

④ 役員給与は、定期同額給与等の一定の要件に該当する給与及び役員退職給与以外は法人の損金にならず、給与の定時改定以外の期中改定があった場合、その事業年度に当該役員に支給した給与は全額損金不算入となってしまうため、期中改定は慎重に判断すべきである。

⑤ 租税債務は法的整理では免除の対象となるが、私的整理では免除されないため、滞納している場合、なるべく早期に精算するとともに、決算書上も簿外債務とせず、未払計上すべきである。

解答：P.314

第7問 （第80回）

再建企業への金融支援手法であるDES（デット・エクイティ・スワップ）に関する次の記述のうち、正しいものを一つ選びなさい。

① DESを実行することによって、債務者企業にとっては、借入金等の債務がみなし資本に代わることになる。その結果、企業の過剰債務を解消し、財務内容の改善を図ることができる。

② 中小企業に対してDESを行う場合、上場企業と違って交付される株式を市場で売却できない上に、交付される株式に償還条項を付けることは認められないため、資金回収が難しいという課題がある。

③ 債権者にとって、DESの対象となる債権の時価は、実態貸借対照表の実態純資産額だけでなく、再建計画の損益見込み等を考慮して算定することになる。

④ DESを行った債権者にとっては、法人税法上、対象債権の券面額で債務者企業の株式を取得したものとされるため、DES実行時点では所得には影響はないが、再建計画が履行されず債務者企業が破綻した場合に損失が発生する可能性がある。

⑤ DESが行われた場合、法人税法上、債務者において「債務消滅益」として利益が発生する可能性があるが、民事再生法等の法的整理の他、私的整理ガイドラインによるものなど、一定の要件を満たした、いわゆる「一定の私的整理」におけるDESについては、利益は発生しない。

解答：P.314

第8問 (第80回)

F社は、金融機関から債権放棄と期間10年の准資本型DDS（デット・デット・スワップ）の支援を受ける内容の再建計画を検討している。下記前提条件に基づく再建計画における計画10年目の実質純資産額について、正しいものを一つ選びなさい。

【F社の再建計画における前提条件】

・0期末（計画開始時）の実質純資産＝△67,000万円

・0期末の借入金残高＝75,000万円

・計画期間の税引後純利益（毎期同額とする）＝5,000万円

・再建計画における金融支援内容（0期末に実行）

　　債権放棄＝25,000万円

　　准資本型DDS（期間10年）＝20,000万円

① 28,000万円

② 18,000万円

③　8,000万円

④　0円

⑤　△8,000万円

解答：P.315

■ 第78回関連出題 ■

第9問　　　　　　　　　　　　　　　　　　　　　（第78回）

　再建計画策定に関する次の記述のうち、誤っているものを一つ選びなさい。

①　利益計画において、売上については、直近の実績推移を念頭に施策の効果を見極めつつ、極力保守的に計画すべきであり、必要な利益やキャッシュフローの確保のために、原価や費用をいかに削減していくかという考えを持つべきである。

②　貸借対照表（B／S）計画は、計画期間の決算との比較等の観点から、簿価ベースで作成し、簿価ベースの計画値に対する実態修正後の実質純資産に関する年度推移表を添付することが一般的である。

③　実現可能性の高い計画では、計画における債権放棄等の支援の額が確定していなければならず、計画を超える追加的な支援は見込まれるべきではない。

④　私的整理においては、債務免除の対象となるのは一般的に金融機関のみであるが、民事再生手続、会社更生手続の場合は、仕入先等の一般債権者にも影響が及ぶことになる。

⑤　中小企業再生支援協議会（現・中小企業活性化協議会）における再生計画の要件、私的整理ガイドラインにおける財務基準では、いずれも一定期間内の実質債務超過解消、営業利益黒字化などが定められている。

解答：P.315

第10問　　　　　　　　　　　　　　　　　　　　（第78回）

　再建計画策定の税務に関する次の記述のうち、正しいものを一つ選びなさい。

①　経営者など、法人債務の連帯保証人となっている個人が資産を譲渡し、譲渡代金で保証債務を履行した場合や譲渡代金を債務履行のために法人に提供

した場合には、一定の要件の下で、譲渡所得税を非課税とする所得税の特例がある。

② 含み損のある不動産の売却によるタックスプランを検討する場合、過半数の株式を保有する子会社への売却についてはグループ法人税制が適用され、一定の場合、譲渡損益が繰り延べられてしまう可能性があるため、留意が必要である。

③ 会社の財務リストラに際して、役員に資産を譲渡する場合、時価より低い金額で譲渡した場合は、時価と売買価格との差額は役員給与と認定され、役員個人に所得税が課されるだけでなく、法人では役員給与が損金とならないので、留意が必要である。

④ 私的整理ガイドラインやREVIC等、いわゆる準則型の私的整理においては、債務免除額が実質債務超過の範囲内であれば債務免除益課税は発生しないが、実質債務超過を超える債務免除については課税対応の検討が必要である。

⑤ 債権放棄の他、抜本的な金融支援手法として、DES、DDS（資本性借入金）などがあるが、DES、DDSともに、税制適格要件を満たさないものについては、債権放棄と同様に債務者において課税が発生する可能性がある。

解答：P.316

第11問 (第78回)

再生ファンドの活用に関する次の記述のうち、誤っているものを一つ選びなさい。

① ホテル・旅館などの装置産業においては、ヘッジファンドは資金供給機能に留まるのに対して、再生ファンドはハンズオンまで手掛けて、経営の効率化により、自身で価値の向上を図る施策を行うことも多い。

② ゴルフ場などの業態で、個々の会社では業績が改善しない場合でも、再生ファンドによる全国規模のチェーン化を図ることで改善につながることも期待できる。

③ ファンドによる事業再生の可否はハンズオンの得意不得意に左右されるため、ファンドの関与による事業価値の向上を期待する場合、外部に運営委託

するファンドは避けるべきである。

④　ファンドが金融機関から債権を時価で買い取る場合、企業の表面上の負債額は変化しないが、ファンドの買取額は相当減額されているため、企業とファンドの交渉により、債務の圧縮が可能である。

⑤　債権者である金融機関が再生ファンドに債権を低額で譲渡する場合、債権者である金融機関は債権譲渡をした時点で損失を計上するが、企業はファンドから債務免除を受けるまでは債務免除益は発生しない。

解答：P.316

第12問 （第78回）

再建企業に対するＤＩＰファイナンスに関する次の記述のうち、正しいものを一つ選びなさい。

①　民事再生手続におけるＤＩＰファイナンスは、再生手続申立後開始決定前に発生したものは裁判所の許可または監督委員の承認を得れば共益債権とすることができるのに対して、開始決定後に発生したものは自動的に共益債権となる。ただし融資及び担保設定については、開始決定前と同様、監督委員の同意が必要である。

②　会社更生、民事再生手続におけるＤＩＰファイナンスは、共益債権として、手続申立前に発生した債権より優先弁済を受けることができるが、融資先が再建に失敗し、破産に移行した場合には、全額弁済を受けられないケースが多い。

③　再生会社は事業の継続や事業から生まれるキャッシュフローの見通しが難しいため、ＤＩＰファイナンスは基本的に、再生会社の不動産等の資産の担保価値に着目して融資を実行する。

④　ＤＩＰファイナンスは再生会社の資金需要の緊急性等によっては、相当高い金利となることもあるが、金利の他に融資手数料を徴求することは認められていない。

⑤　私的整理でＤＩＰファイナンスを行う場合、債務者企業、各金融機関との間で優先弁済の合意を行うことは可能だが、債務者企業が破産に移行した場合、このＤＩＰファイナンスに対する担保設定が否認の対象となる可能性が

第5章

あるので、留意が必要である。

解答：P.317

■ 第77回関連出題 ■

第13問 (第77回)

財務リストラクチャリングについての税務問題に関する次の記述のうち、正しいものを一つ選びなさい。

①　再生計画の一環として、役員が会社に不動産を無償譲渡（贈与）した場合、会社では不動産の時価に相当する資本金が増加し、課税の問題は発生しない。

②　会社の財務リストラに際して、役員に会社の資産を譲渡する場合、時価より低い金額で譲渡した場合は、時価と売買価格との差額は役員給与と認定され、役員個人に所得税が課されるだけでなく、法人では役員給与が損金とならないので、留意が必要である。

③　含み損のある不動産の売却によるタックスプランを検討する場合、過半数の株式を保有する子会社に対する売却についてはグループ法人税制が適用され、一定の場合、譲渡損益が繰り延べられてしまう可能性があるため、事前の検討が必要である。

④　建物に減価償却不足がある場合、特例税制の適用がなければ過去の償却不足分を一括で損金とすることはできず、建物を譲渡した場合、過去の償却不足分は譲渡損失に計上できないため、減価償却は適正に計上すべきである。

⑤　財務リストラの一環として不動産を売却する場合、不動産取得税や所有権移転に関する登録免許税が多額になる場合があるが、これらは売主が負担することとなるのが一般的であるため、当該費用を計画に入れておく必要がある。

解答：P.317

第14問 (第77回)

再建企業への金融支援手法であるDES（デット・エクイティ・スワップ）に関する次の記述のうち、正しいものを一つ選びなさい。

①　債権者にとって、DESの対象となる債権の時価は、実態貸借対照表の実

態純資産額だけでなく、再生計画の損益見込み等を考慮して算定することになる。

② 　ＤＥＳを実行すると資本金等が増加することが一般的だが、法人税法上、資本金１億円未満は中小法人、資本金１億円以上は大法人となり、大法人は法人税率等で課税上不利になる可能性があるので、ＤＥＳの設計に留意が必要である。

③ 　ＤＥＳが行われた場合、法人税法上、債務者において「債務消滅益」として利益が発生する可能性があるが、民事再生法等の法的整理の他、私的整理ガイドラインによるものなど、一定の要件を満たした、いわゆる「一定の私的整理」におけるＤＥＳについては、利益は発生しない。

④ 　ＤＥＳを行った債権者にとっては、法人税法上、対象債権の券面額で債務者企業の株式を取得したものとされるため、ＤＥＳ実行時点では所得には影響はないが、再建計画が履行されず債務者企業が破綻した場合に損失が発生する可能性がある。

⑤ 　ＤＥＳによって債務者において債務消滅益が発生する場合、債務免除における特例税制（資産評価損益の計上、期限切れ欠損金の控除）の適用対象外であるため、別途税務対策が必要となる。

解答：P.318

第15問 　　　　　　　　　　　　　　　　　　　　（第77回）

　Ｈ社は、金融機関から債権放棄と准資本型ＤＤＳ（デット・デット・スワップ）の支援を受ける内容の再建計画を検討している。下記前提条件に基づく再建計画の内容について、誤っているものを一つ選びなさい。

【Ｈ社の再建計画における前提条件】

・０期末の実質純資産＝△ 45,000 万円

・０期末の借入金残高＝ 53,000 万円

・計画期間の税引後純利益（毎期同額とする）＝ 6,000 万円

・再建計画における金融支援内容（０期末に実行）

　　債権放棄＝ 10,000 万円

　　准資本型ＤＤＳ（期間 10 年）＝ 5,000 万円

① 金融支援後の0期末の実質純資産額は、△30,000万円である。

② 計画第3期末の実質純資産額は、△12,000万円である。

③ 計画第5期末の実質純資産額は、0万円となり、実質債務超過を解消する。

④ 計画第8期末の実質純資産額は、15,000万円である。

⑤ 計画第10期末の実質純資産額は、30,000万円である。

解答：P.318

第16問 （第77回）

　再建企業への金融支援である債権放棄に関する次の記述のうち、正しいものを一つ選びなさい。

① 私的整理は通常、金融債権者のみが債権放棄の対象となるが、民事再生手続等の法的整理では一般債権者も債権放棄の対象となるため、金融機関にとっては、法的整理のほうが債権放棄額は少なくなる。

② 債権放棄は、債権者にとって経済合理性のあることが必須である。具体的には、金融機関の債権総額に破産配当率を乗じた破産時回収見込額と債権放棄後の債権額を比較して、経済合理性を判断することになる。

③ 債権放棄の対象となるのは非保全債権であるが、担保資産が不動産で売却を予定していない場合には、対象不動産の帳簿価額によって保全相当額を算定することが一般的である。

④ 債務免除益が発生する場合、私的整理ガイドラインやREVICのような準則型の私的整理である、いわゆる「一定の私的整理」に該当すれば、事業再生の特例税制の適用対象となり、期限切れ欠損金の控除の他、資産の評価損益の計上が可能である。

⑤ 中小企業では、債務免除益課税に対する特例税制の詳細な適用要件を満たせない場合も少なくないため、直接債権放棄に代わって、第二会社方式が選択されるケースもある。第二会社方式では、過剰債務が残った会社を清算する際、残余財産に法人税が課されるため、債務超過の場合は、課税の問題をクリアすることができるからである。

解答：P.319

──第5章の解答・解説──

【第1問】

正　解：②　　　　　　　　　　　　　　　　　　　正答率 53.3%

① 貸借対照表（B／S）計画は、計画期間の決算との比較等の観点から、簿価ベースで作成し、簿価ベースの計画値に対する実態修正後の実質純資産に関する年度推移表を添付することが一般的である。よって誤り。

② 売上計画作成には増加のバイアスがかかりやすいが、外部環境の影響等で計画値とのギャップが起こりうるため、極力保守的にすべきである。よって正しい。

③ EBITDAは、税金控除前利益に減価償却費と利払いを加算したもの（税金・償却・利息控除前利益）である。よって誤り。

④ フリー・キャッシュフローとは、営業キャッシュフローと投資キャッシュフローの合計であり、借入金等の資金調達額は含まれない。よって誤り。

⑤ 民事再生手続、会社更生手続では、仕入先等の一般債権者の債権は減額対象となるが、従業員の未払給与等の労働債権は、減額の対象とならない。よって誤り。

【第2問】

正　解：④　　　　　　　　　　　　　　　　　　　正答率 45.6%

① 保証債務履行のための譲渡所得の特例の対象となるのは、連帯保証人となっている個人が資産を譲渡し、譲渡代金で保証債務を履行した場合であり、譲渡代金を法人に提供して法人が返済した場合は、対象とならない。よって誤り。

② 建物に過去の減価償却不足がある場合、通常は過去の償却不足を一括で損金にすることはできないが、建物を譲渡した場合、償却不足分だけ簿価が高くなっているため、譲渡損失という形で損金化される。よって誤り。

③ 不動産取引における不動産取得税、所有権移転登記に関する登録免許税は、通常買主が負担する。よって誤り。

④ グループ法人税制が適用されるのは、100%グループ内の法人間取引であ

る。よって正しい。

⑤ 未払税金等の租税債務は、法的整理でも免除されず、差押等のリスク、納税証明が必要な取引、加算税の負担等の問題があり、再建の支障となる可能性があるので、決算上も簿外とせず、早期に清算する必要がある。よって誤り。

【第3問】

正　解：④　　　　　　　　　　　　　　　　　　　　正答率 73.7%

現在の借入金内訳

金融機関	借入金残高	うち保全額	うち非保全額	現在の 年間約定返済額
甲銀行	10,000	7,000	3,000	1,500
乙銀行	8,000	0	8,000	1,000
丙信用金庫	7,000	3,000	4,000	700
計	25,000	10,000	15,000	3,200

年間の借入金元金返済額 = 2,000万円の場合、各金融機関への返済額は以下のとおり。

	残高プロラタ	信用プロラタ
甲銀行	800	400
乙銀行	640	1,067
丙信用金庫	560	533
計	2,000	2,000

① 正しい。

② 正しい。

③ 正しい。

④ 乙銀行は、信用プロラタの場合、現在の返済額を上回る。よって誤り。

⑤ （25,000 − 2,000 × 5）÷ 5 = 3,000万円。よって正しい。

【第4問】

正　解：⑤　　　　　　　　　　　　　　　　　　　正答率56.4%

① 私的整理で債権放棄を行う場合、破産時だけでなく、法的整理より回収額が大きくなることの検証を行うこともあり、一般的には法的整理のほうが回収が少なくなる。よって誤り。

② 債権者における経済合理性の判断基準は、債務者が破産した場合に比べて回収が多いことであり、債権総額ではなく非保全債権に破産配当率を乗じた金額に保全債権を加えた回収想定額と比較することになる。よって誤り。

③ 担保資産が不動産で売却を予定していない場合には、帳簿価額ではなく不動産鑑定評価等に基づいて保全債権額を算定する。よって誤り。

④ 寄附金認定された場合、資本金等や所得に基づく損金算入限度額を超える金額が損金不算入となるが、全額が損金不算入となるとは限らない。よって誤り。

⑤ 債務免除益が発生する場合、いわゆる「一定の私的整理」に該当すれば、期限切れ欠損金の控除の他、資産の評価損益の計上が可能である。よって正しい。

【第5問】

正　解：⑤　　　　　　　　　　　　　　　　　　　正答率：71.7%

① 事業が複数部門あったり、チェーン展開している場合には、財務会計の手法だけでなく、管理会計の手法によって、事業別、店舗別の業績を把握しなければならない。よって、誤り。

② 事業性の判定にあたっては、実績だけでなく、企業の経営資源や強み、弱みなどに基づく改善可能性も考慮しなければならない。よって、誤り。

③ 財務リストラには債権者の協力による債務圧縮も含まれるが、中心となるのは、資産売却、私財提供等の自助努力である。よって誤り。

④ 同業他社との比較可能性等の観点から、計画は消費税抜数値で作成すべきである。よって、誤り。

⑤ 正しい。

【第6問】

① 正しい。

② 過去の仮装経理による過大申告がある場合、法人は修正申告ではなく、その後の確定決算で仮装取引の修正経理を行い、これに基づく確定申告書を提出するまでは、税務署長は減額更正をしないことができる。よって、誤り。

③ 固定資産の減価償却不足は、一括で損金算入したり、更正による還付を受けることはできず、将来の事業年度での減価償却費計上で精算しなければならない。よって、誤り。

④ 役員給与の定時改定以外の期中改定があった場合、損金とならないのは全額ではなく増額分である。よって、誤り。

⑤ 未払税金等の租税債務は、法的整理でも免除されず、差押等のリスク、納税証明が必要な取引、加算税の負担等の問題があり、再建の支障となる可能性があるので、決算上も簿外とせず、早期に清算する必要がある。よって、誤り。

【第7問】

① ＤＥＳの場合、ＤＤＳと違い、「みなし資本」ではなく、実際の資本金等が増加することになる。よって、誤り。

② 中小企業に対してＤＥＳを行う場合、債権者が取得株式を処分して資金を回収することが難しいという問題を解決するために、ＤＥＳの対象となる債権額に対して交付する株式に償還条項を付ける場合がある。よって、誤り。

③ 正しい。

④ ＤＥＳによる現物出資が「税制適格」に該当しない場合、債権者においては、債権の時価で債務者企業の株式を取得したものとされ、債権の券面額と時価の差額が譲渡損失となる（金融機関によるＤＥＳは通常、「税制適格」に該当しない）。よって、誤り。

⑤ ＤＥＳが実行された場合に、債務の券面額と「時価」の差額が法人税法上「債務消滅益」とされるのは、現物出資が「税制適格」に該当しない場合である（ただし、金融機関によるＤＥＳは通常、「税制適格」に該当しない）。

なお、ＤＥＳによって債務消滅益が発生する場合、債務免除益と同様、法的整理又は「一定の私的整理」に該当する場合には、いわゆる事業再生税制の適用が可能である。よって、誤り。

【第8問】

正　解：③　　　　　　　　　　　　　　　　　　　　正答率：62.6%

・金融支援後の実質純資産は、△67,000 +（債権放棄25,000 + ＤＤＳ20,000）=△22,000万円である。

・ＤＤＳは、残存期間が5年未満となった場合、資本とみなす部分を1年ごとに20%ずつ逓減させ、期間終了時に0となる。

	0期末	3期末	5期末	8期末	10期末
支援前	△67,000	△67,000	△67,000	△67,000	△67,000
債権放棄	25,000	25,000	25,000	25,000	25,000
ＤＤＳ（みなし資本）	20,000	20,000	20,000	8,000	0
累計利益	0	15,000	25,000	40,000	50,000
差引純資産	△22,000	△7,000	3,000	6,000	8,000

【第9問】

正　解：⑤　　　　　　　　　　　　　　　　　　　　正答率：23.6%

① 適切である。売上計画作成には増加のバイアスがかかりやすいが、外部環境の影響等で計画値とのギャップが起こりうるため、極力保守的にすべきである。

② 適切である。

③ 適切である。実現可能性の高い計画とは、ア）関係者の同意が得られていること、イ）支援の額が確定しており、追加的な支援が必要と見込まれないこと、ウ）計画数値の想定が十分に厳しいものであること、とされる。

④ 適切である。私的整理と法的整理では、債務免除の対象が異なることを考慮して、再建計画を策定する必要がある。

⑤ 不適切である。中小企業再生支援協議会における再生計画の要件、私的整理ガイドラインにおける財務基準で定められているのは、営業利益ではなく経常利益の黒字化である。

【第10問】

正　解：③ 　　　　　　　　　　　　　　　　　　　正答率：61.2%

① 不適切である。一定の要件の下で保証債務履行のための譲渡所得の特例の対象となるのは、連帯保証人となっている個人が資産を譲渡し、譲渡代金で保証債務を履行した場合であり、譲渡代金を法人に提供して法人が返済した場合は、対象とならない。

② 不適切である。グループ法人税制が適用されるのは、100％グループ内の法人間取引である。

③ 適切である。会社が役員に対して、資産を時価より低く譲渡した場合、時価と売買価格との差額は臨時の役員給与と認定され、損金不算入となる。

④ 不適切である。債務免除を受けた債務者企業では、債務免除益以上の損金や法人税法上の繰越欠損がなければ債務免除益課税が発生することになり、実質債務超過の範囲であっても課税が発生する可能性がある。

⑤ 不適切である。DDSの場合、DESや債権放棄のような、債務消滅益、債務免除益は発生しない。

【第11問】

正　解：③ 　　　　　　　　　　　　　　　　　　　正答率：63.6%

① 適切である。再生ファンドは、ヘッジファンドと異なり、自分自身の手で投資対象の資産価値の向上を図るため、経営効率化を徹底的に進める。

② 適切である。

③ 不適切である。事業価値向上を図る方法として、業種によっては外部の運営受託会社に任せることもあり、必ずしも全部ハンズオンで支援するファンドを使うべきでない場合もあり得る。

④ 適切である。

⑤ 適切である。債権者がファンドに債権譲渡を行うスキームでは、債権者の損失は譲渡時に計上されるが、債務者の債務免除益は、ファンドから債務免除を受けた時点で計上される。

【第12問】

正　解：①　　　　　　　　　　　　　　　　　　　正答率：17.8%

① 適切である。

② 不適切である。更生会社、再生会社が破産に移行した場合でも、共益債権を全額弁済できなかった例はほとんどない。

③ 不適切である。ＤＩＰファイナンスは基本的に、再生会社の事業価値に着目し、事業から生まれるキャッシュフローにより返済を受けることを前提とする（ただし十分な調査が行えない場合は、手形・売掛金等の担保価値に着目して融資を行う必要がある）。

④ 不適切である。ＤＩＰファイナンスでは、金利の他、融資手数料を徴求することも実務的に行われている。

⑤ 不適切である。否認の対象となるのは既存の債務についてした担保供与であり、新規融資に対する担保設定は、否認の対象とならない（破産法162条1項）。

【第13問】

正　解：②　　　　　　　　　　　　　　　　　　　正答率：64.5%

① 不適切である。役員が会社に不動産を無償譲渡（贈与）した場合、原則として、会社では、不動産の時価に相当する利益（益金）が計上される。

② 適切である。会社が役員に対して、資産を時価より低く譲渡した場合、時価と売買価格との差額は臨時の役員給与と認定され、損金不算入となる。

③ 不適切である。グループ法人税制が適用されるのは、100％グループ内の法人間取引である。

④ 不適切である。建物に過去の減価償却不足がある場合、通常は過去の償却不足を一括で損金にすることはできないが、建物を譲渡した場合、償却不足分だけ簿価が高くなっているため、譲渡損失という形で損金化される。

⑤ 不適切である。不動産取引における不動産取得税、所有権移転登記に関する登録免許税は、通常買主が負担する。

【第14問】

正　解：①　　　　　　　　　　　　　　　　　　　　　　　　正答率：31.7%

① 　適切である。

② 　不適切である。法人税法上の大法人となるのは、資本金１億円超の場合である。

③ 　不適切である。ＤＥＳが実行された場合に、債務の券面額と「時価」の差額が法人税法上「債務消滅益」とされるのは、現物出資が「税制適格」に該当しない場合である（ただし、金融機関によるＤＥＳは通常、「税制適格」に該当しない）。

④ 　不適切である。ＤＥＳによる現物出資が「税制適格」に該当しない場合、債権者においては、債権の時価で債務者企業の株式を取得したものとされ、債権の券面額と時価の差額が譲渡損失となる（金融機関によるＤＥＳは通常、「税制適格」に該当しない）。

⑤ 　不適切である。ＤＥＳによって債務消滅益が発生する場合、債務免除益と同様、法的整理又は「一定の私的整理」に該当する場合には、いわゆる事業再生税制の適用が可能である。

【第15問】

正　解：⑤　　　　　　　　　　　　　　　　　　　　　　　　正答率：25.6%

・金融支援後の実質純資産は、△45,000 ＋（債権放棄10,000 ＋ＤＤＳ5,000）＝△30,000万円である。

・ＤＤＳは、残存期間が５年未満となった場合、資本とみなす部分を１年ごとに20%ずつ逓減させ、期間終了時に０となる。

	0 期末		3 期末	5 期末		8 期末	10 期末
支援前	△45,000		△45,000	△45,000		△45,000	△45,000
債権放棄	10,000		10,000	10,000		10,000	10,000
ＤＤＳ（みなし資本）	5,000		5,000	5,000		2,000	0
累計利益	0		18,000	30,000		48,000	60,000
差引計	△30,000		△12,000	0		15,000	25,000

【第16問】

① 不適切である。私的整理で債権放棄を行う場合、破産時だけでなく、法的整理より回収額が大きくなることの検証を行うこともあり、一般的には法的整理のほうが回収額が少なくなる。

② 不適切である。債権者における経済合理性の判断基準は、債務者が破産した場合に比べて回収額が多いことであり、債権総額ではなく非保全債権に破産配当率を乗じた金額に保全債権を加えた回収想定額と比較することになる。

③ 不適切である。担保資産が不動産で売却を予定していない場合には、帳簿価額ではなく不動産鑑定評価等に基づいて保全債権額を算定する。

④ 適切である。債務免除益が発生する場合、いわゆる「一定の私的整理」に該当すれば、期限切れ欠損金の控除の他、資産の評価損益の計上が可能である。

⑤ 不適切である。第二会社方式の消滅会社に対する課税は、かつては残余財産に対して課税され、債務超過の場合は課税がされなかったが、2010年10月以降の解散法人については、申告所得課税が適用され、期限切れ欠損金控除等を通じて、課税所得の有無を判断することになっている。

一般社団法人 金融検定協会認定

事業再生アドバイザー(ＴＡＡ)認定試験
模擬問題集　24年度試験版　　　　　〈検印省略〉

2024年 3 月20日　24年度試験版発行
　　1 刷　2024年 3 月20日

編　者　金融検定協会

発行者　星野ほしの 広友ひろとも

発行所　㈱株式会社銀行研修社

東京都豊島区北大塚 3 丁目10番 5 号
電話　東京 03(3949)4101(代表)
振替 00120－4－8604

印刷／株式会社キンダイ
製本／株式会社中永製本所
落丁・乱丁はおとりかえいたします。
ISBN978-4-7657-4710-3 C3033